한국어로 내려온
New Bible

새로운
성 경

제21권

2부 | 총10부

하얀마음

하나님 말씀 중에서

1. 사랑의 하나님

- 세상을 창조하신 하나님은 모두를 사랑하신다. 인간만 특별히 더 사랑하지 않고, 우주 만물을 다 똑같이 사랑하신다. 그러니 하나님이 창조하신 천지 만물과 화친하고, 미물까지도 소중히 대하라.

- 하나님은 특정 종파나 민족만을 더 사랑하지 않으신다. 자기 자신만 구원받겠다는 욕심을 버리고, 자기 종파만 구원받는다는 편협한 교리에서 벗어나야 한다. 종파를 초월해서, 모두를 사랑하라.

- 원수까지 사랑하라 했으니, 이 세상에 사랑하지 못할 자가 누가 있겠는가? 종파가 다르다고 해서 부모 형제와 원수처럼 지내는 자는 인간의 근본을 모르는 자다. 가장 가까운 가족부터 사랑할 때 남도 진심으로 사랑할 수 있다.

- 한 사람을 원수같이 생각하던 마음에서 사랑하는 마음으로 돌리면, 자기 자신의 마음이 가장 기쁘고 행복하다. 하나님께서는 인간의 마음속에 무거움이 없이 기쁘고 행복한 삶을 살기를 바라신다.

- 이웃을 "내 몸처럼" 사랑하라 했으니, 마지막 한 장 남은 천국의 티켓도 이웃에게 양보하라. 자기 중심적인 신앙에서 벗어나서 남을 위해 살아야 한다.

- 독초도, 약초도, 이단도 사탄도 천사도 다 필요하기에 존재한다. 독초일지라도 극소량을 사용해서 생명을 살릴 수 있고, 약초라 하더라도 남용하면 생명을 잃을 수 있다.

- 세상 모든 것을 명약으로 활용하는 것은 인간의 지혜에 달렸다. 어떤 것이든 어떤 사람이든 적재적소에 꼭 필요한 명약으로 승화시키라.

- 사탄도 이단도 천사도 모두 하나님의 주관하에 존재한다. 진정한 하나님의 백성은 사탄과 마귀까지도 감화시켜서 천사로 거듭나게 한다.

2. 기도

- 하나님은 인간의 생각까지 모두를 다 알고 계신다. 우리의 소원도 이미 알고 계시기에, 소원의 기도를 할 필요가 없다. 우리가 받을 자격이 되면 내려 주신다.

- 죄를 짓고 아무리 회개를 해도 용서받지 못한다. 도둑질한 자는 용서해 달라고 기도하고, 도둑맞은 자는 도둑을 잡게 해 달라고 기도하면, 공의의 하나님은 누구의 편에 서시겠는가?

- 자기가 잘못한 것은 그 사람에게 직접 갚고 용서를 구하라. 그가 용서하면 하나님도 용서하신다. 땅에서 매면 하늘에서도 매이고, 땅에서 풀리면 하늘에서도 풀리는 이치다.

- "회당에서 기도하지 말고 골방에서 기도하라" 했다. 눈에 보이는 골방이 아니라, 골방과 같이 고요한 마음이다. 잡념을 버리고 하나님을 향해 마음을 집중하며, 사랑하고 용서하는 아름다운 생각만 나오도록 하라.

- "두드리면 열릴 것이다." 하는 것은 육의 소원을 위해 두드리라는 것이 아니라, 진리의 깨달음을 얻기 위해 두드리라는 것이다.

- 기도하는 방법: 생활 속에서 수시로 기도하는 삶을 살아야 한다.

- "저의 죄를 용서하여 주옵소서." 하는 회개의 기도를 하라.
- 범사에 "하나님! 감사합니다." 하라. 현재 가진 것에 감사하며, 과욕하지 말라. 자기 노력 이상의 것을 더 갖고자 기도하는 것은 도둑놈심보다. 공의의 하나님은 각자 노력한 만큼 주신다.
- "하나님 뜻대로 살아가겠나이다." 하며 마음의 각오를 다지라.

- 기도는 하나님의 말씀을 받아서 "행하는 것"이다. 하나님이 계심을 굳건히 믿고, 하늘을 향하여 한 점 부끄럼 없이 사는 삶 자체가 가장 위대한 기도이며, 삶이 곧 예배다.

3. 지도자

- 똑같이 사랑한다는 말을 해도, 순수하게 하는 말은 천사의 말이지만, 사기 쳐서 재산을 가로채려고 하는 말은 사탄의 말이다.

- 종교 지도자가 아무리 훌륭한 설교를 해도, 신도의 재물을 거둬서 더 큰 교회를 짓고 자기의 부귀영화를 바라며 설교하면 사탄의 가르침이 된다.

- "저희 교회는 만원사례요, 믿음은 다 같으니 이웃의 개척 교회에 가서 예배를 드리시오." 하며, 이웃 교회의 부흥을 먼저 생각하여 제 신도를 보내는 종교 지도자가 있다면 그를 따르라. 그가 하나님의 사랑을 실천하는 자다.

- "부자가 천국에 들어가는 것은 낙타가 바늘구멍을 통과하는 것보다 더 힘들다" 하였거늘, 지금의 교회에서는 부자가 되기만을 기도하고 소원하니, 이는 곧 천국을 포기하고 지옥 행 열차의 티켓을 사는 것과 같다.

- 예수는 빈손이었다. 종교 지도자가 예수보다 더 호화롭고 편안하게 살아간다면 잘못된 것이다. 부귀영화와 명예를 바라는 자는 절대로 갈 수 없는 좁고 협착한 길이 종교 지도자의 길이다.

- 종교 지도자는 유리로 비춰 봐 한 점의 부끄러움이 없이 살아야 한다. 의식주도 직접 일해서 해결하고, 예수의 가르침과 행함을 그대로 따라야 한다.

- 종말은 없다. 지금의 잘못 가는 종교 집단에게만 종말이 있다. 보이지 않는 하나님은 보이는 육의 종말은 관여하지 않으신다. 환경 파괴로 인간이 스스로 멸망을 자초하는 것이다. 종파끼리 싸우기 전에, 무너진 인성을 바로잡고 지구의 몸살을 해결하는 데 뜻을 모으는 게 급선무다.

4. 성전이란

- 이 세상 자체가 하나님께서 만드신 성전이다. 자연보다 더 아름다운 성전이 있는가? 보이는 건물이 성전이 아니라, 성스러운 마음가짐이 성전이다.

- 반석 위에 교회를 지으라 했다. 지상의 단단한 돌은 인간이 쪼갤 수 있으나, 마음속의 굳은 결의는 세상 무엇으로도 쪼갤 수 없다. 바르고 굳건한 믿음으로 성경의 가르침을 실천하는 것이 마음의 반석 위에 교회를 짓는 것이다.

- 손으로 지은 건물의 교회에 모여서 복음을 전하는 것이 아니라, 교회를 개인과 가정에 심어 주어야 한다. 무너지고 부서지는 건물을 짓지 말고, 마음속에 영원히 불변하는 참진리의 교회를 지으라.

5. 십계명

- 십계명은 인간이 죽어서 반드시 통과해야만 하는 열 개의 관문이다.

- 부모를 공경하지 아니한 자는 "네 부모를 공경하라." 하는 제5계명의 관문이 열리지 않으니 구원받을 수 없다.
- 살인, 간음, 거짓, 우상 등의 나머지 계명도 마찬가지이다.

- 십계명은 하나님의 친필이다. 모기소리만 한 하나님의 음성이라도 들어 보겠다고 여기저기 찾아 헤매지 말고, 십계명부터 암송하고 지키라.

- 십계명은 영혼을 구원하는 양식이며, 십계명을 지키는 것이 구원을 받는 길이다. 인간이기에 지키고자 노력하고 또 노력한다면 지킬 수 있다.

- 십계명을 지키고 천사처럼 아름답게 살아가는 그 마음 하나면 세상에 이루어지지 않는 것이 없다.

6. 보물

- 하나님은 재물이 아니라 우리의 마음을 받으신다. 사랑을 실천하며 천사처럼 변하는 마음이 하나님께 바치는 보물이다.

- 보이지 않는 하나님께 재물을 바치려 하지 말고, 너희를 길러 준 부모에게 용돈 드리고, 찾아뵙고, 효성을 다하라. 그것이 하나님께 효도하는 것이다.

- 하늘에는 선과 악의 창고가 있다. 자기 창고에 선이 많으면 천국으로 구원을 받고, 악이 많으면 심판받아 지옥으로 간다. 그것이 바로 "선한 일을 행한 자는 생명의 부활로, 악한 일을 행한 자는 심판의 부활로" 나오는 것이다.

- "선악과를 따먹지 말라"는 것은 양심을 지키라는 것이다. 선과 악을 구분할 수 있는 양심을 최초에 인간에게 주셨다. 선한 열매는 취하고, 악한 열매는 버리며, 양심에 비추어 부끄럼 없는 삶을 살아가라.

- 가장 작은 거짓말을 하지 않고, 가장 작은 죄를 짓지 않으며, 가장 작은 선행을 하고, 가장 작은 악행을 멀리하는 것이 율법의 일점 일획도 빠뜨리지 말고 다 지키는 삶을 사는 것이다.

7. 우상

- 박물관에 있는 불상은 하나의 예술품이다. 그 조각품에 대고 제 소원을 빌 때 우상숭배가 된다. 십자가라 하여도 그 앞에서 소원을 빈다면 우상숭배하는 것이며, 하나님께 소원을 빈다면 하나님을 우상으로 전락시키는 것이다.

- 지금 기복신앙에 젖어 있는 모든 사람이 우상 앞에 절을 하고 있다. 조각품을 우상이라며 파괴하지 말고, 네 마음속에 있는 욕심의 우상을 무너트리라.

- 생수를 약초가 먹으면 약을 만들고 독사가 먹으면 독을 만든다. 같은 성경을 봐도 선한 지도자는 신도를 천사로 만드는 데 활용한다. 그러나 욕심이 가득한 지도자는 재물을 거두어들여 제가 부귀영화를 누리는 데 악용한다. 그가 바로 성경을 우상숭배의 도구로 전락시키는 거짓 선지자다.

- 성경을 한 획도 빼거나 더하지 말라는 것은, 그 가르침을 빠트리지 말고 온전히 지키라는 것이다. 성경 속에서 자기에게 유리한 구절만 보는 것은, 자기에게 불리한 구절들을 빼 버리는 것이다. 믿음이 제일이요, 행함은 구원과는 관계없다는 것은 자신에게 유리한 쪽으로 성경을 악용하는 것이다.

- 진정한 종교 지도자는 종파에 관계없이 어떤 종파든 어떤 책이든 접하고 보고 깨우쳐 견문을 넓히도록 인도한다. 참진리를 모르고 자신이 없는 자가 남을 이단이라며 배척하고, 신도들의 눈과 귀를 가린다.

8. 예수

- 예수의 재림은 없다. 예수가 다시 온다 해도, 과연 누가 그를 예수라고 믿겠는가? 예수와 같은 삶의 행함이 곧 예수의 재림이다. 각자 모두가 "재림 예수"가 되는, 차원 높은 믿음으로 가야 한다.

- 예수는 "주여 주여 하지 말고, 아버지의 뜻대로 행하라"고 했다. 예수가 전한 하나님의 뜻이 곧 "길이요, 진리요, 생명"이며, 그 가르침이 예수의 보혈처럼 소중한 것이다. 예수를 믿는 것은, 예수의 가르침을 믿고 따르는 것이다.

- 예수는 낮은 자로서 만백성을 섬기고자 했다. 만나는 모든 사람을 다 하나님이라 생각하라. 돈을 벌수록 겸손하고, 높은 지위를 얻을수록 낮아지라.

▪ 예수는 종파를 만들지 않았다. 인간이 만든 종교와 인간의 교리를 따르지 말고, 예수를 통해 전한 하나님의 참진리를 연구하고 따르라.

▪ 예수가 2천 년 전에 만백성을 위해 죽었으니, 지금 이 땅에는 예수의 가르침대로 사는 천사만 존재해야 한다. 예수가 죽어 가면서 바란 것은 만백성이 천사가 되어 예수의 자리를 채워 주는 것이지, 지금과 같이 재물을 바치면서 중언부언 제 소원만을 비는 백성들을 바란 것이 아니다.

9. 구원

▪ 천사가 사는 천국에는 천사만 갈 수 있으니, 천사 같은 마음을 길러야 한다.

- "천국 열쇠를 네게 주리니 땅에서 무엇이든지 매면 하늘에서도 매일 것이라" 했다. 땅에서 천사같이 사는 자가 하늘에서도 천사가 되어 천국에 들어간다. 모든 사람에게 천사같다는 말을 듣는 삶을 살아야 한다.

▪ 천사의 곱고 아름다운 마음은 부모를 공경하고 어른을 어른으로 대접하는 데에서 출발한다. 효도하는 자는 형제와 화목하게 지내기에 가정이 화목해지고, 이웃과 화목해지고, 국가가 화목해지고, 온 인류가 화목해진다.

- 그러므로 지상의 아름다운 소왕국은 가정에서부터 이루어야 한다.

▪ 선택된 14만 명만 구원받는 것이 아니라, 천사처럼 변하고자 하는 14만 명을 기초로 온 인류가 천사처럼 거듭나는 영적인 개혁이 시작되는 것이다.

▪ 천 년에 걸쳐서 하늘에서 이루어진 것같이 이 세상을 낙원으로 만들어, 만백성이 지상의 천국에서 살다가 죽어서 그대로 하늘의 천국으로 들어가는, 영원한 지상 낙원을 건설하는 것이 하나님의 계획이다.

- **이것이 구약과 신약에 이어 "새로운 성경"으로 역사하시는 하나님의 창조의 완성이다.**

▪ 지금의 믿음으로 구원받을 수 있다면 그 길을 가라. 그러나 자신이 없다면 하나님께서 직접 내리신 160권의 "새로운 성경"을 읽고 구원의 길을 보라!

하나님 머리말씀

이 새로운 성경을 읽는 너희 모두는
이 율법에 따라 행하면 영원히 구원받을 것이니라.

너희 인간이 수년, 수십 년, 평생
성서를 공부하고 기도하는 것은
하늘나라 나의 곁으로 오고 싶은 소망일진대,

몇천 년 전의 너희 인성과 생각이
지금의 너희와는 판이하게 다르니,

꺾여 가고 병들어 가는 너희를 고칠 수 있는 길은,
오늘 내가 선지자에게 내리는 새로운 성경과 같이
너희가 변화되는 것뿐이니라.

나의 예수가 태어난 것처럼
내가 아들 선지자를 선택하여
나의 새로운 성경을 온 세계에 전하고자 하니,

묵은 것은 버리고 새로운 것은 취하여,
너희 모두는
'여호와 하나님! 저의 죄를 용서하여 주옵소서.'
하는 기도문으로 기도하고, 죄를 뉘우치라.

이 새로운 성경은
수천 년간 내려온 성서를 요약한 것이니,
너희는 이 책을 정독하여 쉽게 깨달음을 얻고,
이대로 실천하여 하늘에 오르라.

대역자 머리말

■ 하나님의 율법을 지키는 선지자로 선택을 받도다.

저는 남들처럼 그저 열심히 살아온 평범한 사람이었습니다. 그러나 50대 중반에 사업에 실패하여 많은 부채에 시달렸으며, 건강도 악화되어 눈이 잘 안 보이고, 걷기도 어렵고, 두통이 심해서 잠을 이룰 수 없는 고통의 나날을 보냈습니다. 그때 제가 선택할 수 있는 것은 육의 삶을 끝내는 길뿐이었습니다.

죽기 직전에 그동안에 죄를 지은 이들에게 용서를 빌고 인생을 끝내기로 작정하였습니다. 어려서부터 지은 죄를 빌고 빌다 보니 끝이 없었고, 죽음으로도 그 많은 죄를 용서받을 길이 없다는 생각에 하염없이 눈물이 흘렀습니다. 그 순간 '재래식 화장실의 구더기는 죄를 짓지 않는데, 나는 인간으로서 구더기만도 못한 삶을 살았구나.' 하는 생각이 들면서 괴로움에 몸부림칠 때, 갑자기 하나님의 음성이 들렸습니다.

"나는 여호와 하나님이니라. 너는 십계명을 암송하고 내가 내려 주는 메시지를 받아 책으로 만들어 만백성을 구하라." 하시며, 제 눈을 손으로 문지르게 하시고, 아픈 머리와 다리를 손으로 두드리게 하셨습니다. 그러고 나니 눈도 잘 보이고 걸을 수 있었으며 머리의 통증도 말끔히 낫게 되었습니다. 그때부터 십계명을 암송하고 나면 들려주시는 말씀을 기록하였고, 1999년 8월부터 2004년 7월까지 권당 288쪽, 총 160권을 받아서 "새로운 성경"이라는 책으로 펴내게 되었습니다.

그러한 저에게 죽기보다도 힘든 길이 시작되었습니다. 모든 교인들이 저에게 사탄이요, 이단이요, 악마요, 마지막 시대에 온 거짓 선지자라 하면서 공격하였고, 저를 짐승을 보듯이 대하는가 하면, 편협한 종교 지도자들의 선동으로 신도들이 이 책을 직접 읽어보고 평가할 기회마저 막아 버렸습니다. 그래서 하나님의 말씀을 세상에 내는 데 많은 어려움을 겪으며, 피를 토하는 심정으로 책을 전하고 있습니다.

그러나 아무리 인간의 힘으로 막으려 해도, 하나님의 뜻이 세상에 전해지는 위대한 역사는 계속될 것입니다. 책으로 전해지는 "하나님의 말씀"은 세상 끝날까지 항상 우리와 함께하실 것입니다. 사람은 죽어도, 책에 기록된 말씀은 영원히 남으니까요.

■ 따뜻한 실천

하나님께서는 어려운 사람들에게 삶의 터전을 마련해 주고, 미래를 열어 주는 것을 기뻐하십니다. 어려운 이웃이 스스로 자립할 수 있도록 이끌어 주는 것이 진정으로 이웃을 돕는 것이라고 말씀하셨습니다. 그래서 일자리가 없는 제자들에게 작은 사업장을 만들어 주는 "달란트 사업"을 하고 있습니다. 식당, 반찬 가게 등을 차려 주고, 기존의 어려운 사업장이 자립할 수 있도록 돕고 있습니다(커피숍, 미용실, 의상실 등).

하나님께서는 교회에 나와서 모든 시간과 재물을 쏟기를 원하지 않으시고, 그 시간과 재물을 교육에 투자하여 스스로 미래를 열어 가기를 원하십니다. 그래서 제때 공부하지 못한 제자들에게 학업을 이어 가도록 하였습니다. 중화요리 주방장을 하며 초등학교 검정고시부터 공부하여 2012년에 방통대를 졸업한 36세 남성, 만학도들의 2년제 중학교에 입학해서 2007년에 명지대학을 졸업한 38세 여성, 중학교 검정고시를 시작으로 숭의여자대학을 졸업한 47세 여성 등이 있습니다. 그밖에도 많은 제자들에게 나이를 초월하여 배우고 깨우쳐서 사회 속의 당당한 일원이 되도록 인도하고 있습니다.

학자금 대출로 힘겨워하는 젊은이들을 위해 "따뜻한 바람 장학회"를 발족하여(2016년 12월) 대출받은 학자금 전액을 매월 갚아 주고 있습니다. 또한, 다문화 가정을 위해 "다문화 가족 랜드"를 조성하여, 각종 시설을 무료로 활용하도록 하고 있습니다.

이러한 따뜻한 실천이 아직은 미약합니다. 그러나 책의 수입이 늘고, 저와 뜻을 같이하는 분들이 늘어나면 계속 확대할 것입니다. 지도자로서 신도의 재물을 헌금으로 거둬들여 착복하는 것이 아니라, 하나님께서 기뻐하시는 일에 사용하도록 중매 역할만 하며 살아가고자 합니다. 이런 제가 과연 사탄이고 이단인가요? 하나님께서 기뻐하시는 일이라면, 저에게 사탄이라 하든 거짓 선지자라 하든 굽히지 않고 실천해 나갈 것입니다.

끝으로, 일상의 삶 속에서 "지금 내가 하는 행동이 과연 하나님께서 기뻐하실까, 슬퍼하실까?" 생각하고, 매사에 하나님께서 기뻐하시는 길을 택하기 바랍니다. 교회에 모여서 집단적으로 예배 드리는 것이 아니라, 개인이나 가정 단위로 새로운 성경을 읽어 스스로 깨우치고 그대로 행하면 충분합니다. 그것이 마음속에 성전을 짓고, 신령과 진정으로 예배 드리는 길입니다. 그러면 천국의 문에 들어서게 됩니다.

2017. 2. 1.

하나님 말씀 대역자 김용철

차 례

십 계 명

이 책은 십계명을 암송하고 나면 내려 주시는 "하나님의 음성"을 듣고 그대로 받아쓴 기록입니다. 하나님께서 십계명을 모세에게 내려 주셨지만, 그것은 만백성에게 내려 주신 것입니다. 마찬가지로 이 책의 모든 말씀도 저에게 내려 주셨지만, 만백성 각자에게 들려주시는 말씀입니다. 여러분도 이 책을 접할 때마다 십계명을 암송하고 나서 정독해 주시기 바랍니다.

제일은, 너는 나 외에는 다른 신들을 네게 있게 말지니라.
제이는, 너를 위하여 새긴 우상을 만들지 말고, 또 위로 하늘에 있는 것이나, 아래로 땅에 있는 것이나, 땅 아래 물 속에 있는 것의 아무 형상이든지 만들지 말며, 그것들에게 절하지 말며, 그것들을 섬기지 말라.
제삼은, 너는 너의 하나님 여호와의 이름을 망령되이 일컫지 말라.
제사는, 안식일을 기억하여 거룩히 지키라.
제오는, 네 부모를 공경하라.
제육은, 살인하지 말지니라.
제칠은, 간음하지 말지니라.
제팔은, 도적질하지 말지니라.
제구는, 네 이웃에 대하여 거짓 증거하지 말지니라.
제십은, 네 이웃의 집을 탐내지 말지니라.

나 여호와가 존재함을 믿는 그 자체가 구원의 길에 들어서는 기본이요, 근본이며, 나의 새로운 성경을 가슴에 안고 정독하는 자, 반석 위에 서서 하늘에 오르는 찬란한 빛을 보게 되는 영광을 얻게 됨이니라. 진정 나를 따르고 믿는 자는 감히 사탄이나 마귀도 근접하지 못하느니라.

〈하나님 말씀〉

2002년 1월

1,740 번째 하나님 말씀

2002년 1월 5일 06시 15분

1 사랑하는 선지자야!
2 "네, 여호와 하나님! 말씀하옵소서."
3 내 오늘 너를 불러 이르느니, 너희들
에게는 시련과 고통을 견디고 이겨 나
가는 너희 자신의 그 용기와 힘만이
필요하며, 나로부터 얻는 부귀와 영화
를 마음속에 두어서는 아니 된다 하였
음이니,
4 너희들이 기대를 하며 너희들이 축복
과 은혜를 받기를 원하며 무엇을 얻고
자 한다 하면, 너희들은 나의 성전을
지킬 수 있는 힘이 없어짐이니라.
5 나의 사랑하는 만백성을 인도하여 사
막을 거쳐 홍해를 건넌 그 모세도 영
원히 제가 갈구하던 가나안 땅에 가지
못하였음이니,
6 이는 하늘의 법도가 엄함을 너희들이
깨달아야 할 것이니라.
7 인간사에 너희들의 거래라 하면 40여
년 동안 광야를 거쳐 많은 시험으로써
나의 백성들을 인도하여 홍해를 건너
고 나로부터 십계명을 받은 모세가 가
장 갈구하고 원하던 그 가나안 땅에
들어가야 마땅하나,
8 그가 들어가지 못함은 하늘의 법도가
엄하기 때문임을 너희들이 알아야 할
것이니라.
9 이제 너희들은 하늘에 내가 존재함과
하늘에 오르는 길을 알며, 가는 길을
알며, 너희들이 해야 할 대명을 알고
있음이니,
10 너희들은 시련과 고충의 그 고비 고비
를 인내와 용기로써 넘고 또 넘어가는
그것만이 너희들에게 필요함이니라.
11 시련과 고통을 넘고 또 넘는 그 속에
서 너희들이 나에게 향하는 마음이 굳
어지며, 내가 존재함을 너희들이 굳건
히 믿으며, 그리고 하늘나라에 와 너
희들이 구원받는다는 확실한 신념을
얻게 됨이니,
12 그게 바로 전사가 가야 할 길이니라.
13 전사란 무엇이더냐?
14 부귀영화를 누리는 것이 아니며, 나가
적과 싸워 민족과 국가를 보호하기 위
하여 제 한 생명을 던져 민족과 국가
를 구원하는 것이 전사의 최종적인 임
무이니,
15 너희들이 14만의 전사라 말하였음이
니, 너희들은 싸우고 또 싸워 이기는
길만이 너희들에게 존속하며,
16 나의 피조물 만백성을 구하는 그 길에
만 전념하는 것이 너희들이 할 수 있
는 길이니라.
17 그와 같은 달구는 마음으로써 너희들
이 한 길을 가지 아니하면 너희들은
정녕 나 여호와가 존재함을 알지 못하
며 깨닫지 못함이니,
18 너희들만이 나의 피조물 만백성을 구
원할 자들이며, 그 누구도 인간으로서
살 수 없는 그 길을 가고자 하는 것이
너희들이니,

19 나의 피조물 만백성이 너희들의 빛을
보며 하늘에 오르는 길을 알게 될 것
이니, 너희들이 어찌 가야 되는가를
깊이 깨우쳐야 할 것이니라.
20 내가 너희들의 이름을 나의 낙원의 에
덴동산에 걸었다 하며, 너희들이 심판
의 강을 건넜다 하였음이니라.
21 이것 외에 너희들이 무슨 영광이나 축
복을 더 바라는가?
22 수천 년 역사 중에 구원받아 내 옆에
온 자 없다 말하였음이니, 너희들은
육을 가진 이 상태에서 내가 나의 선
지자를 통하여 구원받았음을 확실히
명함이니,
23 그보다 더 크고 큰 은혜와 영광이 없
음이니라.
24 너희들이 나로부터 구원받은 그 은혜
와 축복에 대하여 너희들이 자신을 갈
고 닦으며 용기 있게 전진하며 나의
법전을 들고 나의 피조물 만백성에게
'나를 따르라!' 하고 외칠 수 있는 그
용기와 인내만이 너희들에게 존재함
을 잊어서는 아니 될 것이니,
25 그 속에 너희들에게 축복과 영광과 은
혜가 있음을 잊지 말라.

1,741 번째 하나님 말씀

2002년 1월 5일 22시

1 사랑하는 선지자야!
2 "네, 여호와 하나님! 말씀하옵소서."
3 내가 최초로 아담과 이브를 만들었으
나 그 두 사람이 하나의 뜻을 이루지
못하였으며 내 뜻을 따르지 못하였음
이니,
4 나의 성전에 와 나의 법전을 연구하는
너의 제자들 또한 어찌 하나의 마음이
되겠는가?
5 하나의 마음이 되라 내가 너희들에게
깨달음을 알려 주면서도 나 여호와의
마음이 아픔이니,
6 이는 너희들이 노력하고자 하는 그 마
음 자세를 내가 내려다보기에 너희들
이 노력하는 그 모습에 나의 마음이
아픔이니라.
7 선지자야!
8 "네, 여호와 하나님!"
9 새벽 기도라는 것을 듣기 위하여 나의
성전에 오는 너의 제자들이 그들 속에
마음이 모여짐이 있고 그들 나름대로
결속함이 있으며,
10 나의 법전을 동서남북에 봄바람처럼
전하려 하며 나의 법전을 들고 나가
전하는 너의 제자들은 또 그들대로 마
음이 하나가 됨이니라.
11 그리고 나의 법전을 구입하는 자, 그
리하여 나의 피조물 만백성을 구하기
위하여 저희들의 금화와 은화를 아낌
없이 나의 성전에 전하는 자,
12 그 너의 제자들은 또 그들 나름대로
하나의 생각하는 마음이 같은 길을 가
고 있음이니,
13 그리하여 그와 같이 모여졌을 때 하나
의 마음이 되는 것을, 이 이치를 네가
깨달아야 할 것이니라.
14 그리하여 지금 너희들이 가고 있는 길
이 하나의 마음으로 이루어지고 하나
로 단결하여 하나가 되고자 하는 길임
을 알아야 할 것이니라.
15 새벽 기도를 듣는 자, 그들 나름대로

하나가 되고자 하는 마음이 강하며, 나의 법전을 전하는 자, 전하는 그들대로 하나의 마음이 되고자 함이 강하며,
16 나의 법전을 구매하는 자 또한 하나가 되고자 하는 마음이 강하며, 이와 같이 너희들의 마음이 하나씩 굳어짐이니,
17 한 사람이 두 사람, 두 사람이 세 사람, 네 사람, 하는 일은 다르며 가는 길이 다르다 하여도, 그들이 한 곳에서 서로 마음이 하나로 될 때 그 마음이 엮어져 하나가 됨이니라.
18 너희들이 입고 다니는 옷이라는 것이 여러 가지 천 조각이 뭉쳐져서 하나의 옷을 이루듯이, 하나가 된 그와 같은 마음들이 모여져 너를 따르며 너를 보게 됨이니, 나의 성령의 뜻을 그들이 보게 됨이니라.
19 그리하여 그들이 각자 자기 임무 속에서 하나가 되도록 노력하는 그것이 너희들이 총체적인 하나의 마음이 되는 길인 것을 너는 알아야 될 것이며, 또한 너의 제자들에게 이와 같은 뜻을 깨우쳐 주도록 하라.
20 한 가지 길에 매진하여 하나가 되는 것이 아니며, 너희들이 마음을 다 비우고자 하여서 하나가 됨이 아니니라.
21 물을 긷는 자는 긷는 데로 하나가 되며, 산을 오르는 자는 오르는 길에 하나가 되는 것이며, 정상에 올라 소리를 지르는 자 또한 하나의 마음이 되어 감이니,
22 너의 제자들이 각자의 부서에서 임무에 맞춰 일하는 그들이 팀워크가 이루어져서 그것이 하나가 됨이니,
23 그 하나가 되는 것이 모였을 때 하나의 작품이 됨이니라, 선지자야!
24 너의 제자들을 그리 깨우치며 그리 활용하며, 그들에게 그와 같은 임무를 주어 너희들의 마음이 하나가 되는 데 소홀함이 없이 그리해야 할 것이니, 이 이치를 깊이 깨우치라, 선지자야!

1,742 번째 하나님 말씀

2002년 1월 6일 06시 20분

1 사랑하는 선지자야!
2 "네, 여호와 하나님! 말씀하옵소서."
3 이 대목의 뜻을 깊이 음미하도록 하라.
4 '나의 법전을 가슴에 안고 정독하는 자, 반석 위에 일어서서 하늘에 오르는 찬란한 빛을 보게 되는 영광을 얻게 됨이라.' 하였으니, 그 법전대로 지키고 가는 길이 얼마나 어렵고 힘들던가?
5 그리 살아가는 것이 너희들이 살아가야 하는 길인 것이니라.
6 지금 수천 년 역사가 흘러오는 동안에 나의 피조물 만백성 수천, 수억의 인구의 그 생명이 세상에 나와 거둬져 가면서 구원받은 자 없다 말하였음이니,
7 그리하여 내가 구약을 덮고 신약을 덮고 제3의 시대를 열어 이 조그마한 곳에 나의 성전이라 임하여 내가 나의 가슴의 모두를 너로 하여금 전하게 하여 너의 제자들이 나의 음성이요, 나의 뜻을 듣는 자들이니, 과연 너희들이 어찌 가야 되겠느냐?

8 호의호식의 편안한 길을 가면서 너희
들이 나의 피조물 만백성을 이끌어 갈
수 있다 생각하느냐?
9 너희들이 지금 바로 '본보기'이니라.
10 욥이 수천 년 역사가 흘러오는 동안에
지금도 본보기로서 너희들에게 찬양
을 받듯이, 너희들이 본보기의 인생이
니라.
11 내가 나의 법전을 전하는 자 한마음이
되며, 새벽에 와 기도하는 자 한마음
이 되며, 나의 법전을 구매하여 만백
성에게 전하는 자 그들이 한마음이 된
다 하였음이니,
12 너희들이 어렵고 힘든 그 생활 속에서
나의 법전을 구입하고 전한 과정을 상
세히 기록하여, 너희 다음에 부하고
능력 있는 자, 권력 있는 자가 오거든
너희들이 어찌 걸어왔다는 것을 깨우
쳐 주고 일깨워 줘야 되는 본보기이니,
13 너희들이 시련의 길을 넘고 넘는 것이
당연하지 않더냐?
14 내가 너희들을 사랑하지 아니함이 아
니요, 너희들이 나로부터 선택된 나의
백성이 아님이 아니요, 너희들이 구원
을 받지 아니한 자가 아니니,
15 너희들은 다 나로부터 구원을 받은 자
들이며, 에덴동산의 낙원에 너희들의
이름이 기록되어 있으니, 너희들이 내
가 사랑하고 순종하는 나의 아들이요,
딸이니,
16 너희들이 편안하고 안락한 그 길을 가
도록 내가 하고 싶은 마음이 오죽하겠
는가?
17 부모가 잘 걷지도 못하는 자식이 절름
발이 인생을 살아가는 모습을 보며 얼
마나 가슴이 아프겠느냐?
18 내가 너희들이 당당하게 부귀와 영화
를 누리며 살아가도록 할 수 있으나
절름발이 인생을 살아가게 하고 있음
이니,
19 여기에 너희들이 가야 할 길이 있고
너희들이 이루어야 할 뜻이 있음이니,
너희들은 본보기이니라.
20 너희들이 단돈 만 원이 있는 자가 만
5천 원의 법전을 구입하였다 할 때,
수없이 가진 자가 여기 와서 너희들의
그 말을 듣고 나의 법전을 세상에 전
하는 기둥이 나올 것이니,
21 너희들이 그러한 역경의 고초가 없다
하면 그들의 본보기가 없으며, 그들이
배움이 없으며 깨달음이 없을 것이나,
22 너희들이 지금까지 이루어 놓은 그 역
사에 제 스스로 부끄러움과 저희들의
책임을 알 것이며 책무를 깨달을 것이
니, 그들이 열과 성의를 다하여 일을
할 수 있도록 하는 너희들은 본보기이
니, 이 시련과 고통의 기간을 인내하
라.
23 그러기에 내가 너희에게 버려지는 사
람이 되지 말라 하였으며 낙오자가 되
지 말라 하였음이니라.
24 머지않아 너희들이 오늘의 이야기를
할 날이 있음이니,
25 너희들의 가는 길이 안타깝고, 나 여
호와의 마음이 아프고 가슴이 아파 내
가 선지자를 통하여 너희에게 이르노
니,
26 너희들이 지금까지 나의 법전을 접하
며 살아온 그 생활 속에 그 모두는 이
곳에 오는 능력 있는 자, 가진 자, 힘

있는 자들에게 너희들이 욥과 같은 기
본이요, 근본이 되어야 함이니,
27 그러기에 오늘의 너희들이 잠깐의 시
련을 견뎌야 하는 것을 너희들에게 일
깨워 주니, 마음의 흔들림이 없도록
그리할 것이며,
28 이는 나의 새벽 기도를 듣는 너희들만
이 간직하는 하늘의 비밀이라 그리 이
르며, 때가 이를 때까지 만인에게 전
하지 말라.

1,743 번째 하나님 말씀

2002년 1월 6일 06시 30분

1 사랑하는 선지자야,
2 너희들의 깨달음과 너희들의 실천함
이, 능력 있는 나의 피조물 만백성이
구름 떼처럼 모여들 때, 쓸 자가 그중
에 있으며 구원할 자 그중에 있음이니,
3 단돈 만 원도 없는 자가 만 5천 원, 2
만 원이요, 10만 원이라는 너희들이
말하는 그 지폐를 열배 백배 들여 나
의 법전을 전하는 너희들의 그 고통스
런 마음이 헤아릴 수 없는 많은 재물
을 가진 자들에게 그와 같은 본보기가
되어야만 나의 법전이 세상을 덮음이
니,
4 가진 자가 백 분의 일, 천 분의 일도
그들의 능력을 발휘하지 아니한다 하
면 나의 법전이 세상을 덮을 수 없음
이니라.
5 그리하여 너희들의 그 가르침을 듣고,
너희들의 행함을 듣고, 그리고 너희
대대손손 후손들이 나의 법전을 전할
때,
6 너희들의 그 생활이 복음으로 전해짐
으로 인하여 욥과 같은 그와 같은 역
사에 너희들의 이름이 남을 것이니,
7 너희들이 복음서를 상세히 기록하여
전해야 할 것이니라. 상세히 있는 그
대로 기록해야 할 것이니라.
8 부끄럽고 추한 것을 감춤이 아니요,
있는 그대로 너희들이 해야 될 것이니
라.
9 한 끼를 굶으며 법전을 구입한 자 그
대로 기록해야 될 것이며, 모두를 다
저버리고 나의 법전을 기록하여 전한
자 그리 기록하여 후세에 그가 거울이
되어야 할 것임을 너희들은 잊지 말라.
10 너희들은 인간이 아니라 하였으며, 너
희들은 본보기라 내가 하였음이니라.
11 너희들은 희생자들이니라. 이를 잊지
말라.

1,744 번째 하나님 말씀

2002년 1월 6일 12시 20분

(강론을 마치며)

1 사랑하는 선지자야!
2 "네, 여호와 하나님! 말씀하옵소서."
3 내가 너에게 일러 말하기를, 악과 선
의 그 갈림길에서 너희의 살점을 도려
내는 그 아픔보다도 더 강한 인내만이
선을 선택하고 악을 버릴 수 있다 하
였음이니,
4 그 또한 그리 지키고 인내할 수 있는
것도 너희 마음먹기에 달렸다 하였음
이니,
5 그 누구도, 어떠한 백성도, 어떠한 인
간도 지킬 수 없는 그와 같은 악을 버

리고 선을 선택하는 것도 너희들의 마
음자리에 달렸다 하였음이니라.
6 나로부터 선택되어 대대손손 나의 수
억, 수십억의 인구를 구원하는 대명을
받아 오늘 한자리에 앉아 나의 법전을
공부하며 내가 선지자를 통하여 내리
는 나의 음성을 듣는 너희들도,
7 너희 마음이 다 같이 앞에 있는 자 소
중하며, 앞에 있는 자 사랑하며, 너희
가슴을 열고 웃는 마음으로써 너희들
이 같이 접하여 앉아 있다 하면,
8 고운 자, 미운 자, 나이 먹은 자, 어린
자 없이 너희들의 마음을 열어 제 살
처럼 그들을 사랑한다 하면 너희 마음
속에 웃음꽃을 피우며 너희 스스로 그
보다 더 행복함이 없음이니, 이것이
바로 한마음이 되는 것이니라.
9 내가 선지자에게 일깨워 일렀느니라.
10 너희들이 나를 위하여, 나의 사업을
위하여 힘을 합쳐 일할 때 용기가 나
며 힘이 나듯이, 그때 너희들이 한마
음이 된다 하였으니,
11 나의 성전에서 나의 법전의 가르침을
들으며 나의 성령을 태워 내려보내는
나의 음성을 선지자를 통하여 듣는 너
희들이 마음을 열고 기쁜 마음으로,
웃는 마음으로써 나의 성령을 접하여
똑같이 듣는다 하면, 이는 너희들이
곧 한마음이 되어 있음이니라.
12 나의 소중한 성령이 내려가는 이 순간
에도 너희 나름대로 백 가지, 천 가지
생각을 하고 있다 하면, 너희들은 내
가 가장 소중히 바라며 원하는 한 마
음이 이루어지지 아니함이니,
13 내가 선지자를 통하여 너희들에게 내
리는 이 성령을 듣는 그 순간만이라도
너희들의 가슴을 다 열어젖히며 웃는
마음, 하얀 마음으로써 나의 성령을
그대로 받아들여 깨우쳐 너희 것으로
만드는 그 삶의 훈련을 한다 하면 너
희들은 머지않아 한마음이 될 것이니
라.
14 너희들이 나의 십계명을 암송하는 것
을 듣고 또 들을 때 너희들은 첫 번째
한 계명을 지키고 실행할 수 있으며,
15 너희들이 열 번 백 번 선지자가 암송
하는 나의 십계명을 들으면서 너희들
이 그 십계명을 다 지키는 사람으로
변해 갈 수 있듯이,
16 너희들이 나의 성전에 와 나의 성령을
듣는 그 순간만큼은 나이 먹은 자, 어
린 자가 없으며, 미운 자, 고운 자가
없으며, 가진 자, 못 가진 자가 없으며,
17 한마음으로 너희들의 마음을 열고, 웃
는 마음, 사랑하는 마음으로 너희들이
가슴을 열 때, 너희들의 마음이 하나
가 되는 그 훈련을 너희 스스로 쌓게
됨이니,
18 이와 같은 나의 가르침을 깊이 명심하
여 너희들이 하나의 마음이 되는 그
길을 열도록 해야 할 것이니라.
19 나의 법전에 너희들의 이름이 기록될
것이며, 나의 뜻에 따라 너희들의 복
음서를 만들어 세상에 전함이니,
20 지금 오늘 너희들이 공부하며 들었던
욥의 역사보다도 너희들의 복음서가
더 위대한 가르침이 될 것이니,
21 너희들의 오늘의 모습을 바라보지 말
며, 나 여호와가 너희와 같이하고 있
음이니, 너희들 가슴속에 나의 성령이

갈이하고 있음이니,
22 너희들이 만든 그 복음서는 너희들 것
이 아니요, 내가 너희들에게 명하여
만든 것이니, 그 복음서가 얼마나 소
중한가를 알아 너희들이 깨우쳐 그 대
업을 이루는 데 게을리해서는 아니 될
것이니라.
23 너희들의 소중함을 대대손손 너희의
후손들이 알게 될 것이니, 그때를 너
희들은 항상 기억하여 이루어야 할 것
이니라.
24 오늘의 삶을 잘못 살아 너희들이 1년,
10년 후에 후회하는 삶을 살듯이,
25 너희들이 오늘의 삶을 소홀히 생각하
여 대대손손 너희들이 후회하는 그와
같은 삶의 인생 역정을 엮지 않도록
이를 명심하여 깨우치도록 그리하라,
선지자야!

1,745 번째 하나님 말씀

2002년 1월 7일 08시 55분

1 사랑하는 선지자야,
2 내 너를 사랑하노라. 내 너를 아끼노
라.
3 너희 말에 열 사람 중에 한 사람의 바
른 사람이 있고, 아홉 사람의 잘못된
사람들이 한 사람의 바른 사람을 보고
잘못됐다 말하면 그 한 사람이 잘못된
사람으로 된다 말하지 아니하였더냐?
4 세상에 많은 잘못 가는 종파들이 너를
이단이요, 사탄이요, 사악한 무리라고
공격하고 핍박할 때,
5 아무리 네가 나의 성령의 가슴을 태운
내 심성을 받아 열여섯 권의 법전을
만들어 세상에 전했다 하여도 그를 입
증하고 그들과 싸워 이길 수 있는 힘
이 없음이니,
6 많은 자들이 많은 자들의 말을 따르
며, 많은 나의 피조물 만백성이 많은
군중과 무리 속에 가면 그가 승자라는
것을 알고 있는 그들이니,
7 적은 쪽에 가서 서 있는 자는 핍박받
고 고달프며 힘이 들며, 많은 무리 속
에 서 있는 자는 그 무리의 힘에 의하
여 거저 얻어짐이 있으니,
8 많은 나의 피조물 백성들이 너를 핍박
하는 그 잘못된 자들의 무리 속에 휩
쓸려 가게 됨이니, 그걸 어찌 막을 수
있겠느냐?
9 그것은 바로 너의 바른 자세이니라.
10 세상에 누가 와서 봐도, 세상에 누가
와서 너를 아무리 뒤져 봐도, 세상에
누가 와서 눈을 씻고 너를 바라다봐도
한 점의 부끄러움이 없는 그 삶을 행
하여 감이 그들을 이길 수 있는 길인
것이니라.
11 열 사람이 한 사람을 바보로 만들기
쉽다 하였음이니, 수많은 나의 그 피
조물 만백성이 너 하나를 핍박하는 것
을 네가 감내할 수 있는 길은 네가 바
르고 곧게 가는 것이니,
12 거기에 나 여호와의 성령의 힘이 있으
며 내가 너를 받쳐 줌이 있음이니, 이
길만이 네가 이길 수 있는 길임을 명
심하며, 너의 제자들에게 또한 그리
일깨워 주도록 해야 할 것이니라.

1,746 번째 하나님 말씀

2002년 1월 8일 06시 15분

1 사랑하는 선지자야!
2 "네, 여호와 하나님! 말씀하옵소서."
3 내가 너에게 일러 말하기를, 이 세상
많은 종교 지도자들과 나의 피조물 만
백성을 하늘에 인도한다는 그들에게
네가 물으라 말하였느니라.
4 '너는 정녕 여호와 하나님이 계시기에
여호와 하나님의 뜻이라 하며 하나님
의 명령이라 하면, 너의 가장 소중한
자식의 목숨을 하나님께 바칠 수 있느
냐?' 하고 물어 그를 바칠 수 있다 하
거든,
5 그 종교 지도자 밑에 고개 숙여 네가
그의 가르침을 받겠다 말하라 하였으
며,
6 그 많은 종교 지도자 밑에서 저희들이
예수의 보혈로써 구원을 받았으며, 구
원받은 자들이며, 세상에 저희보다 더
사랑을 베풀고 선한 자 없다 말하는
자들 중에,
7 저희들이 가지고 있는 재산을 다 한데
모아 가진 자, 없는 자, 똑같이 나눠
가질 수 있는 그와 같은 신도요, 그와
같은 믿음을 가진 자들이 있는 성당이
요, 교회요, 종교 집단이 있으면
8 네가 그곳에 가 머리 숙여 그들에 대
한 가르침을 받으라, 그리고 네가 가
르침을 받겠노라 그리 말하라 하였음
이니라.
9 내가 너에게 일깨워 가르치기를, 하나
의 종교 집단이, 사랑이요, 사랑을 베
푼다 말하는 그들이 가진 자, 못 가진
자, 모든 재산을 한데 모아 똑같이 나
눠 저희들의 형제가 살아갈 수 있도록,
10 저희들이 같은 신도요, 같은 형제라
하여 울부짖으며 기도하는 그들이 똑
같이 나눠 가져 다 같이 살아갈 수 있
도록 그와 같은 행위를 할 수 있는 곳
에 가, 네가 그들의 밑에 가서 배울 수
있는 자이니 고개 숙이라 하였으며,
11 또한, 가장 사랑하는 자식을 버릴 수
있는 종교 지도자들 그 밑에 가 네가
스승이라 따를 수 있는, 마음으로 고
개를 숙일 수 있는 그와 같은 네가 되
라 하였으며 그와 같은 곳을 찾으라
하였음이니,
12 그런 곳이 이 세상에 단 한 곳도 없다
하였으며, 그와 같이 이끄는 지도자와
그와 같이 하늘에 오르고자 지도자 앞
에 고개 숙여 기도하는 자들이 없다
말하였으니,
13 여기서 오늘 너를 따르는 너의 제자들
이 그를 그냥 흘려들어 남들의 이야기
로 흘려보낼 것이 아니라, 너희들이
여기서 가슴에 깨달음을 얻어야 할 것
이니라.
14 너희들의 훌륭한 자식을 잃는 그와 같
은 시련과 고통을 너희들이 받는다 하
여도,
15 나의 법전이 나 여호와의 성령을 태워
내린 나의 뜻이라 믿으며 이를 가슴에
안고 정독하며, 자식을 잃은 그 슬픔
을 벗어남을 나의 법전에서 찾을 수
있는 그와 같은 자가 되어야 할 것이
며,
16 너희들이 가진 자, 없는 자, 그 알량한
모두의 재산을 털어서 없는 자를 도와

주며 너희보다 못한 가난한 너희들의
형제에게 돌려줄 수 있는 그와 같은
행위를 하지 못한다 하면 바로 너희들
또한 무엇이더냐?
17 내가 그와 같은 교회라는 곳이 있으며
성당이라는 곳이 있으면 가서 네가 고
개 숙여 그곳에 몸담아 성경을 공부하
러 왔다 말하라 하였음이니,
18 그와 같이 행하지 못하는 너희들은 또
한 누구더냐?
19 그들과 똑같은 자들이니라.
20 그러면서 너희들이 나의 법전을 읽고
앵무새처럼 소리 지르며 외운다 하여
너희들은 과연 구원을 받을 자격이 있
어서 구원을 받았다 말하는가?
21 너희 또한 아무런 자격이 없음이니라.
22 그러나 나는 너희들을 구원하였다 하
였으며 구원하여 주었음이니라.
23 똑같은 나의 피조물 만백성을 누구는
구원하여 주었으며 누구는 구원하지
아니하였음이니, 나로부터 구원을 받
았다 하는 자는 무엇을 시행해야 되겠
는가?
24 바로 네가 가서 행함을 보고 그 행함
이 바를 때, 그곳에 가 성서를 공부하
러 왔다 하여 고개 숙여 배우라 하였
음이니,
25 너의 제자들이 그와 같은 마음이 아니
라 하면 너희들도 그들의 무리와 똑같
음이니,
26 나의 성전에 와 나의 법전을 듣고 강
론을 들으며 공부할 수 있는 자격이
스스로 없음을 알고 너희들이 물러나
야 할 것이니라.
27 어찌하여 너희들은 나의 법전에 기록
된 내용들이 남들을 위하는 교훈이요,
남들을 위하는 가르침이요, 남들을 바
로잡는 가시 채라 생각하며,
28 그것이 바로 너희들이 지켜야 할 덕목
이라는 것을 어찌 깨우치지 못하느냐?
29 그 한 가지도 너희들의 이기주의요,
너희들의 욕심이니라.
30 남들은 그리 지켜야 되는 것이며, 너
희들이 그와 같이 지켜야 된다는 생각
은 감히 하지 못하고 있음이니, 이 또
한 너희들의 욕심의 근원인 것이니라.
31 너희들이 나의 법전에 있는 그 뜻을
깨닫도록 하기 위하여 내가 가슴에 안
고 정독하라 명하였음이니, 그 글이
흘러가는 부질없는 너희들을 일깨우
는 내용과 같더냐?
32 그 속에 담겨 있는 것은 너희들이 뼈
를 깎고 살을 깎는 고통보다도 더 힘
들고 어려운 삶 속에서 지켜 가야 한
다는 그 아픈 내용이 들어 있음을 너
희들은 보지 못함이니,
33 모든 성서를 깨닫는 것은 가장 어렵고
힘든 것을 너희 것으로 만들라 하였음
이니,
34 너희들은 나의 법전을 그리 너희 것으
로 만들어야 된다는 것을 모르고 있으
니 자격이 없음이니라.
35 나의 똑같은 피조물 중에 저희 자식을
잃으면서까지도 내가 저희 자식을 바
치라 하여 그 소중한 자식을 바치는
자가 믿음의 길에 들어선 자라 말하며,
36 모든 재산을 털어서 있는 자, 없는 자,
같이 나눠 똑같이 살아갈 수 있는 기
반을 닦아 같이 살아갈 수 있는 그와
같은 행위를 하는 자들만이 선택된 진

정한 믿음을 가진 자들이라 내가 말하
였으니,
37 너희들이 바라보는 남들은 그리 해야
된다고 생각하면서, 그것을 너희들이
몸소 실행하고 실천해야 한다는 것을
너희들은 어찌 모르는가?
38 그렇다면 그들과 너희가 다른 점이 무
엇이 있으며, 나의 음성을 직접 들으
며 나의 성령을 직접 들어 공부하고
연구하며 대대손손 만백성을 깨우쳐
야 한다는 너희들이 지금 본보기가 무
엇이 되겠는가?
39 남들도 다 할 수 있는 거짓말을 하지
아니한다 하여 그것이 본보기가 되겠
는가?
40 남들도 다 지킬 수 있는 십계명을 너
희들이 지켰다 하여 너희들이 대대손
손 그것이 기록에 남기를 원하는가?
41 무엇이 너희들의 대대손손 너희 자손
들에게 영원히 기록에 남는, 영원히
그들의 삶에 표본이 되는 삶을 살 수
있다 말하는가?
42 너희 자신이 손을 얹고 다시 한 번 깊
이 깨우쳐야 할 것이며, 나의 법전을
너희들의 가슴에 안고 다시 한 번 정
독해야 될 것이며,
43 그 구절구절 하나하나가 너희들에게
명하는 명령임을 알아야 될 것이며,
너희들이 지켜야 할 길인 것을 알아야
될 것이며, 너희들이 행하여야 할 대
목인 것을 알아야 될 것이니라.
44 너희들이 법전을 읽으면서 남들은 이
리 지켜야 될 것이며, 남들은 이리 살
아가야 될 것이며, 이와 같이 살아가
지 아니하는 자는 구원을 받을 수 없
는 것이라는 생각을 하면서,
45 너희들은 그리 지키지 아니한다 하면
나의 법전을 읽을 가치도 없으며, 읽
을 뜻도 없으며, 읽을 이유도 없음이
니라.
46 너희들은 오는 세월, 가는 세월 그저
바람처럼 그냥 타면서 살아가려 하지
말라.
47 누구나 다 평범한 삶을 살아간다 하
면, 누구나 다 똑같은 생각으로 살아
간다 하면, 누구나 똑같은 행위를 하
고 살아간다 하면, 나의 법전에 기록
되어 내가 만백성을 가르치는 것을 너
희들이 먼저 몸소 실천하고 시행하는
것이 아니면,
48 너희들은 나의 법전을 읽고 깨우쳤다
할 수 없으며, 나의 법전을 공부할 수
있는 자격이 없음이니, 나의 법전이
그냥 너희들이 읽어 넘기는 단순한 문
장의 글귀라 생각하는가?
49 나의 법전의 그 속에는 너희들의 뼈를
깎고 살을 깎는 그보다도 더 무서운
내용이 들어 있으며, 그 무서움보다도
더 강한 가르침이 거기에 있음이니라.
50 너희들의 살과 뼈를 깎아 바치라는 그
내용이 기록되어 있는 것만이 무서운
내용이 아니며, 너희들이 죽고 사는
것을 기록해 놓은 것만이 무서운 책이
아니니라.
51 유하고 부드러운 속에서 물 흘러가듯
이 기록되어 있는 나의 그 법전 속에
칼을 들고 나무를 치라는 그 내용을
기록한 것보다도 더 무섭게 실행해야
되는 내용이 거기 들어 있음이니,
52 너희들이 오늘 이후부터 나의 법전 한

장 한 장을 다시 읽어야 될 것이며, 나
의 법전 한 장을 넘기되 열 번, 백 번,
천 번 그 한 장을 들고 매달려 그 속에
기록되어 있는 내용을 하나를 깨우칠
때,
53 그리고 그 밑에 깔려 있는 그 내용을
너희들이 하나를 깨우칠 때, 너희들의
인생의 모습이 바뀔 것이며 삶의 모습
을 바꿀 수 있는 깨달음이 거기 있음
이니,
54 이를 명심하여 다시 읽고 또 읽고 또
깨닫는 그와 같은 자세로 공부를 해야
될 것이며, 이것이 하늘에 오르는 길
이니라.
55 나의 옆에 온 자 하나도 없다 말하였
으니, 이제는 나의 옆에 와 구원받은
자 하나도 없다는 뜻을 너희들이 알
것이니라.
56 지금 내가 너희들에게 말하며 내가 너
희들에게 내리는 이 뜻대로 과연 어느
사람이 살아왔다 생각할 수 있겠는가?
57 너를 버리라.
58 너희들을 버리라.
59 너희들의 살점을 꼬집었을 때 그 아픔
을 몰라야 할 것이며 그를 느끼지 아
니하여야 할 것이니, 살점이 떨어져
나간다 하여도 그 아픔을 느끼지 아니
하며 그 아픔을 모르는 자만이 하늘에
오름을 알아야 할 것이니라.

1,747 번째 하나님 말씀

2002년 1월 9일 06시 55분

1 사랑하는 선지자야!
2 **"네, 여호와 하나님! 말씀하옵소서."**
3 나의 피조물 만백성을 하늘에 인도한
다는 수많은 종교 지도자들 중에 나의
법전을 가슴에 접한 자, 저희 자신이
불안한 그 마음을 달랠 길이 없으며,
4 저희들이 설 자리가 없어짐을 알게 될
것이며, 나의 법전이 세상을 다 덮었
을 때 지금 저희들이 아름답게 이루고
가꾸어 놓은 그 성전이라는 곳까지 많
은 피조물 만백성이 등을 돌릴 것이라
는 것을 그들이 스스로 깨닫고 알게
될 것이니,
5 그들이 나의 성전에 찾아와 너에게
'네가 무엇이냐?' 하고 질문할 것이니,
너는 그저 모른다 말하라.
6 '나는 아무것도 모릅니다.' 하고 말하
라.
7 다만 '하늘에 하나님이라 하여 나에게
음성을 들려주시며 메시지를 내려 주
시며 기록하라 하여 기록하였으니, 나
는 모릅니다.' 하고 말하라.
8 '다만, 나에게 음성을 들려주시며 나
에게 메시지를 내리시며, 만백성을 구
하는 길을 바로 인도하신다 하여 나에
게 말씀을 주시는 분이,
9 그분이 생각하시기에 나를 선지자라
생각하면 선지자요, 그분의 종이라 생
각하면 종이요, 그분의 자식이라 생각
하면 자식일 뿐이요, 나는 모릅니다.'
하고 말하라.
10 '모든 것은 그 음성으로써 내리시며
나에게 메시지를 내리시는 그분이 주
관하시니 나는 모릅니다.' 그리 대답
하라.
11 그 이상, 그 이하의 어떠한 대화도 너
는 하지 말며, 그들과 갑론을박하지

말라.
12 자신들이 죄의 굴레에서 벗어나지 못하고 있으며, 저희들의 몸에 감겨 있는 그 무거운 죄의 사슬을 저 자신이 벗지도 못한 주제에 그가 감히 네 앞에 와 무슨 말을 한들 그 말이 무슨 가치가 있겠는가?
13 제 스스로 발목과 온 몸에 감고 있는 그 죄의 사슬을 저 자신이 벗지 못하며 벗을 수도 없거늘,
14 저 자신이 그 무거운 죄의 쇠사슬의 그 무게가 얼마나 나가며, 제가 어떠한 벌을 받으며, 제가 어찌 나의 나라에 와 그와 같은 벌을 받아 그 고통의 길을 어찌 가야 할 것인가를 저 자신도 모르는 그 사악한 자가 너희 앞에 와서 무슨 말을 한들 그 말에 대답할 이유가 있는가?
15 그리하여 대답할 가치가 없음이라 말하였으니, 갑론을박을 하지 말라 하였음이니라.
16 사람이면 어느 정도 사람과 같은 형태인 자와 말을 나누는 것이며, 하얀 마음을 가진 자라면 그 하얀 마음의 빛이라도 가진 자가 와서 말할 때 그 말을 들어주며 대답할 가치가 있음이니, 내가 너희들에게 뭐라 일렀더냐?
17 내가 아름다운 모습으로써 세상에 너희들을 만들어 놓았으나, 너희들이 육신에 살아가면서 죄를 짓고 또 죄를 지어 그 죄가 포도 송이와 같이 너희 몸에 더덕더덕 붙어 있을 때,
18 나에게 너희들의 모습이 사람으로 보이지 아니하고 점점 험악하고 흉악한 짐승의 모형으로 보인다 하였음이니,
19 너희들의 죄의 무게가 무거워질수록 너희들은 더 흉악하고 사악한 짐승의 형태로 보인다 하였으니, 나는 사람을 만들었지 짐승을 만들지 아니하였기에 그는 나와 아무런 인연의 관계가 없다 말하였으니,
20 그와 같은 형상을 가지고 너에게 와 삿대질하고 너의 멱살을 잡고자 하며 너의 뺨을 때리고자 하는 그들에게 네가 갑론을박할 이유가 없으며 대답할 가치가 없음이니라.
21 조용히 고개 숙여 그들의 광란의 모습을 네가 그저 지워 버리며 생각지 아니하며 너 자신의 마음을 다스리면 될 것이니, 이를 명심해야 될 것이니라.
22 나의 법전이 세상을 덮기 전에 너에게 핍박하는 자의 그 형상을 다 당할 수 없으며 그 형태를 다 막을 수 없음이니,
23 조용히 너는 침묵하며, '저에게 말씀을 주신 그분이 선택한 것이 저이며, 그분이 명하는 것이 저의 명함입니다.' 그리 말하며, 그 이상, 그 이하의 대답도 해서는 아니 될 것이니, 이를 명심하여 시행하도록 해야 할 것이니라.
24 이제는 머지않았음이니라.
25 사람이 아무리 악을 쓰고 아무리 용을 쓴다 하여도 정답을 써 놓지 아니하고 정답이라 하여 그 답을 맞게 해 달라고 하여도 그를 맞다고 대답할 사람이 없음이니, 오로지 정답은 정답일 뿐이며 오답은 오답일 뿐이니라.
26 오로지 너희들이 하늘에 오르는 그 정답은 나의 법전에 기록된 내용들이며,

내가 너를 통하여 내리는 나의 성령의 뜻 외에는 정답이 없음이니라.
27 오답을 가지고 와 정답이라고 소리 지르는 자 앞에 네가 아무리 정답이라고 내보여도 그들은 알면서도 그를 정답이라고 인정하지 않으려 함이니,
28 알면서 인정하지 아니하는 자와 무엇으로 겨루겠는가?
29 언쟁으로써 겨룰 수도 없으며, 사리로써도 겨룰 수 없으며, 힘으로도 겨룰 수 없음이니라.
30 정답을 가지고 정답이라 하는 자 조용히 대답할 수 있으나, 오답을 가지고 정답이라 뒤집어씌우는 자의 그 광란함을 막을 수가 없으며 그 포악함을 막을 수가 없음이니, 그리하여 그와 갑론을박을 하지 말라 이르는 것이니라.
31 오늘날 너의 제자들이 나의 법전을 많이 방방곡곡에 봄바람처럼 뿌렸으며,
32 이제는 너희들에게 감당할 수 없을 만큼 많은 법전을 나의 피조물 만백성의 손에 쥐여 줄 자들이 곧 올 것이며, 그들이 네 앞에 와 고개 숙여 그 임무를 수행할 날이 머지않았음이니,
33 조용히 기다리면 나의 계획한 역사에 의하여 이루어질 것임을 너는 깊이 깨우쳐 행하도록 해야 할 것이니라.

1,748 번째 하나님 말씀

2002년 1월 9일 07시 10분

1 (제자에게 주시는 말씀입니다.)
2 너희들이 살아감에 있어서 진정한 우등생이라 하는 자는, 자기가 가지고 있는 모든 역량을 다 발휘하여 남들 앞에 설법하기 원하며, 남들 앞에 일등의 주자로서 목청을 높이며, 언성을 높이며, 높은 단상에서 부르짖고자 하는 그와 같은 자가 진정한 우등생이 아니니라.
3 모든 내면의 답을 알고 흐름을 알며 이치를 알면서도 말하지 아니하고 침묵을 지키고 있는 그와 같은 자가 진정한 우등생임을 알아야 할 것이니라.
4 네가(제자) 지금 멀고도 먼 길을 떠남이니, 이는 나의 주관하에 이루어짐이니, 너는 앞에서 나서는 우등생이 되어서는 아니 될 것이니라.
5 모든 것을 네 가슴에 품고 있어 모두를 다 잘 알며 너 스스로 깨달음이 있다 하여도 그를 남들 앞에 말하지 아니하고 나서지 아니하며 조용히 침묵을 지키고 살아가는 그것이 너에게는 진정한 우등생의 가는 길인 것이니라.
6 지금 그와 같이 네가 살아왔음이니, 그와 같은 삶이 진정한 우등생임을 너는 오늘 다시 한 번 깨달아, 네 인생의 삶의 지휘봉을 들 수 있도록 모든 역량을 깊이 하나하나 쌓아 돌아와야 할 것이니라.
7 네가 돌아왔을 때, 이곳에는 낙원의 성전이 시작될 것이며, 네가 해야 할 일이 있음이니라.
8 남들 앞에 나서는 일은 절대 금해야 함이니라.
9 조용히 침묵을 지키는 속에서 우등생이 되어야 될 것이며, 남들 앞에서 나서는 우등생이 되어서는 아니 됨이니라.

10 그리고 네가 세상사 살아감에 있어서
혼자는 살아갈 수 없다 함을 깊이 깨
닫게 될 것이며, 많은 사람들을 다스
리며 많은 사람들의 그 뜻을 깨달으며
그들의 생활 습성을 익힐 것이니, 그
것이 네가 배워 가지고 와야 될 공부
이니라.
11 한 형제와 같은 한 민족을 다스리는
종교의 지도자가 아니라, 피부색이 다
르며 언어가 다르며 행동이 다른 그와
같은 백성들에게 나의 법전을 전하는
길이 어떠한 것인가를, 네가 어찌하여
야 될 것인가를 깊이 연구해야 하는
그 과정의 기간임을 잊지 말라.
12 네가 지금 멀리 떠남은 피부색이 다르
며 생활이 다르며 환경이 다른 그와
같은 백성들에게 어떻게 나의 법전을
전할 것인가를 공부를 하러 감이 첫
번째임을 잊지 말라.

1,749 번째 하나님 말씀

2002년 1월 9일 21시 15분

(강론을 마치며)

1 사랑하는 선지자야!
2 "네, 여호와 하나님! 말씀하옵소서."
3 내 사랑하는 백성, 너의 제자가 너에
게 물었노라.
4 죄를 짓고 너희들이 말하는 종교 지도
자요, 성전에 가 기도하고 눈물의 회
개를 하면 용서를 받는다 하였음이니,
5 그러나 내가 내린 십계명 중에 너희는
이 말을 다시 한 번 깊이 암송해야 될
것이니라.
6 '네 이웃의 집을 탐내지 말라.' 하였음
이니, 네 이웃에 있는 것을 탐하는 것
자체도 죄가 됨이니,
7 남에게 피해를 입히고 남에게 손해를
입힌 그자가 저 혼자만이 그 죄를 용
서받는다 하여 저희들이 만든 성전에
와 나 여호와의 이름을 찾으며 눈물의
기도를 드리며 회개의 눈물을 흘린다
하여 그것이 용서가 되며 그가 사함이
된다 하면 나 여호와가 어찌하여 공의
의 하나님이라 너희들이 말할 수 있는
가?
8 나 여호와 자체를 너희들이 욕함이며,
나의 이름을 망령되게 일컫는 그와 같
은 행위임이니라.
9 너희 이웃의 집을 탐내는 그 자체, 너
희들이 생각하는 그 자체, 욕심이라는
그 자체도 내가 불로 쓴 십계명에 죄
라 말하였거늘,
10 너희들은 남의 것을 탐하고 남의 것을
훔치며 남에게 피해를 입히면서도 그
죄를 허공에 대고 빌면 용서를 받는다
함이니,
11 그는 강아지가 짖는 소리만큼도 나에
게는 들리지 아니함을 너희들이 알아
야 할 것이니라.
12 사랑하는 나의 피조물 만백성이 눈물
의 회개로써 반성의 소리를 지르는 그
기도 소리가 하늘을 보고 짖는 강아지
의 음성만큼도 들리지 아니하며 그 목
소리만큼도 나와는 인연이 없다면 그
들의 죄가 얼마나 무서우며 사악한가
를 너희들이 알아야 할 것이며,
13 그 방법이 얼마나 사악한 방법으로써
나의 피조물 만백성을 죄의 구렁으로
이끌어 가고 있는 것인가?

14 그리하여 너희들이 그들을 구원하기
위하여 나의 법전을 공부하며 나의 성
전에 모여 나의 성령을 태워 내리는,
나의 선지자가 전하는 나의 음성을 들
음이니,
15 이와 같이 너희들의 소중함을 너희가
다시 한 번 깨우쳐야 할 것이니라.
16 내가 너희들에게 일렀느니라.
17 너희들은 항상 나 여호와가 너희와 같
이 있으며 너와 같이 있다 하였으며,
너희들이 항상 나를 향하여 기도하고
경배하며 묵상의 기도를 드리라 하였
음이니,
18 오로지 나 여호와에게 기도를 드리는
시간을 잊지 말라 하였음이니라.
19 너희들이 나에게 기도하는 그 시간을
잊음으로 인하여 사탄이요, 사악한 자
들이 너희들의 마음을 흔든다 하였음
이니,
20 너희들은 인간사 살아가면서 나의 법
전을 공부하는 나의 선지자의 제자들
로서 오늘 하나 깨우쳐 가야 할 것이
있느니라.
21 항상 나에게 기도하듯이, 너희들은 길
거리에서 너희에게 동전 한 닢을 얻고
자 손을 내미는 그 사람에게 동전 한
닢을 주며 너희 머리에서 지워 버리는
그와 같은 생각을 갖지 말라.
22 그 불쌍하고 어려운 자를 항상 생각하
며, 그들의 고통과 어려움을 너희 머
릿속에 지워 버리지 아니하고 항상 돌
보고자 하는 생각을 갖고 살아야 할
것이며,
23 너희들이 나의 성전에 와서 같이 공부
하며 같이 깨우치는 너희 형제들의 어
렵고 힘듦을 그저 한 번 듣고 흘려보
내서는 아니 됨이니,
24 항상 나에게 기도하고 나를 경배하며
나를 찾듯이, 그리하여 사탄이 너희
마음에 침투하지 못하도록 내가 하라
하였음이니,
25 너희 형제의 어려움을 오늘보다 내일
더 걱정하며 모레 더 걱정하며 더 생
각하는 그와 같은 변하지 않는 사랑을
베푸는 그 속에서 너희들의 아름다운
싹이 트며 너희들의 아름다운 마음이
빛을 보게 됨이니,
26 너희 형제의 어렵고 힘듦을 듣는 그
순간에 한 번 기억하고 너희 머릿속에
서 지우는 그와 같은 삶이 아니라 오
늘보다 내일 그를 더 생각하고, 모레
그의 어려움을 열 가지, 백 가지를 더
생각하며 보살펴 줄 수 있는,
27 항상 생각하고 염려하는 그러한 마음
을 갖고 너희는 한 형제와 같이 살아
가야 한다는 것을 오늘 너희들이 잊지
말아야 할 것이니,
28 내가 나의 선지자를 통하여 너희들에
게 내리는 나의 이 뜻을 깊이 새겨 행
할 때, 너희들의 선한 마음이 그 마음
속에서 스스로 일어남을 잊지 말라.

1,750 번째 하나님 말씀

2002년 1월 10일 06시 15분

1 사랑하는 선지자야!
2 **"네, 여호와 하나님! 말씀하옵소서."**
3 나의 피조물 만백성 너희들이 살아가
면서도 오는 것이 있으면 가는 것이
있으며, 받은 것이 있으면 또한 주는

것이 있다는 그와 같은 흐름에 의하여
너희들이 살아가고 있으나,
4 너희들은 원천적인 나 여호와로부터
받은, 너희들이 다 일일이 셀 수 없으
며 형용할 수 없는 그 은혜와 은총의
감사함에 대한 너희들의 되돌리려 하
는 마음은 너희 자신이 평소에 잊고
살고 있음이니,
5 나 여호와가 하늘에 존재하며 너희들
이 죽어 그 영혼이 나에게 와 심판을
받으며 그 심판에 의하여 너희들이 벌
을 받는다는 것을 너희들은 잊으려 하
며 생각지 않으려 하나,
6 너희들이 나로부터 받고 사는 그 은혜
속에서 형성되고 있는 그 삶을 하나하
나 조용히 나열하며 기록하고 생각해
보라.
7 그 모두는 다 나 여호와의 은혜요, 은
총이 아니면 이루어질 수 없으며 너희
들이 누리고 살 수 없음을 너희 자신
이 깨달을 것이니,
8 그를 깨닫게 된다 하면 너희들이 한
계단 더 나아가 생각하기를, 그와 같
이 베풀어 주고 은혜를 내려 준 나의
은혜에 보답하는 삶을 살아야 하겠다
는 것을 생각하게 됨이니,
9 너희 인간사에서는 받은 것을 되돌려
주며 또한 은혜를 입은 것만큼 물질로
써 너희들이 보답하고 마음으로써 보
답하고 삶이니,
10 나는 너희들에게 수천수만 가지의 은
혜를 내렸으나, 내가 너희들에게 물질
로써, 또한 노동력으로써 그를 보답하
며 그에 대한 감사의 대가를 되돌려
달라 함이 아니니라.
11 다만, 너희들이 나로부터 세상에 나가
나의 은혜와 은총 속에, 나의 주관 속
에, 너희들이 잊지 못할 지울 수 없는
은혜 속에서 살아가는 너희들에게 나
여호와가 지키고 살라 명한 몇 가지를
지키고 다스리고 살아 달라 하는 것뿐
이니,
12 그것 또한 너희들이 지키지 못한다 하
면 너희들은 얼마나 불공정한 거래를
하고자 함인가?
13 너희들은 받은 은혜만큼 너희 인간사
에 돌려주는 그와 같은 상식적인 행위
도 나에게 하지 아니하려 하고 있음이
니,
14 내가 너희들에게 물질이요, 노력의 대
가를 원함이 아니니라.
15 내가 너희들을 세상에 내보내 육신의
삶을 살아가면서 몇 가지를 지키라 하
여 너희들에게 간곡히 부탁하였으나
이를 지키지 아니함이니,
16 이가 잘못된 길이요, 사악한 길로 가
라 하는 것이라면 너희들이 따르지 아
니하여도 되나, 너희들이 선하고 아름
다운 마음으로써 세상사를 살아가며,
이웃에게 나누며 그 사랑을 베풀며 살
라 함이니,
17 이는 너희들이 은혜를 입은 자가 아니
요, 너희들에게 은총과 은혜를 내리지
아니한 사람이 부탁하여도 그를 지키
고 시행하며 삶이 타당한 내용들이니,
18 너희들과 아무런 관계가 없는 사람이
너희들에게 부탁한다 하여도 지키고
살아야 할 도리이거늘,
19 너희들의 생명을 세상에 태어나도록
한 은혜를 베풀었으며, 수천수만 가지

의 은총을 너희들에게 내려 그 속에서
너희들이 나의 은혜 속에 살아가는데
도 너희들은 그 감사함을 모름이니,
20 너희들이 죽을 때까지 감사를 다해도,
너희들이 경배의 기도를 드려도 그 보
답을 할 수 없는 은총을 내린 내가 너
희들에게 몇 가지를 지켜 달라 함이니,
21 이를 지키지 아니하며 따르지 아니하
고 사는 너희들은 과연 나에게 와 그
어떠한 대가를 받아야 하겠는가?
22 내가 너희들에게 지키라고 명하여 부
탁하는 것을 너희들이 그리 지키고 살
아야만 나에게 와 그 영혼이 심판을
받지 아니함이니,
23 심판의 고통을 벗어날 수 있는 길이라
하여 깨우쳐 주어 그를 지키라 하였음
이니,
24 그것 또한 지키지 아니하는 너희는 그
대가를 반드시 치러야 된다는 것을 알
아야 할 것이니라.
25 사랑하는 선지자야!
26 "네, 여호와 하나님! 말씀하옵소서."
27 내가 너희들에게 지키며 살라 내린 계
명은 너희들에게 은혜와 덕을 베풀지
아니한 이웃에 있는 관계없는 사람이
지키며 살아 달라고 부탁할 수도 있는
것이며,
28 그가 또한 그와 같은 부탁을 했을 때
듣고 따라와야 할 만한 그러한 내용이
며, 그와 같은 삶의 기본이요, 근본인
것을,
29 나 여호와가 직접 불로 써서 너희들에
게 지키라 함을 너희들이 지키지 아니
한다 하면 너희들은 은혜의 감사함을
모르는 자이니라.
30 그리고 너희들을 창조하여 세상에 내
보내는 그 뜻에 의하여 지키고 살다
오라 명한 것을 너희들이 따르지 않고
지키지 아니한 그 죄의 대가로 얼마나
무서운 형벌이 너희들을 기다리고 있
는가 하는 것을,
31 너의 제자들과 너를 따르는 백성들에
게 이 이치를 깨우쳐 하늘에 오르는
길을 바라보도록 해야 할 것이니 그리
알라.

1,751 번째 하나님 말씀

2002년 1월 11일 03시

1 사랑하는 선지자야!
2 "네, 여호와 하나님! 말씀하옵소서."
3 너와 너의 제자들이 가고 있는 그 길
을 내가 내려다보기에 너희들의 그 정
성과 그 노력하는 마음과 그 모습이
너무도 갸륵하고 자랑스러우니라.
4 수천 년의 역사가 흘러와 돌보다도 더
단단한, 나의 피조물 만백성이 잘못
가고 있는 그 믿음의 세계를 바로잡는
다는 것이 얼마나 힘들고 어려운 길이
며,
5 그들이 몇천 년 동안 저희 조상서부터
저희 후손까지 손에 들고 깨우쳐 하늘
에 오른다는 그 성서를 손에서 놓으며,
6 나의 법전으로 바꿔 쥐고 이를 정독하
여 하늘에 오르는 길을 볼 수 있는 그
깨달음의 길을 인도한다는 것이 얼마
나 어렵고 애절한 길인가를 너희들은
이제 체험하여 알고 있을 것이니라.
7 몇 명 안 되는 나의 피조물 너의 제자
들이 나의 성령을 태워 내려보낸 '하

늘에 오르는 길'이요, '하나님! 말씀하
옵소서.'라는 나의 법전을 들고 길가
는 자, 바삐 가는 자, 그들의 손에 들
려 주어 그들을 깨우치고자 하는 그
정성에 하늘에 있는 천사도 놀라며,
모든 사탄과 마귀도 감히 너희 옆을
근접하지 못함이니, 그들 또한 두려워
떨고 있음이니라.
8 사랑하는 선지자야,
9 갸륵하고 갸륵한 너의 제자들과 너를
사랑함이니, 나 여호와의 기쁜 마음을
누가 알겠는가?
10 수천 년 역사가 흐르며 그 흐름 속에
서 돌보다도 더 단단히 굳어져 있는
그들을 바로 세워 물로써 녹여 가는
너희들이야말로 너희들의 대명이 얼
마나 소중하며,
11 오늘 나의 법전을 읽고 한두 사람이
찾아오며, 그 세월이 흐르고 또 흐르
며 천년만년의 세월이 흐른다 하면 나
의 법전이 온 세상을 덮어 나의 피조
물 만백성이 바르고 옳은 하늘에 오르
는 길을 보며,
12 저희들이 계명을 지키고 죄를 짓지 아
니하며 유하고 부드럽고 사랑을 베푸
는 마음으로 살아간다는 생각을 하게
되는 그들의 깨우침이 있음으로 인하
여 이 지상에 나의 피조물 만백성이
존속하며,
13 이것이 곧 하늘에서 이루어지는 것 같
은 낙원이 이루어지게 됨이니, 그 역
사의 씨앗을 뿌리고 있는 것이 너희들
이니라.
14 쉬지 말라. 지쳐 쓰러지지 말라.
15 너희들이 힘들고 어려울 때마다 나 여
호와가 존재함을 믿으며, 나 여호와가
있음을 굳건히 믿어 나의 법전을 전하
는 데 한 치도 소홀함이 없이 그리 노
력해야 할 것을 내가 너희들에게 명함
이니, 이를 잊지 말고 시행하도록 하
라.
16 갸륵하도다. 그리고 장하도다.
17 너희들이 오늘과 같이 어렵고 힘든 그
길을 가지 아니하면 지금 나의 잘못
가고 있는 피조물 만백성이 저희들이
만든 성전에 가 울부짖으며 하늘에 오
르는 길이라고 부르짖는 그들이 지은
그 성전의 문을 닫으며 거미줄을 칠
수 없음이니,
18 오로지 그 성전의 문을 닫으며 거미줄
을 치는 것을 그들이 바라볼 수 있으
며 저희들이 잘못 가고 있음을 깨우쳐,
19 나의 법전을 가슴에 안고 정독하며 하
늘에 오르는 길을 볼 수 있게 하는 것
은 오늘의 너희들의 그와 같은 노고와
수고가 아니면 이루어질 수 없음이니
라.
20 누가 나의 피조물 만백성 그들 앞에,
그들 손에 나의 성령을 태워 내려보낸
나의 뜻의 그 법전을 전해 줄 수 있겠
는가?
21 오로지 오늘과 같이 너희들만이 할 수
있음이니, 내가 너희들을 사랑함이니
라.
22 너희들에게 축복과 영광과 영화가 있
음을 너의 제자들에게 그리 전하라,
선지자야!

1,752 번째 하나님 말씀

2002년 1월 11일 08시

1 사랑하는 선지자야!
2 "네, 여호와 하나님! 말씀하옵소서."
3 나의 법전을 정독하며 나의 성전에 와
나의 음성을 들으며, 세상에 한 마디,
한 구절을 듣는다 하여도 너희들의 모
두를 다 주고도 바꿀 수 없는 나의 그
음성을 수없이 듣고 깨닫는 너희들이
속마음과 겉마음이 다른 자가 있다 하
면,
4 그리고 겉으로는 순종하는 것 같고 행
하는 것 같으나, 본마음이 순종하지
아니하고 행하고자 아니하는 자가 있
으며,
5 나의 선지자를 통하여 너희들에게 전
하는 그 나의 음성의 소중함을 깨닫지
못하고 저희들 스스로만이 깨달아 행
하며 구원을 받겠다 하는 그와 같은
생각을 가진 자들,
6 그러한 자는 나의 성전에 와 나의 선
지자가 나의 모두를 태워 내리는 나의
성령의 가슴의 뜻을 받아 전하는 그
음성을 들을 자격들이 없음이니, 그러
한 자, 들을 자격이 없음이니라.
7 그러한 자 또한 정리가 될 것이며, 그
러한 자 이 성전에 와 앉을 수가 없음
이니,
8 너희들 제자들이 이와 같은 너희들의
마음의 다스림을 다시 한 번 깊이 스
스로 깨달아야 할 것이며, 너희 마음
을 다시 한 번 두드려 봐야 될 것이니
라.
9 나 여호와의 뜻을 대신하여 전하는 선
지자와 같이 있으며 같이 대화하며 같
이 행동하며 그를 바라볼 수 있으며
그를 만질 수 있는 너희들이 얼마나
영광된 자들이며 축복된 자들인지,
10 그것부터 깨닫지 아니하는 자, 그것을
깨닫지 못하는 자는 나의 음성을 들을
수 있는 자격이 없음이니라.
11 한 시대에 한 민족을 이끌기 위하여
나로부터 지정된 선지자요, 제사장이
요, 대제사장이라는 자들이 있었으나,
지금 나의 선지자가 누구의 뜻에 따라
어떠한 민족을 구하고자 하는가?
12 피부색이 다른 백성이요, 생활이 다른
백성이요, 이 지구상에 존재하는 모든
나의 피조물 만백성을 구원하고자 그
가 나의 성령을 받아 법전을 만들어
내며 그들을 가르칠 교본을 만들고 있
음이니,
13 그가 얼마나 소중한 대명을 수행하는
자이며, 그가 얼마나 위대한 업적을
이루고 있는 자이며, 그가 누구의 뜻
에 따라 누구의 음성을 받아 이와 같
은 역사를 이루고 있는가를 너희들이
생각해 볼 때,
14 가슴에 조여 옴을 느끼지 못하는 자,
심장의 맥박이 멈출 것 같은 그 위대
하고 황홀함을 느끼지 못하는 자, 감
사함을 느끼지 못하는 자, 저희들이
서 있는 자리가 위대하고 소중한 것을
모르는 자,
15 순종하는 것 같으나 순종하지 아니하
며, 선지자를 따르는 것 같으나 따르
지 아니하며, 나의 법전대로 행하는
듯하나 행하지 아니하며, 저 자신만이
구원을 받겠다는 얄팍한 마음으로 처

신하고 행동하는 자,
16 그리고 항상 언제든지 제 깨달음이 나
의 선지자를 앞질러 갈 수 있다고 생
각하는 자, 그리고 선지자보다 앞에
갈 수 있다고 생각하는 자, 선지자보
다 많은 것을 더 알고 있다고 생각하
는 오만한 자,
17 그들이 나의 기도 소리를 들을 수 있
는 자격이 없는 자들이니, 그들로 인
하여 나의 성령을 나의 선지자를 통하
여 너희들에게 전하는 것을 제한하고
자 하며 통제하고자 함이니,
18 너희 각자의 가슴에 있는 마음의 문을
열어야 할 것이며, 모두를 다 저버려
야 할 것이며, 나의 음성을 듣는 영광
이요,
19 나의 선지자와 너희들이 같은 시대를
살아가며 같이 공유하고 같이 생활하
고 같이 접하고 같이 대화하며 만질
수 있는 그와 같은 영광이 얼마나 소
중한가를 너희들이 먼저 가슴속 깊이
깨우치는 자만이 나의 음성이요, 나의
가르침을 들을 수 있도록 내가 그리할
것이니,
20 이를 너희들이 깊이 깨우쳐 행하도록
해야 할 것이니라.
21 나의 법전을 들고 전하는 자, 나의 법
전을 전하기 위하여 동분서주하며 뛰
는 자,
22 나의 법전을 구매하여 나의 피조물 만
백성을 구하기 위하여 동서남북으로
전하며 뛰는 자를 비웃으며,
23 그들을 핍박하고자 하며, 그들에게 핀
잔을 하고자 하며, 그들이 잘못된 자
라고 저희들이 설법하고자 하는 그 입
을 열고자 하나 그 입을 열지 못하고
기다리고 있는 자, 기회를 엿보는 자,
24 그리고 나의 법전을 전하며 나의 법전
을 사 전하는 자들을 비방하고자 하나
비방하지 못하고, 언젠가는 비방하며
그들을 공격하고자 입을 날름대는 그
와 같은 속이 다르고 생각이 다른 자
들,
25 그들을 내가 버리고 골라낼 것임이니
너는 그리 알라.

1,753 번째 하나님 말씀

2002년 1월 11일 21시 20분

(강론을 마치며)

1 사랑하는 선지자야!
2 "네, 여호와 하나님! 말씀하옵소서."
3 내가 너에게 일러 말하기를, 세상사
인간 너희들이 살아가는 과정에서도
서로 주고받음이 분명하다 하였으며,
4 그리고 너희들이 살아감에 있어서 거
래에 이루어지는 그 형태가 정확하다
내가 너희들에게 말하였음이니라.
5 그러나 나 여호와가 너희들을 구원하
고자 하는 그 마음은 너희들의 육신의
부모가 자식을 생각하는 그 마음보다
백배 천배 더 깊은 마음으로써 너희들
을 구원하고자 함이니,
6 너희들은 나의 이 깊은 뜻을 알아야
할 것이니라.
7 수천 년 역사가 흐르는 구약의 시대가
흘러오며 그 시대의 나의 피조물 만백
성이 살아옴에 삶을 잘못 살아왔으며,
8 그리하여 신약의 시대를 열어 또한 너
희들을 바로잡아 하늘에 오르는 길로

인도하고자 하였으나,
9 너희들의 사악한 그 마음은 나의 사랑
하는 아들의 목숨을 그 사악한 방법으
로써 단죄하는 그와 같은 형국에 이르
렀음이니,
10 그 또한 나의 아들을 따르며 나의 아
들의 기적과 은혜와 은총과 영광을 입
은 자들이 나의 아들 예수를 그리하였
음이니라.
11 그리하여 지금의 너희들의 형국이 세
월이 흐르면 흐를수록 사악한 그와 같
은 너희들의 마음의 형태가 이루어짐
이니, 세월이 흐르면 흐를수록 너희들
의 마음을 잡을 수 없으며 다스릴 수
가 없음이니라.
12 내가 구약의 시대와 신약의 시대의 그
모든 역사의 기적을 이루면서 수천 년
역사가 흐르는 동안 너희들의 마음을
다스리지 못하여 하늘에 와 구원받은
자 없다 말하였음이니,
13 너희들이 이와 같은 형태로 너희들 자
손대대 세월이 흘러 이루어져 간다면
그 후손들은 더 사악하고 더 험악한
길을 가고자 할 것이니,
14 내가 너희들이 인간사에 살아 지은 죄
를 하늘에 와 그 대가를 치르는 모습
이 너무 가슴이 아파, 너희들이 그 죄
를 가볍게 다스려 나에게 오를 수 있
는 그 길을 인도하라 하여 너희들을
나의 성전에 오늘 모았으며,
15 나의 사랑하는 선지자를 통하여 나의
성령을 태운 열여섯 권의 법전을 지금
내려보내 너희들이 터득하고 깨우치
는 자들이니, 너희들 마음자리가 어떠
해야 되겠는가?
16 나의 피조물 만백성을 구원하기 위하
여 나의 성령을 태워 마지막 나의 선
지자를 통하여 내리는 나의 법전을 읽
고 깨우치며 그와 같이 시행하고자 하
며 나의 성전에 와 나의 음성을 듣는
너희들의 마음 자세가 과연 어떠해야
되겠는가?
17 너희들의 마음자리를 너희 스스로 다
시 한 번 깊이 깨우쳐야 할 것이니라.
18 하나의 마음이 이루어지지 아니한다
면 나의 피조물 만백성을 너희들은 구
원할 수 없음이니,
19 너희들이 나의 피조물 만백성을 구한
다 하여도 하나의 마음으로 통일되지
아니한 자, 그가 바로 너희들의 가는
길을 막을 것이며 나의 법전이 전해지
는 그것을 역으로 그가 선전하며 공격
할 것이니,
20 그와 같은 자와 그와 같이 가고자 하
는 마음을 가진 자가 이 성전에 너희
들과 같이 있다 하면 이는 이루어질
수 없음이니라.
21 그리하여 내가 너희들에게 일렀으니,
너희들의 마음이 하나가 되라 함이니
라.
22 그리고 나의 성령의 뜻에 따라 나의
법전을 읽고 공부하는 너희들이 겉과
속이 다른 자의 마음이 되어서는 아니
된다 함을 내가 간곡히 나의 선지자를
통하여 너희들에게 전함이니,
23 너희들의 마음자리를 오늘 이후부터
다스려 한마음이 되도록 하여야 할 것
이며,
24 한 뜻으로써 나의 법전을 읽고 깨우치
는 자들만이 나의 피조물 만백성을 대

대손손 구원할 수 있는 책무를 수행할
수 있는 자임을 알아야 할 것이니라.
25 너희들의 중요함을 알아야 될 것이니
라.
26 너희들이 서 있는 그 자리가 얼마나
위대하고 중요한 것인가를 알아야 할
것이니라.
27 수천 년 역사가 흐른 다음에 너희들
자손대대 후손들이 오늘의 너희들이
이룬 이 역사를 이야기하며 평가할 것
이니, 그곳에서 그들이 이름을 지우는
너희가 되지 말라.
28 그들의 입에서 찬사와 영광의 이름이
영원히 보존되고 기록되는 너희들이
되기를 나 여호와가 바람이며,
29 그들로부터 너희들의 이름 석 자가 지
워지는 그러한 너희들이 되어서는 아
니 될 것임을 내가 다시 한 번 너희들
에게 간곡히 내림이니,
30 나의 뜻을 깊이 새겨 한마음이 되어,
너희 대대손손 너희들의 후손들이 너
희들의 이름을 영광되게 기릴 수 있으
며,
31 오늘의 이 축복된 자리를 그들이 느낄
수 있도록 그와 같은 역사를 너희들이
이루어야 될 것이니라.
32 오늘의 한 사람이 마음이 이탈되며 한
사람이 마음 하나를 잘못 갖는다 하
면, 오늘의 너희들이 이곳에서는 한
사람이 잘못 감이나,
33 천 년, 2천 년 역사가 흐르고 세월이
흐른 다음에 그 한 사람의 잘못된 그
뿌리들이 수천 수억을 이루어, 오늘의
참되고자 하는 너희들의 후손을 무너
뜨리며 그들을 짓밟는 사악한 뿌리가
탄생하게 됨이니,
34 오늘 너희들이 여기서 한마음으로써
한 뜻을 가지고 나의 법전을 전하는
데 하나가 되어야 됨이 그리하여 소중
함이라 하는 것을 너희들이 깨우칠 것
이며,
35 그리하지 아니하는 자, 내가 그를 내
칠 것이니 너희들은 그리 알아야 할
것이니라.

1,754 번째 하나님 말씀

2002년 1월 12일 08시 40분

1 사랑하는 선지자야!
2 "네, 여호와 하나님! 말씀하옵소서."
3 내가 너에게 일깨워 일렀느니라.
4 '설마 이것이야, 설마 이것쯤이야, 설
마 이 정도야 내 행함이 여호와 하나
님께 죄가 되지 아니하며, 많은 백성
들 앞에 부끄러운 죄가 아니겠지?' 하
고 생각하는 그와 같은 것이 있어서는
아니 됨이라 내가 말하였느니라.
5 '설마'는 있을 수 없으며, '그것쯤이야'
하는 것은 있을 수가 없음이니라.
6 그렇지 아니하며 그것이 통한다 하면,
그와 같이 용서가 된다 하면, 하늘에
못 오를 자가 없느니라.
7 영원히 변하지 않는 그 속에서 구원을
받아 너희들이 상상할 수도 없는 이
낙원에 너희들이 산다 하는 것은 조금
도, 조금도 부끄러움이 있어서는 아니
됨이니라.
8 너희가 생각하기에 육신의 삶이 길고
도 긴 세월이라 너희들이 말할 수 있
으나, 네 열 손가락을 펴서 한번 하나

하나 접어 보라.
9 영원히 산다는 낙원의 삶에 비하면 이 지상의 삶은 네가 폈다 하나하나 접던 그 열 손가락의 접는 시간만큼도 아니 되는 것을,
10 그 시간을 너희들이 아름답고 착하게 살지 못하여, 영원히 살 수 있는 그 세계의 아름다움을 버린다 하면, 얼마나 우매한 우를 범하는 것인가?
11 오죽하면 내가 너희들에게 말하였겠느냐?
12 하루 살다 죽어 가는 그 벌레만도 못한 그 시간이 너희들의 삶이라 내가 말하였거늘,
13 어찌하여 나의 애절한 뜻이요, 나의 가르침을 너희들이 깨닫지 못하는가?
14 나 여호와가 너희들에게 조여 오는 아픔을 인내하며, 조여 오는 그 고통을 인내하며, 그 속에서 선행을 베풀고 선함을 찾으며, 사랑이 무엇인가를 깨달으며 살다 내게 오라 명한 그 뜻을,
15 그 짧은 시간의 삶을 너희들은 어찌하여 버릴 줄을 모르는가?
16 말 못 하는 동물에게도 내가 너희들에게 지키라는 계명을 내리듯 너희가 그들을 다스리고 훈련시킨다 하면 그들은 너희들의 훈련의 뜻에 따를 것이니라.
17 너희들이 미련하다는 그 곰도 훈련을 받으면 재주를 부리며 제가 할 것이 무엇인가를 앎이니,
18 하물며 지혜를 주었으며 생각할 수 있는 판단력을 준 너희들에게 내가 이것을 배워 이것을 깨우쳐 하늘에 오르라 간곡히 부탁하거늘,
19 하루 살다 가는 그 벌레만도 못한 그 세월을, 그 삶을 너희들이 버리지 못하는 어리석음을 깨달으라 하여 내가 이리도 너희에게 간곡히 부탁하건만 그를 버릴 줄 모르니,
20 나의 이 애절한 뜻을 너희들이 깨우쳐야 할 것이니라.
21 멀고도 긴 너희들의 인생의 여정이 나의 나라에 비할 때는 네가 열 손가락을 폈다 접는 그 순간보다도 짧음이라는 것을 잊지 말라, 선지자야!
22 그리고 너의 제자들에게 그리 일깨워 주어, 이 한 가지를 깨달으면 너희들의 앞이 훤히 열릴 것이니 그리 알라.

1,755 번째 하나님 말씀

2002년 1월 13일 06시 30분

1 사랑하는 선지자야!
2 "네, 여호와 하나님! 말씀하옵소서."
3 이제야 네가 나의 피조물 만백성 중에 나로부터 선택된 나의 선지자임을 알겠는가?
4 성난 파도처럼 사나운 그 물결이 고요한 바다로 변하는 것을, 너의 그 변하는 마음속에서 너 스스로 깨달음이 있을 것이니,
5 그 거칠고도 험한 파도가 조용히 잔잔한 모습으로써 변하는 것을 네가 느끼고 있을 것이니,
6 그리하여 네가 선지자로서 선택된 자며 나의 대명을 이룰 수 있는 자임을 너 스스로 깨달아야 할 것이니라.
7 돌을 갈아 그 돌의 간 것이 물이 되어 흐르듯이, 그와 같이 네가 선을 위하

여 말없이 네 마음을 갈고 갈며 또 닦
고 있는 그 모습은, 네가 생각하기에
는 아무나 할 수 있는 일이라 생각하
나,
8 육신을 가지고 있으며 부귀와 영화를
버리지 못하며 저 자신을 버리지 못하
는 자는 누구도 시행할 수 없는 그와
같은 삶의 형태이니라.
9 그러나 너는 그 모두를 다 저버리며,
이 세상 모두를 다 사랑하며, 이 세상
모두를 다 너의 육신과 같이, 너 자신
을 아끼는 것과 같은 마음으로 바라볼
수 있으니,
10 그와 같은 변화의 역사는 나에게 선택
된 자이며 나의 주관하에 존재하는 자
가 아니면 이룰 수 없음이니라.
11 이제는 너 자신이 정녕 이루어야 할
일이 무엇이며 네가 가야 할 길이 무
엇이며 네가 해야 할 일이 무엇인지
알고, 네가 해낼 수 있음을 너는 알고
있을 것이니,
12 그 마음 그대로 지속하며 계속 더 전
진하고 더 노력하는 그 속에서 네가
원하는 모두를 행할 수 있는 그와 같
은 시기와 시대가 열릴 것이니,
13 좀 더 갈고 닦는 마음 자세로써 정녕
하늘을 향하여 한 점의 부끄러움이 없
는,
14 내가 종교 지도자는 거울로 비춰 봐
서, 또는 유리로 비춰 봐서 그 투명한
모습이 한 점의 부끄러움이 있어서는
아니 된다 말하였듯이,
15 유리로 네 모습을 나의 피조물 만백성
이 비춰 볼 때 한 점의 부끄러움이 없
는 나의 선지자로서 바로 서야 할 것
이며, 바로 설 수 있음이니라.
16 그리하였을 때 네가 원하는 그 모두
는, 네가 생각하고 있는 그 모두는 나
의 권능에 의하여 이루어질 것이니,
그때를 너는 기억하고, 잊지 말아야
할 것이니라.

1,756 번째 하나님 말씀

2002년 1월 13일 12시 25분

(강론을 마치며)

1 사랑하는 선지자야, 들으라.
2 "네, 여호와 하나님! 말씀하옵소서."
3 너는 너의 제자들에게 일러 말하였느
니라.
4 너희 사랑하는 자식에게, 나이 어린
자에게 그가 감내하고 감당할 수 없는
짐을 들고 오라, 또는 지고 오라 명하
지 아니하는 것이 너희들이라 말하였
느니라.
5 그러나 오늘 나의 법전 열여섯 권이
세상에 나갔으며, 열여섯 권의 법전을
갖고 공부하는 너의 제자들과 나의 음
성을 듣기 위하여 이 성전에 모인 너
의 제자들은 다섯 살 먹은 자가 양손
에 열 개의 감을 든 것과 같은 어렵고
힘든 길을 오고 왔음이니라.
6 내가 너희들의 마음을 알며, 너희들이
가고자 함을 알며,
7 너희들이 나의 법전을 접하고 나의 성
령의 이 뜻을 들으며 나의 선지자를
통하여 내가 내리는, 너희들이 갈고
닦아 하얀 눈이 되어 하늘에 오르는
길을 보라 하는 그 가르침을 너희들이
순종하고 지키고자 하며 실행하고자

하는 그 마음을 나 여호와가 알고 있
음이니라.
8 너희들은 자식에게 감히 들고 올 수
없는 그 짐을 들라 명하지 않는다 하
였으나, 나 여호와는 너희에게 들 수
없는 짐을 명하였음이니,
9 너희들이 그리하여 오늘에 열배 백배
능력을 발휘하여 이와 같은 성전을 만
들었으며, 온 나의 피조물 만백성에게
나의 법전을 전하며 그들이 나의 법전
을 깨우쳐 하늘에 오르는 그 길을 볼
수 있음을 너희들이 이루어 가고 있음
이니,
10 나 여호와가 너희들을 사랑함이며, 너
희들 모두의 어렵고 힘든 그 고비에
나의 능력이 임할 것을 오늘 내가 너
희들에게 전하노라.
11 나 여호와가 너희들을 통하여 백 명의
나의 피조물 만백성을 이 시대에 구하
고자 하였다면, 너희들은 천 명, 만 명
나의 피조물 만백성을 구하기 위하여
지금 이와 같이 선지자를 받들어 지금
에 이르렀음이니,
12 내가 여덟을 주고 둘을 너희들에게 만
들라 하였으나, 너희들은 내가 둘을
준 이 시점에서 여덟을 이루었음이니,
나 여호와가 너희들의 어렵고 힘든 그
길을 열어 주고자 함이니,
13 그와 같은 나의 은혜와 은총을 받는
자, 선지자가 가고자 하는 마음을 깨
달아 그 마음을 따라 그 마음의 깊이
를 이해하며 그를 순종하고 따르는 자
가 그와 같은 은혜와 은총을 받을 수
있음일 것이니라.
14 너희들이 만지지도 못하고 볼 수도 없
으며 그릴 수도 없는 이 천상의 법도
를 따라 너희들에게 깨우치라 하면 너
희들이 감히 그를 깨우칠 수 있겠는가?
15 그리하여 오늘 내가 너희들에게 여덟
을 주며 둘을 만들라 하였으나, 내가
둘을 주었건만 너희들이 여덟을 만들
었음이니,
16 너희들의 형체와 너희들의 모습과 똑
같이, 너희들과 같이 생활하고 가는
나의 선지자의 살아가는 그 내면의 뜻
을 바라보며 그 뜻을 깨우쳐 선지자와
한 길을 가며 한마음이 되어 그와 같
이 깨달음에 답하는 자,
17 그들에게 내가 은혜와 은총을 오늘 이
후부터 내릴 것이니, 너희 모두에게
영광이 임함을 그리 알라.
18 너희들은 지금 내가 백 명을 구하고자
하는 나의 피조물 만백성을 천 명, 만
명을 구하는 전사로서 너희들의 노고
를 내가 깊이 사랑하며,
19 모든 천사와 하늘나라에서, 천상에서
그 기쁨의 웃음소리가 지금 들리고 있
음을 너희들은 모를 것이나 그 나의
기쁨의 웃음소리가 하늘을 덮고 있음
이니,
20 너희들에게 은혜가 있을 것이며, 내가
내릴 수 있는 나의 모든 상을 너희들
에게 내릴 것이며, 너희들을 내가 보
호할 것이니,
21 너희들의 육신에 같이 가는 선지자와
같은 형태로써 너희들이 변하는 데 더
욱더 노력하여 나의 상을 너희들이 받
도록 할 것이며,
22 오늘 이후 너희들의 고통과 시련을 나
여호와가 직접 챙기고 보살피며 너희

들을 거두어들일 것을 내가 선지자를
통하여 너희들에게 명하니,
23 나의 이 사랑의 깊은 뜻을 너희들이
깊이 새겨 간직하여, 희망과 기쁜 마
음을 갖고 이 성전에서 돌아가는 오늘
하루가 되도록 그리하라.

1,757 번째 하나님 말씀

2002년 1월 14일 07시

1 사랑하는 선지자야!
2 "네, 여호와 하나님! 말씀하옵소서."
3 네가 가고 있는 길이 어떠한 길이며,
또한 너의 제자들이 이루고자 하는 그
역사가 어떠한 일이던가?
4 너희들이 말로써는 나의 피조물 만백
성을 구하는 길이라 하나 그게 얼마나
소중하고 귀한 일인가를 모르고 있음
이니,
5 그리하여 '나'를 먼저 생각하며, '나'를
먼저 너희들이 기억하고자 하며, 너희
자신을 위하여 너희들이 무엇인가를
이루고자 하는 그 생각을 먼저 하게
됨이니,
6 그러한 자 한 뜻을 이룰 수가 없으며,
하나가 될 수 없는 자들이니라.
7 너는 너 스스로 너의 제자 중에 너와
영원히 갈 자와 가지 않을 자를 알고
있음이니,
8 영원히 가지 아니할 자, 네 주변에 너
의 마음에 파장을 이루며 너의 제자들
의 마음에 파장을 이루는 그와 같은
자들을 네가 다스려야 할 것이니라.
9 나의 성전이 어떠한 곳이더냐?
10 나의 법전이 어떠한 것으로써 이 세상
에 나오며, 열여섯 권의 책이라는 것
이 누구의 음성이요, 누구의 뜻이며
누구의 성령으로써 이 세상에 나왔는
가?
11 내가 너희들의 이 성전을 무엇이라 말
하였더냐?
12 하늘에서 내리는 빛이 꺾여 나의 피조
물 만백성에게 전해지는 곳이며, 만백
성이 소원하는 그 기도와 그들이 경배
하는 그것이 이 성전을 통하여, 너를
통하여 하늘에 오를 수 있는 하나의
거점이라 말하였음이니,
13 나의 빛을 통하여 만백성을 구원하며
너희들의 뜻을 거둬들이는 곳이라 하
는 이곳에서,
14 내가 나의 피조물 만백성을 구하고자
나의 선지자의 제자라 명한 너희들이
공부하고 있는 이곳에서,
15 너희들이 나의 법전을 공부하며 나의
성령을 듣는 것 외에 다른 것을 먼저
생각하고 너희들 개인을 위하여 이루
고자 하는 것이 있다 하면, 이는 제 앞
에 다른 신을 둠이니,
16 그러한 자는 너의 제자들의 마음에 파
장을 이루며 너희들이 한마음으로 가
고자 하는 그 마음을 갈기갈기 갈라놓
는 사악한 자들이며,
17 나에게 경배하고 기도하며 예수의 삶
이요, 내가 원하는 그 삶을 살기 위하
여 가고자 하는 선지자 너의 마음을
천 갈래 만 갈래 칼로써 갈라놓는 그
와 같은 사악한 자들이니,
18 이러한 자들의 행위를 너희들이 너희
스스로 볼 줄 알아야 될 것이니라.
19 하얀 마음의 천사가 되고자 하는 너희

들이, 너희 말에 양의 가죽을 쓰고 와
말하는 이리와 같은 자를 너희들의 심
성과 같이 하얀 마음이요, 천사와 같
이 본다 하면,
20 누가 그 이리의 발톱으로 할퀴고 공격
하는 것을 막을 수 있겠는가?
21 나의 뜻을 배우고 나의 뜻을 들으며
내가 가고자 하는 것을 깨우쳐 만백성
을 구하고자 하는 너희들이 그를 구분
하지 못한다 하면,
22 양의 가죽을 쓴 이리와 같은 자가 발
톱을 내놓으며 너희들 천사의 목을 물
고 흔들 때, 그를 견제하고 견딜 능력
이 없음이니,
23 이와 같은 이치를 너의 제자들에게 일
깨워 들려줘야 할 것이며, 그와 같은
자의 말과 행동에 너희들이 귀를 기울
여서는 아니 됨을 깊이 깨우쳐야 할
것이니라.
24 또한, 내가 용서하지 아니할 것임이
니, 너희들이 그를 보는 눈을 떠야 될
것이니라.
25 천사라면 천사와 사탄을 구분하는, 사
악한 자를 구분하는 그 눈을 뜨지 못
하면 아니 됨이니라.

1,758 번째 하나님 말씀

2002년 1월 15일 06시 25분

1 사랑하는 선지자야!
2 "네, 여호와 하나님! 말씀하옵소서."
3 세상에 하얀 눈이 내려 내가 만든 이
낙원이 그 눈 속에 묻혀 있을 때, 세상
천지는 모두 하얀 꽃송이가 존재하는
것과 같음이니,
4 그와 같은 모형의 동산을 만들고 싶은
것이 내가 뜻했던 바이며 내가 원하는
것이며,
5 맑은 하늘에 그림의 형상을 이루는 구
름들이 두둥실 떠다니는 것과 같은 그
평화로운 세상을 이 낙원에 이루고자
함이 내가 이루고자 하는 것이니라.
6 사랑하는 선지자야!
7 "네, 여호와 하나님! 말씀하옵소서."
8 눈이 덮인 겨울이 지나고 꽁꽁 얼었던
이 지상의 모두를 다 녹이는 봄이 오
면 새 생명의 새싹들이 하늘을 향하여
솟아오름이니,
9 지금 나의 법전이 그와 같은 역할을
하기 위하여 세상에 내려졌음이니라.
10 모든 것을 얼어붙게 하는 추운 겨울이
지난 다음 너희들이 이야기하는 봄이
라는 계절에 새싹들이 나오듯이,
11 구약과 신약의 그 수천 년 역사가 흘
러온 그 바탕 위에 새로운 새싹이 트
어 나게 하고자 함이니,
12 차라리 바위요, 돌이라 하면 그를 피
하여 돌아서 새싹이 나올 수 있으나,
13 지금의 나의 피조물 만백성이 형성하
고 있는, 6천 년 역사의 믿음 속에서
굳어진 그 암벽은 숨 쉬고 뚫고 나올
구멍이 없는 그와 같은 단단하고 칠흑
과 같이 어두운 형국이 이루어져 있음
이니,
14 하나의 겨자씨가 그 모두를 뚫고 밝은
세상에 치솟기는 얼마나 힘들고 어려
운 형국인가?
15 지금 네가 나의 법전을 가슴에 안고
만백성을 구하고자 하는 형국이 그와
같음이니라.

16 무겁고 큰 바위가 한 부분을 누르고
있다 하면 그 새싹은 햇빛을 찾아 어
떠한 역경 속이라도 세상에 나올 수
있는 방법과 기회가 있음이나,
17 몇천 년 동안 굳어져 온 나의 피조물
만백성이 하늘에 오르는 길이라 하여
저희들을 잘못 인도해 온 그 두껍고도
두꺼운 벽을,
18 하나의 겨자씨가 나오기 위하여 그를
쪼개고 세상에 나온다 하면, 이는 천
지 개벽이요, 너희들이 말하는 인간사
의 혁명보다도, 너희들이 정의롭고 올
바른 것을 위하여 민심을 모아 민중이
이루는 혁명의 위력보다도 더 무서운
괴력을 발휘해야 함이니,
19 지금 너희들이 이루고자 하는 이 길이
남들이 올 수 없고 이룰 수 없는 그 무
섭고도 험난한 혁명을 이루고자 함보
다도 더 힘들고 어려운 길이니,
20 도저히 깰 수 없는 두껍고도 두꺼운,
지상을 덮고 있는 벽을, 내가 내린 하
나의 겨자씨가 노란 새싹이 올라오는
그 힘에 의하여 그 벽을 깨고 나와야
함이니,
21 노란 새싹이 세월이 흐르는 데 보이지
않는 속에서 성장하여 밀어붙이는 그
힘이 있듯이, 네가 보이지 않고 알 수
없는 시간과 세월 속에 나의 법전을
세상에 전하여 그 법전이 화살촉이 되
어 이 두텁고 험난한 벽을 뚫고 나올
것이니,
22 네가 이루어야 하는 길이, 너의 제자
들이 가야 할 길이 그보다도 더 무섭
고 두꺼운 암벽을 뚫어야 하는 역사를
이뤄야 할 그 길임을 알아야 할 것이
니라.
23 너희들이 지금 성서라 하여 들고 너희
들이 이룬 성전이라 하는 곳에 가 기
도하며 울부짖는 그 내용이 얼마나 왜
곡된 기록이 많으며 왜곡된 부분이 많
은가?
24 기록하는 자들이 잘못하여 왜곡된 부
분이 있는가 하면, 내가 원하고 내가
추구하는 그 뜻을 모르는 사악한 무리
들이 이것이 나의 뜻이요, 나에게 오
르는 길이라 하여 또 왜곡되게 가르치
고 있음이니,
25 이는 물이 범람하여 그를 지탱하고 있
는 둑을 파괴하며 그 둑을 파괴한 노
도와 같은 그 물들이 휩쓸어 가는 그
와 같은 형국에 수천 년 역사가 흘렀
음이니,
26 범람하는 물이 흐르는 그 길을 지탱하
고 있는 둑을 무너뜨리고 그 노도와
같은 물결이 세상을 덮었음이니,
27 길고도 긴 역사 속에 잘못 걸어온 그
모두를 다 바로잡고 바로 세움이 얼마
나 힘들고 어려운 길인가를 너는 알아
야 할 것이니라.
28 사랑하는 선지자야!
29 "네, 여호와 하나님! 말씀하옵소서."
30 수천 년 역사가 흐르는 동안에 다져지
고 다져져 이 아름다운 낙원의 나의
동산을 덮고 있는 그 두텁고도 무서운
벽을 어떤 것으로도 뚫을 수 없음이니
라.
31 나약한 겨자씨의 그 노란 새싹이 서서
히 성장하며 밀어붙이는 그 힘으로 인
하여 어느 날 그 두꺼운 벽이 쪼개질
것이며, 네가 나올 수 있는 틈이 열릴

것이니,
32 이게 너희들이 이야기하는 종교의 혁
명이요, 그 개혁의 위대한 힘이 발휘
될 날이 머지않았음이니,
33 오늘의 힘들고 어려운 너의 그 고통과
네 육신의 모든 인간의 향락을 네가
만분의 일이라도 손에서 놓지 못한다
하면, 그 노란 겨자씨의 싹은 그 암벽
을 뚫기 전에 스스로 썩어져 가는 형
국이 될 것이니,
34 그리하여 내가 너를 바로잡고 바로 인
도하기 위하여 네 육신에 체벌을 가함
이니,
35 네가 나의 뜻을 벗어나 바르고 옳은
그 길을 가지 아니하고 육신의 향락을
위하여 네가 고개 돌려 숨을 쉬는 일
이 있다 하여도 이제는 네 육신에 체
벌을 직접 가할 것이니,
36 네 육신이 잠시라도 성하고 네 형태를
가지며 지켜 갈 수 있는 길을 살 것인
가, 네 육신의 부분에 내가 가하는 체
벌의 고통을 받으며 갈 것인가 이는
네가 선택해야 할 것이며, 네가 너 자
신을 선택할 책임이 있음이니라.
37 네가 오로지 내가 명하며 내가 내리는
그 길만을 가지 아니하고 거기서 한
발을 벗어날 때, 벗어난 만큼 내가 너
에게 육신의 체벌을 내릴 것이니,
38 네 몸이 성하고 성하지 아니함은 너에
게 달렸음이니, 네가 알아서 행해야
할 것이니라.
39 이제는 내가 너를 체벌로써 다스려도
나 여호와가 너에게 그마만큼 깨우칠
기회를 주었으며 지혜를 주었으며 가
르침을 주었으니,
40 나의 법전에 기록되었듯이 너를 체벌
로 다스리는 시기가 왔음이니 이는 너
의 몫이니라.

1,759 번째 하나님 말씀

2002년 1월 15일 06시 45분

1 사랑하는 선지자야!
2 "네, 여호와 하나님! 말씀하옵소서."
3 네 주변에 100미터, 200미터 먼 곳에
원을 그리고, 너의 제자들이요, 나의
피조물 만백성이 다 같이 그곳에서 너
를 향하여 서 있는 그와 같은 형국에
서 그들을 바라보며 그들을 똑같이 사
랑하라 하였음이니라.
4 이는 네가 너의 제자들을 멀리 두고
바라봄으로 인하여 그들의 곱고 아름
다움을 네 육안으로 생각하지 아니하
며 그들의 모습을 네가 스스로 느끼지
못하도록 하고자 함이니,
5 그들의 형체만을 보라 하여 똑같이 그
들을 사랑하라 함이 여기에 있다 너는
생각할 것이나, 그것 또한 아니니라.
6 100미터, 200미터 먼 곳에 너의 제자
들을 세워 놓고 네가 형체만을 보며
그들을 똑같이 보는 네 마음의 다스림
과 깨우침도 있으나,
7 그들이 네 주변에 가까이 옴으로 인하
여 네 마음과 육신의 생각에 파장을
이루는, 네가 가는 그 길에 파장을 이
루는 것을 막고자 함이니,
8 깨닫고 깨닫지 아니한 자며 네가 정녕
나의 선지자요, 나의 종이요, 나의 아
들이라 생각하지 아니하는 자, 내 자
식이라 생각지 아니하는 자가 네 앞에

가까이 왔을 때,
9 그들로 하여금 이루어지는 것은 네가
가고자 하는 그 길에 파장만을 이룸이
니라.
10 그리하여 모두를 네가 가까이하지 말
도록 하는 나의 뜻이 또한 거기에 있
음이니,
11 내가 너에게 이르는 이와 같은 뜻을
너는 깨달았을 것이니, 어찌 네가 가
야 할 것인가를 깨달아 시행하도록 그
리하라.

1,760 번째 하나님 말씀

2002년 1월 16일 06시 08분

1 내 사랑하는 선지자야!
2 "네, 여호와 하나님! 말씀하옵소서."
3 사랑하는 선지자야!
4 "네, 여호와 하나님!"
5 너희 인간사 세상 속에 너희들의 육신
이 살아가면서 자식과 부모라 하여 관
계를 맺고 살아감이니, 부모가 하나의
사랑하는 자식을 잃었다 하면 그 자식
을 잃은 고통이 얼마나 크겠는가?
6 그러나 그 자식을 잃은 부모의 고통의
심정을 처해 보고 당해 보지 아니한
자는 모르느니라, 선지자야!
7 사랑하는 자식 하나를 버렸다 하고 잃
었다 하자.
8 젖을 물리고 온갖 정성을 다하여 그
재롱을 보며 기른 부모 앞에 하나의
자식이 일찍 눈을 감고 간다 하면 그
찢어지는 듯한 아픔의 고통을 누가 알
겠는가?
9 그 부모가 또 하나의 자식을 잃는다는
것을 알게 된다 하면 그 살아 있는 자
식을 바라보는 그 부모의 마음이 얼마
나 아프고 처절하겠는가, 선지자야!
10 사랑하는 선지자야!
11 "네, 여호와 하나님! 말씀하옵소서."
12 나 여호와는 내가 사랑하는 예수요,
나의 아들이 그와 같은 처참한 죽음을
당하는 것을 손 한 번 뻗어 구원할 수
있었으나, 내가 그를 구원하지 아니하
고 나의 피조물 만백성을 위하여 버렸
음이니,
13 너희들이 인간사의 부모와 자식 사이
를 생각한다 하더라도 그 아픈 나의
마음을 헤아릴 수 있지 아니한가?
14 살릴 수 있는 자식을 부모의 실수로
인하여 잃었다 하면 그 부모의 마음이
얼마나 찢어지는 듯 아프겠는가?
15 너희들은 어찌하여 나의 이와 같은 마
음을 바라볼 수 없는가?
16 그러나 남들이 갈 수 없으며 이룰 수
없으며 형용할 수 없는 그 고통스런
길을 가야 하는 자식을 또 하나 그 불
속에 던진다 하면, 너희 육신의 부모
의 마음이 얼마나 아프겠는가?
17 나 여호와가 그와 같은 부모와 같은
심정으로 예수를 잃었으며, 또한 나의
선지자요, 나의 종이요, 나의 아들이
라 하여 세상에 내보내 누구도 갈 수
없고 힘든 그 고통의 길을 가도록 한
그를 바라보는 나 여호와 하나님이라
너희들이 말한다 하면,
18 내가 너희들에게 일찍이 일렀느니라.
19 흔들리는 사다리를 잡고 하늘을 향하
여 오르는 그 선지자에게, 한 자루의
연필도 그의 손에 쥐여 주어서는 아니

되며,
20 백지장 하나도 그의 손에 쥐여 주는
그와 같은 너희들이 된다 하면 나의
선지자는 그 흔들리는 사다리를 잡고
하늘에 오를 수 없음이니,
21 그의 고통과 시련이 얼마나 어렵고 힘
든가를 너희들이 알아, 선지자의 가는
길에 마음의 파장을 이루지 말라 하였
음이니,
22 나이들이 먹어 지금 자식을 두며 인생
의 경륜을 가지고 노후를 살아가는 너
희들이 나의 이 깊은 뜻 하나도 깨우
치지 못하였으니,
23 너희들이 인간이더냐, 수수깡이더냐?
24 너의 아내도 자격이 없음이니라.
25 나의 피조물, 모든 너의 제자들이 네
앞에 와 기도하나 그들도 하나도 자격
이 없음이니,
26 나 여호와가 하나의 자식을 버렸으며,
또 하나의 자식이 누구도 갈 수 없는
그 고통의 길, 역경의 길을 가는데 그
의 마음에 파장을 던진다 하면, 너희
는 인간이 아니니라.
27 그가 누구를 위하여 그 길을 가며, 나
여호와는 누구를 위하여 그 자식 하나
를 또 버리려 하는가?
28 너희들을 위함이니라.
29 너희들을 구원하고자 함이니라.
30 너희는 인간이 아니니라.
31 너의 제자들 또한 사람이 아니며, 생
각이 있는 자들이 아니며, 지각이 있
는 자들이 아니며, 짐승만도 못함이니
라.
32 아니, 수수깡과 같은 아무런 감정이나
감각도 없는 자들이 너희들이니,
33 나 여호와가 오늘 나의 선지자를 통하
여 던지는 이 나의 아픈 심정을 너희
들은 생각하고 깨우쳐야 할 것이니라.
34 이제는 나의 선지자요, 나의 종을 너
희들이 그와 같은 생각으로써 따르며,
너희 자신을 먼저 생각하며 너희들 자
신을 돌아다보는 그와 같은 마음으로
간다 하면, 나의 아들, 선지자요, 나의
종인 그를 내 스스로 거둬들일 것이니,
35 너희들은 나를 원망치 말며, 내가 너
희들에게 약속을 지키지 못했다 하여
나를 원망치 말며 나를 저주하지 말라.
36 오늘의 나의 이 아픈 마음의 뜻을 너
희들에게 전하노니, 이 인간의 근본이
요, 기본이요, 기초인 사랑의 깨달음
을 모르는 너희들이 하늘에 오르는 사
랑의 깊이를 어찌 알겠는가?
37 사랑하는 선지자야!
38 "네, 여호와 하나님!"
39 누구나 갈 수 있는 길이며, 누구나 이
룰 수 있는 길이며, 누구나 행할 수 있
는 길이 아니니라.
40 누구도 이룰 수 없는 길이며, 누구도
행할 수 없는 길이며, 누구도 갈 수 없
으며 이룰 수 없는 그 길이기에,
41 오로지 나의 피와 살과 같은 자만이
그 길을 갈 수 있기에, 나의 아들이요,
나의 제자요, 나의 선지자라 하여, 나
의 종이라 하여 세상에 내려보냄이니,
42 내가 두 번 다시 없으며 이것이 마지
막이라 함이니, 너희들이 또 무엇인가
있을 것이며, 또 무엇인가 기적이 있
을 것이며, 누군가 다시 이 세상에 나
올 수 있다 함은 나의 뼈를 두 번, 세
번 깎는 그 고통을 겪으라 함과 마찬

가지니,
43 그와 같은 너희들의 심성을 알아야 될
것이며, 그리하여 내가 이것이 마지막
이라 하는 나의 뜻이 여기에 있음이니,
44 너희들이 이 이치를 깊이 깨우쳐야 할
것이니라.
45 너희들이 아무도 선지자의 옆에 올 자
격이 없음이니라.
46 너희들이 선지자 옆에 와 나의 음성을
들을 수 있는 마음이 비어 있는 자 하
나도 없음이니,
47 자식을 버리는 고통스러운 그 부모 앞
에 와 저희들의 마음자리 하나도 다스
리지 못하는 너희들이라 하면 너희들
은 나의 성전에 올 자격이 없음이며,
나의 법전을 읽고 깨닫는 자라 말할
자격이 없음이니,
48 너의 아내부터, 너의 제자들부터 네
앞을 다 떠나도록 해야 할 것이니라.
49 그들이 없는 자리에 그보다 열배 백배
나은 나의 피조물 만백성을 보낼 것이
며 너를 따르게 할 것이니,
50 이제는 내가 나의 아들이요, 나의 선
지자요, 나의 종이라 일컫는 자에게
예수와 같은 그 시련의 고통을 두 번
다시 있게 해서는 아니 되기 때문이
니, 나의 이 마음을 너희들이 알아야
할 것이니라.

1,761 번째 하나님 말씀

2002년 1월 16일 06시 30분

(선지자의 기도)

1 "전지전능하신, 이 우주의 모두를, 하
늘과 땅과 이 모두를 창조하신 여호와
하나님!
2 세상에 하늘의 뜻을 전하며, 지상의
모든 기도하는 그 음성을 저를 통하여
전한다 하는, 하나의 점으로써 세상에
내려온 저 자신이 깨닫지 못하고 있으
며 저를 다스리지 못하고 있사오니,
저의 죄를 거두어 주옵소서.
3 대대손손 저의 동료요, 형제요, 위로
는 여호와 하나님의 아들이요, 딸들인
만백성을 구하는 대명을 받은 저 자신
이 바로 서지 못하며 여호와 하나님의
그 뜻에 의하여 시행하고 순종하지 못
함을, 저의 죄를 벌하여 주옵소서.
4 모두는 저의 죄이며, 저 자신이 바로
서지 못하며 바로 가지 못하기 때문이
니, 저를 다스려 주옵시고 벌을 주옵
소서.
5 여호와 하나님의 율법대로 세상에 살
아감이 차 한 잔 마시는 그 즐거움보
다도 더 간단하며 즐겁게 살아갈 수
있다 말하나, 말은 그리하나 행동을
그리하지 못하는 저의 죄를 용서하여
주옵소서.
6 모깃소리만 한 그 소리 하나도 제가
덮어두지 못하며, 그 소리 하나를 듣
지 아니하고 넘어가지 못하며, 제 마
음에 파장이 와 닿는 그 모든 것을 다
가슴으로 받아들이지 못하며, 하얀 눈
과 같은, 하얀 마음과 같은 그 길을 가
지 못하는 저를 벌하여 주옵소서.
7 죄를 지어 여호와 하나님 앞에 가 심
판을 받고 그 죄에 따라서 불바다, 가
시밭길의 그 험난한 고통의 벌을 받는
것은 무섭고 두려운 것이라 생각하오
나,

8 그 길을 가느냐 가지 아니하느냐 하는
것은 지금 저희들이 살아가고 있는 이
생활이, 오늘의 저희의 삶이 그 기초
가 되며 심판의 대상이 되어 그가 어
찌 심판을 받고 어떠한 죄를 치르는지
는 생각지 못하고 있사옵나이다.
9 오늘의 저희들이 잘못 가고 잘못 살아
감이 가시 방석이요, 불길이요, 그 험
난한 죄의 대가를 가고 있다는 것을,
잘못 삶이 그와 같다는 것을 인식하지
못하는 저희들을, 깨우치고 깨달음을
얻지 못하는 저의 죄를 용서하여 주옵
소서."

1,762 번째 하나님 말씀

2002년 1월 16일 21시 35분

(강론을 마치며)

1 사랑하는 선지자야!
2 "네, 여호와 하나님! 말씀하옵소서."
3 지금 수천 년 역사가 흐르며 신약의
시대가 열려 너희들이 가장 많은 우를
범하여 너희 종교 지도자들이 잘못 가
르치고 잘못 가는 길이 있음이니, 그
들의 책임이 오늘에 이르렀음이니라.
4 내가 너희들에게 일깨워 가르치기를,
너희 자신이 세상에 태어난 그 뜻이
너희 뜻에 의함이 아니요, 나의 주관
하에 너희들이 나로부터 새 생명을 받
아 세상에 나왔으니,
5 그 생명이 너희 것이 아니고 나의 것
이니 너희들은 나의 것을 잘 관리하여
오라 하였음이니 나로부터 관리와 통
제를 받는 자들이니,
6 너희들이 나의 뜻에 따라 살다 오라
하여 너희들을 세상에 내보내 내가 다
시 한 번 기회를 주었음이니,
7 그리하여 너희들의 생명이 소중하다
하였음이니라.
8 그리하여 너희들의 생명이 소중하면
너희 자신이 소중하며, 그리하여 너희
들의 가정이 소중하며, 가정의 화목
속에서 이웃과 친지가 화목하며, 부모
를 공경하며, 너희들이 공유하고 사는
사회가 화목을 이루며 살도록 하였으
나,
9 오늘날 너희들이 저 자신만을 알며 부
모와 형제도 모르며, 자식과 부모 사
이도 거래요, 그의 투자 가치를 따지
는 이와 같은 시대로 변화된 것은 지
금의 종교 지도자들이 잘못 가고 잘못
가르쳤기 때문이니, 그 뜻이 여기 있
음이니라.
10 너희 종교 지도자들은 안식일이라 하
여 한 날을 정하여 너희들이 한곳에
모여 같은 시간에 같은 장소에서 기도
하며 경배하도록 너희들의 마음을 묶
어 놓았음이니,
11 그리하여 너희들의 마음속에 부모를
공경하는 마음이 없어지기 시작하였
으며, 형제를 사랑하는 마음이 없어졌
으며, 이웃을 사랑하는 마음이 없는
삭막한 마음으로 그들이 나의 백성 너
희들을 지금 그리 이끌어 왔음이니라.
12 너희들이 최초에 생각하여 안식일이
라 정하여 그 안식일을 지키지 아니하
는 자는 하늘에 오를 수 없다 하여 한
날한시에 기도를 하며 모이도록 함은,
너희들이 기르는 가축만이 그리할 수
있다 하였음이니,

13 그들이 그와 같이 나의 피조물 만백성
을 묶고 이끌어 왔기에 그 속에서 부
모를 공경하는 마음이 어찌 나오며,
형제를 사랑하는 마음이요, 형제를 의
지하며 믿고 따르고 존경하는 마음이
어디에서 이루어질 수 있겠는가?
14 최초에 시작할 때, 그들이 그것이 아
무런 뜻 없이, 의미 없이 시작하여 그
와 같이 안식일이라 정하여 한날한시
에 너희들이 나에게 경배하도록 하였
으나,
15 그와 같은 행위가 천 년, 2천 년의 역
사가 흘러오면서 그 하나로 인하여 너
희 가슴속에 삭막한 모래성과 같은 마
음을 심어 준 것이며,
16 오늘의 종교 지도자들이 안식일을 하
나로 묶어 지키도록 하여서 그것이 발
단이 되었음을 너희들은 오늘 깨우쳐
야 될 것이니라.
17 수천 년 역사가 흐르는 동안에 한날한
시에 너희들을 묶어 놓아 같이 경배하
고 같이 기도하며 그들은 너희들의 축
복의 날로만 갖도록 하였으니,
18 부모를 공경하며 형제를 사랑하며 이
웃을 존경하며 담소하며 화기애애한
인간이 살아가는 삶의 그 근본의 화목
을 파괴하는 것이 그곳에 있음이니,
19 너희들이 종교 지도자들, 잘못 가르치
는 자의 말에 따라서 같은 시간에 같
은 날을 지키다 보니 저희 형제요, 저
희 부모요, 이웃에게까지도 모든 일을
등한시하며 그를 멀리하며,
20 저 혼자만이 구원을 받는 길이며 저
혼자만이 그 길을 가는 축복의 영광이
라고 느끼며, 저 혼자만이 그 길에 어
떠한 방법이든 구원을 받아야 되며 저
는 하늘에 오르겠다는 그 욕심 때문에
21 저희 부모요, 저희 형제요, 이웃의 돌
아가는 그 상황과 환경을 바라보지 아
니하고 느끼지 아니하며, 같이 염려하
고 사랑하고 근심 걱정을 나누는 사랑
의 근본의 그 싹을 잘라 놓았음이니,
22 오늘의 삭막한 시대의 그 책임을 그들
이 져야 됨이 여기에 있느니라.
23 그들이 안식일을 하나로 묶어서, 그
안식일을 지키기 위하여 부모와 형제
와 이웃과의 모든 인간사의 그 사랑과
나눔을 실천할 수 있는 시간을 단절하
여 그리 오도록 하였음이니,
24 지금부터 천 년, 2천 년의 역사가 더
흐른 다음에 오늘의 열배 백배의 사악
한 그 형국을 다스릴 수 없기에, 오늘
내가 모든 성서를 덮으며,
25 안식일을 너희들이 필요한 날 휴식하
며, 너희들이 필요한 날 나에게 기도
하며, 이웃과 더불어 살며 부모와 형
제와 나누며 살 수 있는 그 시간을 갖
도록 내가 다시 너희들에게 일깨워 주
며, 나의 법전에 그를 기록하여 깨우
치라 하였음이니,
26 이와 같은 나의 뜻을 너희들은 깨달아
야 할 것이니라.
27 안식일을 하나로 묶음으로 인하여 나
의 피조물 만백성이 오늘과 같이 사악
한 모래성과 같은 마음이 되었음이니,
28 가르치는 자들이 성서를 잘못 가르치
며 한 구절과 두 구절과 세 구절, 열
구절을 이해 못 하며 잘못 가르쳤을
때 그에 따라 잘못 가는 나의 피조물
만백성을 잡고 돌이킬 수가 없음이니,

29 그리하여 그 모두를 다스리기 위하여
사랑과 나눔과, 너희 자신의 소중함을
깨우치며, 너희 가정의 소중함을 깨우
치며, 너희 부모의 소중함을 깨우치
며, 너희 형제의 소중함을 깨우치며,
이웃의 어려움과 고통을 돌아보며,
30 나 여호와에게 경배하고 기도하는 안
식일을, 너희들이 정해 놓은 그 시간
을 지키는 것보다는 그들과 더불어 슬
픔과 즐거움을 나눌 수 있는 너희들의
마음의 인성을 살리기 위하여,
31 내가 너희들에게 사랑의 촛불을 켜기
위하여 나의 법전을 내려 너희들을 일
깨워 깨우치고자 함이니,
32 이와 같은 나의 깊은 뜻을 너희들이
깨우쳐 나의 피조물 만백성에게 소리
높여 전해야 될 것이니, 이를 명심하
여 시행하도록 하라.

1,763 번째 하나님 말씀

2002년 1월 17일 06시 10분

1 사랑하는 선지자야!
2 "네, 여호와 하나님! 말씀하옵소서."
3 네가 십계명을 암송하며, 한 구절 한
구절을 네가 암송하며 네가 스스로 어
찌 실천하고 시행하는가를 생각하는
그 마음을 내가 아느니라.
4 그와 같이 반성하고 회개하며 깨우쳐
가는 그 마음이 내 뜻이요, 내 마음속
에서, 나의 성령 속에서 이루어짐이니,
5 누구도 이룰 수 없으며 누구도 행할
수 없으며 누구도 갈 수 없는 그 길을
간다 하면 다음에는 무엇이 있겠는가?
6 누구도 이룰 수 없으며 누구도 행할
수 없으며, 나의 피조물 만백성이 그
리도 갈구하고 소원하는 만백성의 아
프고 쓰림을 네가 달래 주며 치료해
주는 기적을 너 스스로 이루게 될 것
임이니,
7 나의 피조물 만백성 누구도 갈 수 없
는 그 기적의 길을, 인간으로서는 갈
수 없는 그 길을 네가 시행하고 지키
고 감으로 인하여 네가 아무도 이룰
수 없는 기적을,
8 나의 성령으로써만 이루어질 수 있는,
너희들이 보고 느낄 수 있는 그 기적
을 행하게 될 수 있음이니,
9 내가 너에게 내리는 이 뜻을 깨달았을
것이라 나는 믿느니라.
10 너희들이 하루의 생활을 함에 있어서
나를 경배하며 나를 생각하며 나에게
기도하는 그 애절한 마음을 가진 자가
원하고 소원하는 것이 이루어지듯이,
11 누구도 행하며 갈 수 없는 그 길을 감
으로 인하여 누구도 행하고 이룰 수
없는 기적을 이룰 수 있음이니라.
12 사랑하는 선지자야!
13 "네, 여호와 하나님!"
14 오늘의 너의 내면과 외면의 심성을 그
리 다스려 나가면, 너의 제자들의 이
루고자 하는 그 뜻이, 그들의 아픈 마
음을 달래고자 하는 너의 모든 생각이
실행될 것이며, 실천에 이루어질 것이
며,
15 나의 은혜와 은총을, 나로부터 내리는
그 영광을 그들이 직접 얻을 수 있는,
그 영광의 소중함을 볼 수 있는 그때
가 그들에게 내려질 것이니라.
16 너는 생각하여 말하기를, 다 같은 나

의 피조물 만백성이요, 다 같은 너의
제자라 생각하며, 다 같이 하나의 마
음을 가진 자라 생각할 것이니라.
17 그러나 선지자야, 내가 너에게 일러
말하기를, 생수를 그득히 담은 그 그
릇에 기름 한 점이 있으면 그를 너희
들이 먹고 쓸 수 없다 함을 내가 너에
게 일깨워 주었으니,
18 보석이라 말하는 것에 한 점의 흠이
있다면 그는 제 값을 발휘할 수 없다
말하였으니,
19 이와 같은 너희들의 인간사의 삶에 어
디 견주어 말할 수 있겠느냐?
20 누구도 감히 통과할 수 없는 하늘에
오르는 그 길을 오를 수 있는 영광을
받으며, 누구도 입을 수 없는 기적과
영광을 받고 얻을 수 있음은,
21 누구도 나의 존재함을 믿지 못하며 나
를 볼 수 없으며 나를 만질 수 없거늘,
너희들이 나의 형체를 보며 열린 하늘
의 그 이면을 볼 수 있다 함은,
22 너희들이 말하는 옥에 티가 있어서는
아니 됨이니, 이를 어찌하여야 하겠느
냐?
23 완벽한 나의 피조물 만백성만이, 완벽
에 가까운 너의 제자들만이 그를 보고
얻을 수 있음이니, 이것은 너희들의
몫이니라.
24 너희들의 노력인 것이니라.
25 완벽하고자 노력하는 것만이 너희들
이 나의 하늘나라의 그 문 안을 볼 수
있으며, 열려 있는 그 문으로 나에게
향하는 그 빛을 볼 수 있는 영광을 얻
음이니라.
26 네가 괴로워하며 네가 고통스러워하
는, 너희들이 가지고 있는 너의 제자
들의 그 천 갈래 만 갈래의 마음이 다
스려지는 자만이 나의 형체를 볼 수
있음이니라.

1,764 번째 하나님 말씀

2002년 1월 18일 06시 10분

1 사랑하는 선지자야!
2 "네, 여호와 하나님! 말씀하옵소서."
3 사람은 그 자신이 지켜야 할 길이 있
으며, 그가 다스려야 할 길이 있으며,
너희들이 살아가면서 어려운 역경과
고통을 넘고 가는 자가 있는가 하면,
4 육신의 편안함을 느끼며 살아가는 자
가 또 있으니, 천태만상의 직종과 직
업 속에 그들이 선택되어 살아가고 있
음이니,
5 나의 피조물 만백성 너희들에게 가장
중요한 것은 자기에게 주어진 그 위치
에서 최선의 노력을 다하는 것이니라.
6 그 아름다움만이 그가 나를 경배하며
나에게 기도를 하며 구원의 길을 바라
보며 그 구원의 길을 갈 수 있음이니
라.
7 인간사 너희들이 육신의 그 삶에 자기
의 직분을 다하지 못하며 자기의 주어
진 임무를 성실히 시행하지 않는 자는
하늘에 오르는 기도를 드릴 수 없다
하였으며 구원을 받을 자격이 없다 하
였음이니,
8 자기 직분을 충실히 이행하지 못하는
자, 자기 자리를 지키지 못하는 자, 그
는 나에 대한 믿음이요, 나를 경배하
며 하늘에 오르고자 공부하며 연구하

는 그 자체도 성실치 못하기 때문이니,
9 그리하여 너희들이 하나의 육신의 기
본이 다스려지지 아니하면 구원의 길
에 오를 수 있는 그 다짐도, 그 행함도
성실히 수행하지 못하기 때문이라 그
리 일컫는 것이니라.
10 너의 제자들에게 각자 자기가 선 그
자리에서 그 직분을 다하며 하늘을 향
하여 부끄러움이 없는 삶을 살고자 노
력하는 자, 그가 나에게 경배하며 나
에게 기도했을 때, 찬란하고 영광된
구원의 빛을 보게 된다 말함이니라.
11 이 이치를 깨닫는 자, 남의 허물을 말
하지 아니하며, 남의 잘못을 탓하지
아니하며, 남의 잘못을 전하지 아니함
이니라.
12 너희들이 살아가면서 남의 허물을 말
하기 좋아하며 남의 잘못됨을 이웃에
게 전하고자 하는 자는 그 인간의 도
리요, 기본을 잘못 가는 자들이니라.
13 하물며 남의 허물을 제 스스로 더 보
태어 생각나는 대로 전하는 그와 같은
심성의 소유자는 근본과 기본이 되어
있지 아니함이니,
14 무기로써 사람을 죽이는 자보다, 말로
써 그 명예를 더럽히며 그를 죽이는
것이 더 무서운 살인이라 하는 것을
너의 제자들에게 일깨워 줘야 될 것이
니라.
15 그와 같은 심성을 버리지 못하며 그와
같은 심보를 지우지 아니한다 하면 그
는 자기의 도리를 다 못 하며 하늘에
오르는 그 길을 바라볼 수 없음이니,
16 생각과 행동이 다 일치해야 한다 함이
여기에 있음이니라.
17 남을 시기하고 질투하는 마음을 갖고
살아가는 것은 육신으로써 천 길 낭떠
러지에 밀어붙이는 고통을 주는 것보
다 더 잔인한 행위임이니,
18 그와 같음을 버리는 행위의 삶을 영위
하는 자만이 하늘에 오르는 빛이 있음
을 그들의 손에 쥐여 주어 깨우치도
록 해야 하는 것이니라.
19 나 여호와가 모두를 듣고 있으며 모두
를 보고 있는 그 두려움을 모르는 자
는 나 여호와가 존재함을 인식하지 아
니하고 살며 나 여호와가 너희들을 주
관하고 있다고 생각하지 아니하는 자
이니,
20 그러한 자, 나의 법전을 천 번 만 번
읽으면 무엇하며, 나의 성전에 와 고
개 숙여 기도하면 무엇하며, 내가 너
를 통하여 내리는 나의 음성에 나의
이 성령의 가르침을 천 번 만 번 들으
면 무엇하는가?
21 높은 낭떠러지에 밀어 던져 그 육신을
갈기갈기 찢어 놓는 것보다도 더 간사
하며 더 간악하며 더 흉악한 행위가
남의 말을 전하는 행위이니,
22 이는 내가 존재하며 내가 듣고 있다는
생각을 전혀 하지 아니하는 자이니라.
23 내가 듣고 있으며 내가 주관하며 내가
그를 다 바라본다 하면, 내가 만든 나
의 에덴동산에서 나의 은총을 받는 그
속에서 그 더럽고 추악한 행위를 할
수 없음이니라.
24 이와 같은 이치를 너의 제자들에게 깨
우쳐 줘야 할 것이니, 거짓을 하는 자
는 살인자와 같다 하였으니, 그는 거
짓을 할 수 있으며 거짓된 행동을 할

수 있는 자이니라.
25 그는 정녕 내가 존재한다 하여도 믿지
아니하는 자이기 때문이니, 너희들이
기본과 기초의 질서가 다져져야 될 것
이니,
26 수많은 세월 속에 나의 음성을 들으며
나의 법전을 들어 깨우친다 하는 자,
기본과 기초가 다스려지지 아니한 자
가 천날 만날 하늘에 오르고자 해도
그는 죄의 불구덩이로 들어가고 있음
이니,
27 이와 같은 깨우침을 그들의 손에 쥐여
주어 그들이 바른길을 갈 수 있도록
그리 인도해 줘야 할 것이니라, 선지
자야!

1,765 번째 하나님 말씀

2002년 1월 18일 06시 30분

1 사랑하는 선지자야!
2 "네, 여호와 하나님! 말씀하옵소서."
3 너희들이 말하기를 거짓 선지자가 세
상에 온다 하였으며, 너희들이 말하는
종말의 시대에 거짓 선지자가 나와 너
희들을 현혹하며 우롱하며 사탄의 길
로 인도한다고 말하고 있음이니,
4 나 여호와가 존재하는 나의 이 에덴동
산에 내가 종말이 없다 말하였음이니,
5 너희들이 숨을 거둬 죽는 그 순간까지
너희들이 존재하는 이 동산에 종말이
없다 하면 너희들은 거짓 선지자를 볼
수 없음이니라.
6 그리하여 너희들은 죽어 나에게 오르
며 나에게 와 심판을 받게 됨이니,
7 오늘날 나의 법전이 물 흐르듯이 세상
에 전해지면 너희들이 기록하여 놓은
마지막 종말의 시대에 거짓 선지자가
왔다 하며 너희들이 믿지 아니하며,
너희들은 진정한 나의 성령을 태워서
내려보내는 나의 법전이 세상에 빛을
보지 못하도록 갈기갈기 찢고 태워 버
릴 것이니,
8 오늘에 너희들은 거짓 선지자가 왔다
하여 나의 법전을 바라보지 아니하며
나의 법전의 뚜껑을 열지 아니함이니,
9 나의 법전이 세상에 전하여져 구약의
시대를 덮고 신약의 시대를 덮으며 너
희들이 이루어 놓은 그 성전의 문을
닫을 때, 그때 가서 너희들이 거짓 선
지자의 가르침이 아니라는 것을 깨닫
게 될 것이며 깨우칠 것이니,
10 너희들이 기록하여 후세에는 거짓 선
지자가 온다는 그 말이 오늘 나의 법
전이 세상을 덮는 것을 막기 위한 너
희들의 잔꾀에 너희들이 넘어간 것이
니,
11 너희들이 만들어 놓은 '종말에 거짓
선지자가 온다.'는 그것은 나와는 아
무런 관계도 없음이니라.
12 내가 너희들에게 지금 '종말이 없다.'
고 하였음이니, '종말에 거짓 선지자
가 온다.'고 기록한 그 내용은 나의 뜻
이 아니요, 너희 인간들이 기록하여
만들었음을 너희들이 오늘 깨우쳐야
할 것이니 그리 알라.

1,766 번째 하나님 말씀

2002년 1월 18일 21시

(강론을 마치며)

1 사랑하는 선지자야,
2 너의 제자들에게 일러 내가 말하노라.
3 오늘 너희들에게 일러 말하기를, 남을
흉보는 자와 그 자리에 같이 있는 자
는 그와 똑같이 흉한 짓을 함이라 하
였으니,
4 오늘 내가 선지자를 통하여 너희들에
게 내리는 나의 성령의 그 내용의 뜻
을 너희들이 각자 가슴에 받아 깊이
새기며 너희 자신을 그곳에 비춰 봐야
될 것이며,
5 이후 그와 같은 우를 너희들이 범하여
나 여호와의 마음을 아프게 해서는 아
니 될 것이니라.
6 그와 같은 행위를 하는 자, 내가 존재
하지 아니하며 내가 하늘에 있지 아니
하다 생각하며, 내가 너희들의 어버이
라 생각하지 아니하며, 내가 지금 선
지자를 통하여 나의 성령을 태워 내려
보내는 나의 이 뜻 또한 진실한 나 여
호와의 뜻이라 생각하지 아니하는 그
와 같은 자만이 그와 같은 행위를 할
수 있기 때문이니라.
7 사랑하는 선지자야!
8 **"네, 여호와 하나님! 말씀하옵소서."**
9 너희 말에 '백지장도 맞들면 낫다.' 하
였음이니, 약한 자 힘을 모으면 강자
가 될 수 있다 하는 뜻이 거기에 있음
이니라.
10 그러나 너희들은 나로부터 선택된 백
성들이기에 너희처럼 강한 자가 없으
며, 너희처럼 용기 있는 자가 없으며,
너희처럼 나의 뜻을 순종하며 시행하
는 자가 없음이니라.
11 이 세상에 어떠한 백성보다도 너희들
이 강한 자들이니라.
12 너희 자신이 소중한 자라 내가 말하였
으며, 또한 너희들이 이 세상에서 가
장 강한 자들이니라.
13 이는 무엇 때문에 너희들이 그리 강하
다 생각하는가?
14 나의 피조물 만백성이 하늘에 오르기
위하여 평생 기도를 하며 경배하나 그
들은 나의 음성 한 번 들을 수가 없느
니라.
15 그러나 너희들은 나로부터 선택된 자
들이며, 너희들은 하늘에 오를 수 있
는 너희들의 직분이 다 이루어졌으며,
너희들의 이름이 다 걸려 있으며, 나
여호와가 너희들과 같이하고 있으니,
16 진정한 하늘에 오르는 그 길을 보며
그 길을 공부하며 그 길을 바라보며
나 여호와가 직접 내리는 나의 성령의
뜻을 너희들이 직접 들으니, 너희보다
더 강한 자가 없음이니라.
17 너희들이 말하는 모든 종파들이요, 성
전이라 하여 만들어 놓고 그들이 가
공부하며 깨우치는 것은 그 종교 지도
자의 가르침이요,
18 그가 하는 말에 저희들의 모두를 다
걸며 그를 통하여 저희들이 구원의 길
을 받고자 하는 것이니, 누군가를 통
하여 누군가의 가르침에 의하여 하늘
에 오르고자 하는 자들이니라.
19 그러나 나 여호와로부터 직접 선택된
자며 나의 선지자요, 나의 종이요, 나

의 피조물 만백성의 모든 기도가 나의
선지자를 통하여 하늘에 상달되며 모
든 너희 지상에 내리는 것이 나의 선
지자를 통하여 이곳에서 전해진다 하
였음이니,
20 너희들은 지금 하늘에서 내가 지상에
내리고자 하는 그 가르침을 전했을
때, 너희들이 그 짐을 나눠 지는 자들
이며,
21 지상에서 모든 피조물 만백성을 너희
들이 깨우쳐 줌으로써 그들의 기도가
선지자를 통하여 하늘에 오르도록 하
는 가장 중요한 직책과 직무를 수행하
고 있는 자들이니, 이 세상에 너희보
다 더 강한 자가 없음이니라.
22 '백지장도 맞들면 낫다.' 하였음이니,
약한 자의 합친 힘이 그리 강하다 하
였으며 그리 또 필요하다는 내용이니
라.
23 그러나 이 세상에서 나로부터 선택되
었으며 나의 모든 뜻을 전하며 너희들
의 모든 기도를 받아들이는 나의 성전
에 나의 선지자를 받들어 일하고 지키
는 너희들이 가장 강한 자들이니, 강
한 자들끼리 힘차게 모이면 그 강함이
얼마나 방대하겠는가?
24 나약하고 약한 자들이 모여서 이루는
그 힘도 강하거늘, 나 여호와가 너희
들을 선택하였으며, 나의 업무를 집행
하며 시행하는 너희들은 그보다도 더
강한 자가 없으며 그보다 더 단단한
힘이 없으며 너희들을 이길 자 이 세
상에 아무도 없으니,
25 이 세상의 모든 백성들이 너희 한 사
람을 이길 수 없는 강한 힘이요, 깊은
깨우침을 가지고 있는 너희들이 힘을
합쳐 하나를 이룬다 하면 그 힘이 얼
마나 위대하겠는가?
26 이제는 너희들의 그 뭉쳐진 힘이 필요
한 때이니, 그 힘을 뭉치는 데 물을 끼
얹는 자, 금을 긋는 자, 모이고자 하는
자에게 파장을 이루는 자,
27 그자를 내가 가차없이 이 성전에서 발
을 돌리게 하고자 함이 여기에 있음이
니라.
28 시간이 없음이니라.
29 약자가 모여서도 강한 힘을 발휘하듯
이, 세상에서 가장 강한 자가 모여 있
는 너희들의 힘이 합쳐졌을 때 그 힘
이 얼마나 위대하고 강하겠는가?
30 오로지 그 강한 힘과 그 위대한 힘만
이 나의 법전을 들고 만백성에게 전하
는 그 대명이 이루어질 것이며, 너희
들의 손끝으로 이루어진다는 것을 너
희들은 어찌 깨우치지 못하는가?
31 강자가 모인 그 강한 힘만이 지금 철
옹성과 같은 그들의 믿음의 성전에 거
미줄을 칠 수 있는 힘을 발휘하는 것
이니,
32 그 힘을 이루고자 하는 자에게 금을
긋는 자, 물을 뿌리는 자, 그리고 등
돌려 욕하는 자는 이 성전에 발을 들
여놓을 수 없음이 여기에 있음을 알아
야 할 것이니라.
33 이제는 시간이 없음이니라.
34 너희들이 가야 할 길이 바쁘니라.
35 너희들은 이 세상에서 가장 소중한 자
며, 가장 강한 자며, 가장 능력이 있는
자라는 것을 알아야 될 것이니라.
36 그러기에 누구도 이룰 수 없는, 오늘

과 같이 나의 성전을 지키며 나의 법
전을 나의 피조물 만백성의 손에 들려
주는 그 대업을 이루니,
37 수 개월, 수십 년의 세월이 흘러 너희
들이 말하는 그 종교 지도자를 하나
만들어 나의 뜻을 전한다 하나,
38 너희들이 한 권의 나의 법전을 전하는
것이 수십 년 갈고 닦은 나의 종교 지
도자 한 사람을 육성하여 너희 품에서
내보내는 것과 같으니,
39 너희들의 몸에 붙어 있는 비늘이 떨어
짐과 같이 그와 같이 생각하는 마음으
로 너희들이 법전을 전해야 할 것이니
라.
40 너희 몸에 붙어 있는 비늘이 하나씩
떨어짐으로 하여금 그곳에 공백이 생
겨 상처가 생길 것이니, 그 몸이 썩어
져 가는 기초가 될 것이니,
41 그와 같은 애절한 마음으로써 너희들
이 나의 법전을 전해야 할 것이니라.
42 이는 곧 너희들의 살이요, 피요, 뼈라
생각하며 전해야 할 것이니라.
43 너희 뼈와 살과 피를 전하는 너희들이
한마음이 되지 아니하며 마음이 갈라
져 있다 하면, 그 갈라지는 기초가 되
는 자를 내가 가차없이 벌할 것이니
그리 알라.

1,767 번째 하나님 말씀

2002년 1월 19일 06시 15분

1 사랑하는 선지자야!
2 "네, 여호와 하나님! 말씀하옵소서."
3 내가 너에게 일러 깨우쳤느니라.
4 선행을 베풀며 선행의 길을 가다 보면
선행의 폭이 넓어지며 선행을 보는 눈
이 넓어지며 눈이 뜨인다 하였음이니,
5 내가 너희들에게 하나의 마음이 되라
함은, 너희들이 둘이, 셋이, 넷이, 열이
모여 하나가 되면 상대방의 추하고 악
한 모습들은 보이지 아니함이니라.
6 그의 단점은 보이지 아니하며 그의 장
점만이 보임이니, 그를 칭찬하고 격려
하며, 그가 네가 되며 네가 그가 될 수
있음이니, 그리하여 하나가 되라 함이
니라.
7 너희가 마음이 하나가 되었을 때는 남
의 허점이 보이지 아니하며, 남의 잘
못 감이 보이지 아니하며, 그의 선하
고 아름다움만을 보게 됨이니, 그리하
여 하나가 됨이 소중함이니라.
8 선하고 아름다움을 보는 너희들은 흐
트러질 수가 없으며, 시기하고 질투할
수가 없음이니, 남의 잘못하는 것이
보이면 너희들은 갈라지고 흐트러짐
이며 시기하고 질투함이 있음이니라.
9 시기하고 질투하지 아니하는 자, 사랑
으로써 충만된 자, 남의 아름다움만이
보이나니, 그리하여 너희들의 마음이
하나가 되어야만 너희들이 서로의 아
름다움을 볼 수 있음이니라.
10 그리하여 하나가 된 그 힘이 위대함이
니라.
11 그리하여 하나가 되라 함의 나의 뜻을
너희들이 깨우쳐야 할 것이니라.
12 남들이 잘못 가는 것과 남의 허점이
보이며, 남의 잘못 가는 그 모습이 너
희 마음에 와 닿는다면 너희들은 하나
가 될 수 없음이니,
13 하나가 되면 모두가 다 아름다운 모습

으로 보일 것이며, 하나가 되면 아름
다움만을 보게 됨이니,
14 네가 그를 사랑함으로 인하여 그가 너
를 사랑하며, 네가 그를 소중히 함으
로 인하여 그가 너를 소중히 하니,
15 그리하여 하나의 힘이 위대하며, 하나
가 이루어지는 것이 위대한 것이며,
하얀 눈과 같은 마음이 되는 것이 하
나가 되는 기초라 내가 너희에게 가르
쳤음이니라.
16 너희들이 하나가 되지 아니한 마음은
남을 의심하게 되며, 남을 시기하게
되며, 남을 질투하게 되며, 남을 의혹
의 눈으로 바라보게 됨이니라.
17 그러나 너희들이 정녕 하나가 되어 네
가 그며 그가 너일 때, 네가 행동함을
볼 수 있으며 네 마음을 네가 들여다
볼 수 있으며, 너 자신의 깨달음에 의
하여 네가 행함이 있으니,
18 그 또한 너 못지않게 아름다운 선행을
베풀며, 남에게 부끄러운 행위를 하지
않는 모습으로 볼 수 있음이니,
19 그리하여 하나가 됨이 얼마나 위대한
것인가를 너희들이 깨우쳐야 할 것이
니라.
20 하나가 된 자, 남을 시기하고 질투하
며 남을 의혹하고 의심하며 남을 구렁
텅이에 몰아넣는 그와 같은 생각을 할
수 없으며 그와 같은 행위를 할 수 없
음이니라.
21 남을 의심하며 남을 질투하며 남을 의
혹하는 것은 하나가 되지 아니하였기
때문이니라.
22 그리하여 하나가 되라 함이니라.
23 하나가 되라는 그 위대한 뜻을 깨우쳐
너희들이 행해야 할 것이니라.

1,768 번째 하나님 말씀

2002년 1월 20일 06시 07분

1 사랑하는 선지자야!
2 "네, 여호와 하나님! 말씀하옵소서."
3 너를 따르는 너의 제자들에게 이르라.
4 네가 하루를 시작하여 눈을 뜨면서 무
엇을 암송하며 네가 일과를 시작하는
가 너를 바라보라 이르라.
5 내가 나의 피조물 만백성이 세상에 나
가는 은혜를 내리며 그들에게 말하기
를, 나의 계명을 지키고 착하게 살다
하늘에 오르라 하였음이니,
6 너는 내가 불로 써 내린 나의 계명을
암송하며 나에게 바침으로써 하루의
일과를 시작하니, 너희 인간도 부모에
게 부모의 가르침에 따라 그 어버이의
뜻대로 살겠다 하여 매일 그 어버이가
내린 그 교훈이요, 가르침을 암송하며
그 어버이의 뜻에 따라 살아가고자 하
는 자가 불효자더냐, 효자더냐?
7 너희는 여기서 깊이 깨우쳐야 할 것이
니라.
8 나 여호와가 불로 써 내렸으며, 너희
들이 지키며 살다 하늘에 오르라는 그
십계명을 눈을 뜨며 하루의 일과를 시
작하면서 맨 처음에 암송하며 그를 나
에게 바치며 그와 같이 살아가겠다 하
는 것이
9 과연 너희 마음속에 의심을 갖고 의혹
을 갖는 사탄이요, 이단이 하는 행위
이며, 그가 정녕 나로부터 선택된 나
의 선지자요, 나의 종이 아니라 너희

들이 감히 의심할 수 있겠는가?
10 이 하나를 깨우쳐도 너희들이 나의 선지자의 옷깃을 스치고 가는 그 바람을 맞는 것만으로도 너희들이 얼마나 축복된 자들이며 영광인지를 알 것이거늘 그를 모르니,
11 그가 한 끼의 식사를 하기 위하여 든 수저에 그 음식의 흐르는 냄새를 너희 코로 맡는 것 자체도 얼마나 너희들이 축복된 자들이며 영광된 자들인가 그를 깨우치지 못함이니,
12 나의 선지자와 같이 대화하며 생활하며 이 공간에 와 나의 음성을 듣기 위하여 앉아 있는 너희들이 얼마나 소중한 자들인가 너희 자신을 스스로 알아야 할 것이니라.
13 이 하나만을 너희들이 깨우친다 하면 너희들이 가야 할 길이 어떤 것이며 너희들이 행하여야 할 길이 어떤 것인가를 알 것이거늘, 어찌하여 너희들이 그리도 모르는가?
14 그를 비방하며 그를 욕하며 그가 가는 길에 파장을 이루는 자, 그를 너희들이 모르며 그가 모든 사물을 하나로 보고 있는 그 마음 자체도 헤아리지도 못하면서,
15 그를 비방하고 그를 욕하며 그를 의심하는 자, 너희 가슴속에 욕심이 그득 차 있음이니,
16 새벽 찬바람을 가르며 나의 사랑하는 선지자가 나에게 '아버님의 뜻에 따라 살아가겠다' 하여 그 충성의 맹세를 하며 효성의 맹세를 하는 첫 번째 나에게 바치는 십계명을 외우는 그 음성을 듣는 너희들은, 너희들의 마음자리가 어찌 되어야 하는가?
17 너희들이 이 이치를 깨우쳐야 할 것이니라.
18 이것 하나를 오늘 너희 가슴에 새기며, 선지자가 누구이며 너희들이 누구인가 이것 하나를 너희들이 깨우친다 하면,
19 선지자 앞에 앉아 있는 너희들이 몸가짐 하나, 말 한 마디, 행동 하나를 어찌해야 되는가를 새벽바람 가르고 오는 너희들은 알아야 할 것이니,
20 몸가짐 하나, 언행 하나, 생각하는 것 하나, 그를 너희들이 감히 어찌 행해야 하는가를 안다면, 똑같은 생각을 하고 앉아 있는 너희들이 바로 하나가 됨이니라.

1,769 번째 하나님 말씀

2002년 1월 20일 12시 20분

(강론을 마치며)

1 사랑하는 선지자야!
2 **"네, 여호와 하나님! 말씀하옵소서."**
3 구약과 신약의 그 시대를 지나오면서 수천 년의 역사 속에서 수많은 나의 피조물 만백성이 세상에 나와 저희들의 삶을 지키고 그들이 죽어 나에게 와 심판을 받음이니,
4 그 역사는 끊이지 않고 계속되고 반복되며 이루어져 왔음이니라.
5 수천 년 역사가 흐르는 동안에 나로부터 직접 나의 성령이요, 나의 뜻을 받아 시행한 자,
6 신약의 시대에 나의 아들 예수가 지상에 내려와 나의 피조물 만백성을 구하

고자 그리하였으나 지금 너희들의 삶
의 형태가 어찌 되었던가?
7 저희들이 주관하는 그 종교요, 종파에
와서 고개 숙여 기도하며 금화와 은화
를 바치지 아니하는 자는 구원받을 수
없다 말하며,
8 또한, 종교 지도자는 누구도 심판할
수 없으며 나 여호와만이 그를 심판할
수 있다 말하느니라.
9 여기서 사랑하는 너의 제자들에게 일
깨워 줘야 될 것이니라.
10 나의 사랑하는 아들 예수가 세상에 나
와 나의 피조물 만백성을 구하며 이끌
고자 하였으니, 그 예수를 심판하는
자는 나 여호와뿐이니라.
11 그리고 그 제자들까지도 나 여호와만
이 심판한다 생각하는 너희들은 여기
서 가슴속에 하나의 깨우침이 있어야
될 것이니라.
12 내가 직접 심판할 수 있으며 내가 통
제할 수 있으며 내가 직접 관장할 수
있는 것은 신약 시대의 나의 아들 예
수의 행함이니, 그 행함을 내가 지배
할 수 있으며 내가 벌할 수 있으며 내
가 그를 다스릴 수 있음이니라.
13 그렇다 하면 지금의 종교 지도자들이
나의 아들 예수와 같은 그와 같은 경
지에 있어 나의 피조물 만백성을 이끌
며 다스려 간다고 너희들은 생각하고
있는가?
14 자격을 갖추지 못한 자가 교단에 선다
하면 이는 어떠한 형국이 이루어진다
너희들이 말할 수 있겠는가?
15 나 여호와만이 체벌하며 나 여호와만
이 관장하며 나 여호와만이 다스릴 수
있으며 내가 깨닫게 하고 이끌 수 있
음은 나의 아들 예수뿐이며,
16 나에게 그리 혜택을 받고 나의 특권에
의하여 그는 그와 같은 대명을 받고
세상에 나갔음이니, 그를 벌하고 체벌
하는 것은 너희들이 할 수 없으며 오
로지 나 여호와만이 할 수 있음이니라.
17 이를 빙자하여 제대로 하늘에 오르는
길이 무엇인지도 모르고 저희 스스로
죄의 사슬이 저희 몸에 감겨 있어 저
자신마저 한 발짝도 뗄 수 없는 그와
같은 죄의 구렁텅이에 있는 자들이 나
의 지도자라 하여 저희들 또한 나 외
에는 누구도 저희를 다스릴 수 없고
단죄할 수 없고 깨우칠 수 없고 가르
칠 수 없다 하며 통제할 수 없다 말을
하니,
18 이 얼마나 잘못되어 있는가를 너희들
이 깨달아야 할 것이니라.
19 오늘 내가 너의 제자들에게 직접 이르
느니라.
20 구약의 시대에는 나로부터 모든 통제
를 받으며, 신약의 시대에는 나로부터
관장할 수 있는 예수가 있었으며, 지
금 제3의 시대를 열어 가며 나의 성령
을 태워 그 가슴에 내려 나의 법전을
받아쓰는 나의 선지자는 내가 직접 그
를 체벌하고 내가 그를 통제하며 내가
다스림이니,
21 그 누구도 나 외에는 단죄해서는 안
된다는 말을 쓰는 종교 지도자나 나의
백성이 있어서는 아니 될 것이니, 너
희들은 이를 깊이 오늘 가슴에 새겨야
만 될 것이니라.
22 신약의 시대에서는 예수가 그와 같은

길을 걸어왔으며, 제3의 시대에는 열
여섯 권의 법전이 세상을 덮어 나가니,
23 나의 성령을 태워 내리는 것을 받아
기록하여 만백성을 구하는 나의 선지
자는 내가 통제할 수 있으며, 그를 내
가 체벌할 수 있으며, 그를 내가 다스
리고 이끌어 간다 하였음이니,
24 선지자보다 더 앞에 와 있으며 경지가
높은 자 있거든 그 또한 내가 그를 직
접 통제하며 그를 내가 벌하고 상을
줌이니,
25 그러하지 아니한 자는 그와 같은 말을
할 수 없음을 너희들은 오늘 여기서
깨달아야 할 것이니라.
26 사랑하는 선지자야!
27 "네, 여호와 하나님! 말씀하옵소서."
28 이제는 하늘의 천기를 벗길 때가 됐으
며, 하늘의 비밀을 너의 제자들에게
일깨워 주기 시작하였음이니,
29 나 여호와가 너를 통하여 세상의 모두
를 통제하기 위하여 나의 법전을 내려
보냈으며, 너에게 수시로 내가 묵상과
기도로써 너의 갈 길을 인도하며 깨우
쳐 주며,
30 그를 통하여 나의 피조물 만백성의 길
을 열어 주는 대명을 수행하는 너와
같이 있는 너의 제자들이 이 위대함과
이 소중함을 무엇과 바꿀 수 있는가
그들에게 물어보라.
31 무엇과도 바꿀 수 없는 그 소중한 위
치에 서 있는 자가 육신의 생각을 버
리지 못하고 깨달음이 없으며, 나 여
호와의 음성을 들으면서 두려워함이
없으며,
32 마음을 비움이 없으며, 나의 법전을
전하며 나의 뜻을 온 세상에 전하는
데 너희들의 하나밖에 없는 그 목숨을
던질 수 있는 각오가 되지 아니한 자
가 있다 하면,
33 철옹성보다도 더 굳어지고 단단한 지
금의 종교 지도자들이요, 그를 따르며
가는 나의 피조물 만백성을 구할 수
없음이니라.
34 오늘의 너희들의 마음 자세와 너희들
의 마음가짐과 너희들의 행함이 대대
손손 나의 피조물 만백성을 하늘에 오
르는 길로 인도하는 기본이요, 근본이
며 너희들이 본보기이니,
35 욥의 삶만이, 욥의 살아온 그 과정만
이 본보기가 아니라, 너희들의 삶의
그 생활이 만백성에게 대대손손 본보
기요, 기본이 됨이니,
36 내가 오늘 너희들에게 단계를 가르쳐,
그 속에 있는 자만이 나의 성전에 와
나의 음성을 듣게 하고자 함이니,
37 너희 스스로 깨달아 육신의 무거운 욕
심의 그 심성을 다 파내야 될 것이며
다 날려 보내야 될 것이니라.
38 나의 성전에 와, 나의 선지자 앞에 와
나의 음성을 듣는 너희들이 위선과 가
식이 있다 하면 그는 내가 알고 있음
을 알아야 할 것이니라.

1,770 번째 하나님 말씀

2002년 1월 21일 06시 25분

1 사랑하는 선지자야!
2 "네, 여호와 하나님! 말씀하옵소서."
3 나의 피조물 만백성이 너를 찾아와 나
의 법전을 공부하며 나의 음성을 들으

며 저희들이 하늘에 오르고자 오거든
그들에게 일깨워 주라.
4 이곳 성전은 이 지구상에서 나의 선지
자가 나 여호와의 뜻을 받으며, 또 가
르침을 받으며, 그가 또한 기도를 드
리며, 그가 나의 음성을 듣기 위하여
십계명을 암송하며 나에게 경배의 기
도를 드리는 곳이며,
5 그를 통하여 나의 수십억, 수천억의
인구들을 구원하고자 내가 직접 임하
는 곳이라는 그것부터 그들에게 깨우
쳐 주면 그들 스스로 깨달음이 있을
것이니,
6 나의 성전을 찾아오는 자에게 그것부
터 일깨워 주도록 해야 할 것이니라.
7 아무리 주옥같은 나의 성령을 들으며
나의 법전이 옳다 하여 저희들이 공부
해도, 그들의 마음이 수시로 흔들리며
때로는 너에게 등 돌리고자 하는 자들
이 수없이 있음이니,
8 그들에게 네가 나 여호와의 뜻을 받는
곳이 이곳이며 그리하여 이 성전이 얼
마나 중요한가를, 그리고 그들이 선택
됨이 얼마나 영광된 것인가를 심어 줌
이 중요함이니라.
9 그 이치를 깨닫는 자, 이곳이 정녕 네
가 나의 선지자요, 나의 종으로서 나
여호와의 대명을 받아 수행하는 곳이
라 깨닫는 자, 그를 깨닫고 노력하는
자는 입문하게 됨이니라.

1,771 번째 하나님 말씀

2002년 1월 22일 06시 15분

1 사랑하는 선지자야!
2 "네, 여호와 하나님! 말씀하옵소서."
3 너희 인간들이 인간사에 살아가면서
수많은 사람과 부닥치며 수많은 사람
과 약속과 언약을 하며 살아가느니,
4 너희들이 말하기를, 세상사 살아가며
자기를 위하여 한목숨을 바칠 수 있는
친구를 얻은 자는 세상을 다 얻은 것
과 같은 기쁨의 삶을 사는 자라 함이
니,
5 너희들의 인간사에 맺어진 그 인연도
그와 같이 소중함이니, 내가 너에게
내린 말뜻을 네가 알 것이니라.
6 나의 뜻에 따라 나의 계명을 지키며
순종하며 사는 자 한 사람이 세상에
있다 하면 내 모두를 다 얻은 것보다
더 나 여호와의 마음이 기쁘다 말하였
으며, 그와 바꾸지 아니한다 말하였음
이니,
7 이 말의 뜻의 깊이를 네가 다시 한 번
새겨 봐야 할 것이니, 오늘 너를 따르
는 제자들이 나 여호와의 성령의 뜻을
믿어 나에게 기쁨을 주며 나를 위하여
저희들의 가장 소중한 그 목숨을 바칠
수 있는 그와 같은 믿음을 가진 사람
이 있으며 그런 믿음의 길을 가는 자
가 있다 하니,
8 내가 내려다보는 나의 마음의 그 기쁨
이 더할 수 없음이니라, 선지자야!
9 네가 지금 나의 성령을 받아 열여섯
권의 법전을 세상에 내어, 그를 깨닫
고 짧은 시간 내에 이것이 하늘에 오
르는 길이며 나 여호와의 뜻이라는 걸
알아 그들이 정녕 저희들의 목숨을 바
칠 수 있는 믿음의 길을 가고 있는 자
있다 하면,

10 앞으로 너를 따르는 자, 수없는 나의
피조물 만백성이 그와 같이 나올 수
있음이니 나의 기쁨 또한 헤아릴 수
없으며,
11 네가 스스로 변해 가며 나의 뜻에 따
라 순종하며 살려 하는 너의 그 공 또
한 나 여호와를 기쁘게 하고 있음이니,
12 오늘에 내가 너와 너의 제자들에게 나
의 이 뜻을 전하고자 함이니, 그들의
마음가짐에 따라 스스로 자신은 알고
있을 것이며 깨우치고 있을 것이니라.
13 그와 같은 자 한 사람이 생김으로 인
하여 많은 나의 피조물 백성들이 집단
으로 깨우칠 것이며,
14 그와 같은 마음을 가진 자 두 사람이
생길 때 또한 그를 보고 따르는 집단
이 있을 것이며 깨우치는 자가 있을
것이니,
15 그리하여 그들이 바라는, 세상을 다
나의 법전으로 덮는 그들의 기쁨을 내
가 내리고자 함이니라.
16 정녕 자기의 목숨을 다 바쳐 나를 따
르며 나에게 오르고자 하는 자,
17 그는 만백성이 변하며 나의 피조물 만
백성이 너를 따르며 나의 법전을 경배
하는 것으로써 그들의 영화보다도 더
기쁨을 얻을 수 있는 자가 될 것이며,
그와 같은 마음을 가진 자가 되어야
할 것이니라.
18 인간의 부귀영화의 그 역사를 이루기
전에 너희들은 하늘에 와 영원히 삶의
기쁨을 얻을 것이며,
19 너희들의 육신의 부귀영화를 얻는 것
보다 나의 피조물 만백성이 너희들을
따르며 지금의 성전이라는 그곳에 하
나씩 거미줄을 쳐 못질하는 그 모습을
볼 때,
20 너희들은 너희들의 삶의 가치를 느낄
것이며, 너희 생명을 얻는 것보다 더
기쁨을 얻을 수 있는 자들이 되어 있
어야 할 것이니라, 선지자야!
21 그는 이루어질 것이니라.
22 그들이 그 기쁨을 느낄 것이며 그 기
쁨을 두 눈으로 보게 될 것이니, 이제
시작이니라.

1,772 번째 하나님 말씀

2002년 1월 23일 04시 55분

1 사랑하는 선지자야!
2 "네, 여호와 하나님! 말씀하옵소서."
3 나의 사랑하는 예수가 33년이라는 그
숫자의 세월을 너희 인간들과 더불어
살다 나에게 올라왔음이니,
4 네가 지금까지 살아온 삶은 준비 단계
였으며 네가 예수의 삶인 서른세 살을
시작함으로 네가 정녕 하늘에 오르는
길을 알게 될 것이며,
5 나의 능력으로 인하여 기적을 이루어
나의 성령으로, 나의 법전으로 인하여
만백성을 깨우치기 시작하게 될 것이
며,
6 예수가 행했던 그 모두의 행적을 행하
게 될 것이니라.
7 그날부터 네가 다시 시작함이며 다시
태어나 변화된 모습으로 네가 살아가
게 될 것이니,
8 그날을 시작하여, 그날을 준비하여 네
마음과 몸을 다스려 가고 있음이니,
네 인생의 삶에 한 획을 긋게 됨이니

라.
9 땅에 묻힌 한 알의 밀알이 싹을 틔우
기 시작함이니, 너의 삶은 지금 흙 속
에 묻혀 있는 그 씨앗이 싹을 틔우기
위하여 준비하고 있는 과정임이니라.
10 네가 인간사 60이라는 세월을 덮고
33년이라는 그 삶을 시작하는 그 순
간에 어두운 땅속에 묻혔던 그 씨앗이
새싹을 틔우기 시작함이니,
11 3년의 역사를 이룬 나의 예수보다 네
가 더 오랜 33년이라는 그 세월 동안
에 그 역사를 이루며 나의 피조물 만
백성을 다스리고 이끄는 지도자로서
의 삶이 시작됨이니라.
12 이 나의 뜻을 너는 깨달아 알고 있을
것이니라.

1,773 번째 하나님 말씀

2002년 1월 23일 06시 10분

1 사랑하는 선지자야!
2 "네, 여호와 하나님! 말씀하옵소서."
3 너희들은 나로부터 받은 이 자연과 모
든 은혜와 은총 속에서 똑같이 살아가
는 자들이니, 하루를 살면서 이 아름
다운 자연 속에서 내가 너희들에게 베
풀어 준 그 모두를 똑같이 먹고 취하
며 살아가는 것이 너희들이니라.
4 그러나 너의 제자들은 여기서 하나 깨
우쳐야 할 것이 있음을 알라.
5 내가 너희들에게 지키며 순종하며 살
라 명한 것을, 그를 지키고 순종하지
아니하며 사는 자는, 나로부터 내린
모든 은혜를 그들이 받고 입고 먹고
쓰나 그들은 독소를 마시는 것과 같은
삶을 사는 자들이요,
6 너를 따르는 너의 제자들은 고달프고
힘든 그 삶을 살며 나의 음성을 들으
며 나의 음성의 뜻이 하늘에 오르는
길이라 하여 그것을 깨우쳐 그를 바라
보며 사는 자들이며 내가 너희들에게
내린 그 은혜 속에서 생수를 마시며
살아가는 자들이니,
7 그들의 체질과 너희들의 체질이 엄연
히 다름을 너희들은 알아야 할 것이니,
8 같은 모든 은혜 속에서 살아가는 자들
이라 해도 같은 음식을 먹으며 같은
공기를 마시며 같은 물을 마시면서 그
들은 죄악을 향하여 달려가는 자들이
며,
9 너희들은 하늘을 향하여 달려오는 자
들이라 하면, 과연 너희들은 어떠한
길을 선택해야 할 것인가?
10 똑같은 시간에 저희들이 영원히 사는
나의 나라에 오르는 것이 아니라 육신
의 안일과 평화를 위하여 낭비의 삶을
살아가면서 지옥 불을 향하여 달려가
는 자들과,
11 영원히 사는 나의 낙원에, 나의 하늘
나라에 오르고자 하여 내가 내린 명을
지키고 너희들이 힘들고 어려운 길이
지만 바로 나에게 오르는 길로 달리고
뛰어오는 너희들이라 하면,
12 그것은 어느 때인가는 심판이 이루어
짐이니, 이는 너희들이 종착역에 와서
그를 알게 될 것이니라.
13 하늘이 꺼지고 땅이 꺼지며 불바다에
앞이 가로막힌 그 강을 건너지 못하는
자와,
14 그 불바다와 험악한 끓는 그 물속에

건널 수 있는 다리를 놓아 줘 그 다리
를 건너는 자들이 있으니, 그때 가서
너희들은 어찌할 것인가?
15 그때는 이미 돌이킬 수도 없으며 돌아
갈 수도 없으며 후회해도 깨달을 길이
없으니,
16 그들은 깊은 바닷속, 끓는 물 속, 쇳물
과 같은 그곳을 거쳐 와야 할 것이며,
너희들은 비단길을 밟으며 나에게 노
래 부르며 천사를 따라올 수 있는 길
이라 하면,
17 너희들의 오늘의 그 고달픈 깨우침이
세상 것으로 얻을 수 없으며 누릴 수
없는 그 길을 위하여 너희들이 달려가
는 것이라 하면, 너희들은 오늘의 삶
이 고달프고 힘들다 생각하여서는 아
니 될 것이니라.
18 똑같이 달려가되, 지옥 불을 향하여
달려가는 자가 있으나, 하늘을 향하
여, 나의 동산을 향하여 달려오는 너
희들은 얼마나 영광된 자들인가?
19 너희들이 가는 길에 고달픔과 힘듦과
역경이 없음을 알아야 할 것이니라.
20 선지자가 너희들에게 말하였느니라.
21 육신의 모든 부귀와 영화는 끝이라,
그리고 가시밭길, 험한 길만 남았다
하였음이니,
22 너희들은 가시밭길, 그 험한 길을 정
해진 시간에 그 정해진 거리를 벗어나
면 될 것이며,
23 나의 뜻을 따르지 아니하며 육신의 행
복을 위하여 가는 그자들은 영원한 가
시밭길을 위하여, 끝이 없는 그 가시
밭길을 향하여 가고 있음이니,
24 이것이 너희들과 그들과의 차이점이
니, 오늘의 삶을 너희들이 두려워하지
말며 어렵고 힘들다 말하지 말라.
25 너희들은 정해진 시간을 지나며 정해
진 길을 걸으면 될 것이며 거쳐야 할
곳을 거치면 될 것이니, 그러나 그들
은 영원히 끝이 없는 그 길을 가고 있
음이니,
26 너희들이 얼마나 영광된 자들인가를
알아야 할 것이니라.
27 사랑하는 선지자야!
28 "네, 여호와 하나님! 말씀하옵소서."
29 예수는 세상에 나와 모두를 깨우치며
3년이라는 그 천 날을 위하여 그가 모
든 백성들을 구하고자 노력한 것이 수
천 년 역사가 흐른 오늘에 뿌리를 내
리고 있음이니,
30 너는 33년의 그 세월을, 깨우친 33년
을 지금서부터 살아가게 됨이니,
31 네가 이루고 이룰 업적이 얼마나 위대
한 것인가?
32 네가 이루는 그 업적이 나의 대대손손
모든 피조물 만백성이 그를 벗어나려
해도 벗어날 수 없는 두꺼운 벽을 지
금 이루고 있음이니라.
33 예수가 3년 동안 이룬 그 역사를 사악
한 무리들이며 지금 너희들이 잘못 깨
우친 그 벽이 두꺼워 그 벽을 깰 힘이
없다 하였으나,
34 너는 33년이라는 그 세월 동안 지금
서부터 나의 성령을 받아 모든 만백성
을 깨우침이니,
35 천년만년이 흐른 다음에 그 벽의 두꺼
움은 모든 사악한 벽을 다 누를 것이
며 그를 대적할 자 없을 것이니 그리
알아야 할 것이니라.

36 지금서부터 네가 33년의 삶을 살며
깨우쳐 네가 이루며, 지금서부터 새싹
이 하늘을 향하여 나오는 33년의 세
월을, 그 역사의 장을 열 것이며 열고
있음이니,
37 유한 백성을 이루어 나의 에덴동산의
낙원을 이루고자 하는 꿈이 결국 이루
어짐을 너희는 알 것이며, 사악한 무
리들이 뿌리를 내릴 길이 없을 것이니,
38 33년간 나의 피조물 만백성을 깨우치
며, 그들이 보고 배워 하늘에 오르는
길을 33년 동안 전하는 대명을 받은
자가 너이니,
39 그리하여 바로 승자가 너희들이라 내
가 말함이니라.

1,774 번째 하나님 말씀

2002년 1월 23일 21시 15분

(강론을 마치며)

1 사랑하는 선지자야!
2 "네, 여호와 하나님! 말씀하옵소서."
3 구약의 시대는 구약의 시대에 나의 뜻
의 성서가 있었으며, 신약의 시대는
신약에 따라 또 너희들을 깨우쳐 하늘
에 오르고자 하는 나의 성령을 담은
책이 있었음이니,
4 너희들이 주옥같은 나의 성령의 그 뜻
을 수천 년 역사가 흘러오는 동안에
갈고 닦아 제대로 깨우치고 제대로 연
구하며 제대로 가르쳐 너희 제자와 너
희 자식들을 육성해 왔다 하면 오늘은
곧바로 너희들이 살아가는 이 지상에
낙원이 이루어졌어야 함이니라.
5 나의 성령의 뜻을 갖고 구약의 시대가
흐르며 수천 년 역사가 흘러온 지금에
와서 너희들이 서 있는 그 자리매김은
어떠하더냐?
6 나의 성서요, 나의 성령이요, 나의 가
르침이요, 나의 모든 뜻이 6천여 년이
라는 그 세월이 흘러오면서 지금의 위
치에 와 있음이니,
7 이 벽을 넘어 깨우쳐 다스리기가 어떠
한 힘으로써도 이들을 대적할 수 없는
그와 같은 형국에 이르렀음이니라.
8 지금 이 많은 세월 동안에 흘러와 잘
못됨이니, 나의 열여섯 권의 법전과
내가 너를 통하여 내리는 나의 성령의
모든 뜻을 나의 피조물 만백성에게 일
깨워 하늘에 오르는 길을 바로 깨우쳐
줄 수 있는 그 세월과 시간이 얼마나
흘러야 된다 너는 생각하는가?
9 그들이 제대로 깨우쳐 제대로 가르쳐
왔다 하면 지금 나의 법전이라 하여
제3의 시대를 열지 않았을 것이며, 이
와 같은 형국은 이루어지지 아니하였
을 것이니라.
10 그러나 나 여호와가 너희들에게 많은
나의 성령의 뜻을 깨우쳤으며, 그를
따라 시행하라 하였으며, 구약의 시대
가 잘못되었기에 내가 신약의 시대에
그와 같은 역사를 이루었으며, 오늘에
너희들이 이와 같은 역사가 도래할 것
을 나 여호와가 알고 있었음이니라.
11 그리하여 마지막 제3의 시대가 도래
하여 나의 성령을 태워 내리는 이 나
의 법전이 마지막 너희들을 일깨워 하
늘에 오르는 길을 인도하는 기초요,
기본이요, 근본으로써 다시 자리를 잡
아 가게 됨이니라.

12 지금 나의 피조물 만백성이 나의 법전
을 읽고 깨우쳐 하늘에 오르는 그 세
월이 6천 년 역사에 비례하여 그보다
더 길고도 먼 세월이 흐른 뒤에 나의
피조물 만백성의 귀를 열고 눈을 열어
야 될 것이니라.
13 오늘 나의 성전에 모인 너의 제자들과
너를 따르는 많은 백성들은 6천 년의
세월이 흐른 그 세월보다도 더 길고
장구한 세월을 흘러가면서 나의 낙원
을 지상에 이루고자 함이니, 그 기틀
을 다짐이 바로 너희들이니라.
14 너희들이 기초가 제대로 다져지지 아
니하며 단단하게 다져지지 아니한다
하면 몇천 년의 역사가 흐른 다음에
오늘의 나의 법전은 오늘의 너희들의
이 시대보다도 더 돌이킬 수 없는 험
악한 형국에 도래할 것이니,
15 그를 다스리고 그를 미연에 방지하기
위하여 너희들에게 완벽한 터를 닦고
완벽한 기초를 닦게 하고자 함이니라.
16 그리하여 너희들에게 마음을 비우라
하며, 바람과 같이 살라 하며, 모두를
다 저버리고 모두를 다 잊을 수 있고
날려 보낼 수 있는, 너희 자신의 육신
이 없는 너희들이 되라 함이니라.
17 수천 년의 역사가 흐른 다음에 너희
대대손손이 너희들이 오늘 나의 성전
에 와 깨달아 이를 실행하며 만백성
너희들의 후손을 위하여 오늘에 쌓은
너희들의 그 공덕을 기릴 것이며 그들
이 바라보게 되며 그들이 연구하게 됨
이니,
18 너희들이 완벽한 자리를 잡지 아니한
다 하면 너희들은 그들의 가르침의 스
승이 될 수 없음이니라.
19 사랑하는 선지자야!
20 "네, 여호와 하나님! 말씀하옵소서."
21 너희들은 지금 외줄을 타는 곡예사보
다도 더 어렵고 힘든 길을 가고 있음
이니라.
22 6천 년의 역사가 흐른 그 다져진 검은
바위보다도 더 단단한 것을 녹여야 되
며 깨야 되며 그들을 부숴야 되기 때
문이니라.
23 이는 누구의 힘으로도 할 수 없음이니
라.
24 너희들은 나의 뜻이 아니고 반대의 길
로 가, 내가 백기 밑에 모이라 하였는
데 붉은 기 밑에 그 많은 사람들이 모
여 있다 하면 그를 어찌 무너뜨릴 수
있겠는가?
25 즉, 내가 오라는 길을 가지 아니한 자
들은, 나의 반대편에 서 있는 그들은
나의 뜻을 거역하는 자들이니, 그들을
나의 뜻에 따르도록 깨우치고 인도할
수 있는 것은 이 지구상에 아무것도
없음이니라.
26 오로지 나의 성령이요, 나의 뜻이요,
나의 가르침만이 그들을 돌릴 수 있음
이니,
27 그를 전하여 깨우치도록 전달하는 대
명을 맡은 것이 너희들이니, 그리하여
바로 너희들이 전사라 내가 일렀음이
니라.
28 내가 나의 적진에 서 있는 자들에게
전하라는 그 내용을, 내가 평화라는
것을 원하여 '평화'라는 것을 전하라
했을 때, 전하는 너희들이 '전쟁'이라
외친다 하면, 그는 어떠한 결과가 맺

어지겠는가?
29 그리하여 완벽한 너희들이 되어야 되
며, 완벽한 깨달음을 추구하는 자들이
며 완벽히 다져진 너희들만이 나의 피
조물 만백성을 대대손손 구원할 수 있
는 근본이요, 기틀이요, 스승이 되기
때문이니라.
30 그리하여 너희들에게 어렵고 힘든 그
길을 가도록 함이니, 이와 같이 너희
들의 책임이 무거움을 다시 한 번 깨
달아 너희 스스로 자신을 갈고 닦는
데 최선의 노력을 다하여야 할 것이며,
31 내가 선지자를 통하여 너희들에게 내
리는 성령의 뜻 한 구절 한 구절을 너
희들이 깨달아 너희들의 양식으로 만
들어야 할 것이니, 그를 명심하여 시
행하도록 하여야 할 것이니라.

1,775 번째 하나님 말씀

2002년 1월 24일 06시 10분

1 사랑하는 선지자야!
2 "네, 여호와 하나님! 말씀하옵소서."
3 내가 너에게 일러 나의 피조물 만백성
중에 나의 십계명을 가장 많이 암송하
는 자가 되라 하였음이니, 그 뜻을 이
제 알겠는가?
4 "네, 여호와 하나님! 알겠사옵나이다.
5 간곡한 마음으로 십계명을 한 번 암송
할 때, 이게 전지전능하신 아버님께
약속을 드리는 것이며 그 앞에 서약서
를 읽는 것과 같음이니,
6 매일 아버지께 약속을 드리며 서약서
를 읽으며 그리 지키겠다는 다짐을 하
는 것으로써 암송하며 암송함으로 인
하여 그 십계명에 아버지께서 원하시
는 그 뜻이 마음속에 자리를 잡기 시
작하며, 그를 실천하는 것이 굳어지며,
7 실천할 수 있는 힘과 용기가 가슴에서
우러나오는 것에 그를 암송하는 뜻이
있음을 이제 깨달았사옵나이다.
8 암송하고 암송하면서 결의를 다지며
결심이 서며, 그를 지키고 행하겠다는
마음이 암송할 때마다 굳어지며 결의
와 결심이 서고 있음이니,
9 이제야 암송하라는 그 뜻을, 가장 세
상에서 많이 암송하는 사람이 되라 하
심을 알겠사오며, 이제는 한 번 암송
할 때마다 저 자신을 돌아다보며 제
결의가 굳어짐을 알고 있사옵나이다."
10 너의 제자들에게 이르라.
11 천 번 만 번 생각하며 너희들이 실행
하고자 하는 것보다, 십계명을 암송하
고 또 암송하라 이르라.
12 그러면 네가 느끼고 있는 그를 깨달을
것이니, 그것만 암송한다 하면 구약과
신약과 제3의 시대에 내려가는 나의
법전을 통달하게 된다는 것을 일깨워
주라, 선지자야!
13 하늘에 오르는 길이 거기에 있으며,
하늘에 오르는 것이 십계명을 암송하
는 데 있음이니, 너희들이 노력하여
지금까지 왔음이니,
14 이제는 내가 너희들에게 하늘에 오를
수 있는 그 길을 알려 줌이니 그리하
도록 하라.
15 성서의 비밀이, 하늘에 오르는 비밀이
여기에 있음이니라.
16 내가 불로 직접 써 내린 십계명을 너
희들은 지킬 수 있다 하는 자며, 그들

은 지킬 수 없다 하며 지킬 수 없는 것
을 내렸다 하는 자니,
17 지킬 수 있기에 내렸다는 너희들의 그
뜻과 같이 십계명을 지킬 수 있는 것
은 바로 십계명을 생활화하여 암송하
면 되는 것이니라.
18 그것이 반석 위에 서서 하늘의 빛을
보는 길이며, 그게 하늘에 오를 수 있
는 길임이니라.
19 이제는 이를 너의 제자들에게 일깨워
주어 수없이 암송하며 암송하는 그 뜻
을 그들에게 일깨워 주도록 하라.
20 이게 내가 너희들에게 내리는 상이니
라.

1,776 번째 하나님 말씀

2002년 1월 24일 06시 25분

1 사랑하는 선지자야!
2 "네, 여호와 하나님! 말씀하옵소서."
3 너의 제자들에게 이를 일깨워 줘야 할
것이니라.
4 마리아라는 여자가 향유를 바른 머리
카락으로 예수의 발을 닦아 주었음이
니, 너희들은 그저 그러려니 생각할
것이니라.
5 그의 정성에만, 그 마음과 그 생각에
만 너희들이 감동해서는 아니 되느니
라.
6 그가 그와 같이 할 수 있었던 것은 그
가 지치고 힘든 예수를 격려하며 그를
독려하며 그를 위로함에 있어서 최선
을 다하였을 것이라는 그 시대의 환경
의 흐름을 너희들이 깨달음이 소중함
이니라.
7 향유를 바른 머리카락으로써 발을 닦
아 준 그 하나의 행위와 그의 정성을
보는 것이 아니라,
8 지치고 쓰러져 가는 그 예수에게 나약
한 여인으로서 얼마나 용기를 주었으
며 힘을 주었으며 그를 독려하며 격려
하였는가를,
9 그가 바로 서기를 얼마나 그가 간곡히
바랐으며 그가 소원하였으면 그리하
였을까 하는 것을 너희들은 볼 줄 알
아야 할 것이니라.
10 너희들은 선지자가 기도하며 나의 음
성을 전하며 만백성을 구하기 위해 나
의 성령을 받아 기록하는 것을 옆에서
격려하며 독려함이 얼마나 너희들의
수고로움의 길인가를, 이를 소홀히 해
서는 아니 됨을 깨우쳐야 할 것이니라.
11 '대를 위하여 소가 희생된다.'는 말로
써 여기에 견주어 생각할 수 없음이니
라.
12 이는 너희들의 희생이 아니요, 너희들
이 그가 바로 갈 수 있도록 항상 힘과
용기를 줌이 무엇과도 바꿀 수 없는
오늘의 너희들이 행해야 할 소중한 책
무임을, 오늘 새벽에 와 나의 음성을
듣는 너희들은 그를 깨달아야 할 것이
니라.

1,777 번째 하나님 말씀

2002년 1월 25일 06시 20분

1 사랑하는 선지자야!
2 "네, 여호와 하나님! 말씀하옵소서."
3 나의 피조물 만백성이 어떠한 종파의
길을 가든, 어떠한 것을 저희들이 믿

으며 숭배한다 해도 너는 그들의 대화
를 다 들어주며, 그들의 묻는 말에 네
가 충실히 그들을 깨우쳐 주며,
4 너는 그들을 너의 제자들처럼 똑같은
마음으로 가슴에 안는 그러한 자가 되
어야 함을 알아야 할 것이니라.
5 그들이 나를 경배하고 나에게 기도하
며 내가 존재함을 믿는 것은 네가 관
여할 일이 아니니라.
6 그들이 나의 법전을 가슴에 안고 정독
하여 하늘에 오르는 빛을 보고 못 보
는 것은 나의 주관함에 달렸으니, 그
는 너의 행해야 할 길이 아니니라.
7 너는 다만 나의 뜻을 전하고 내가 이
루고자 하는 것을 그들에게 전해 주며
그들을 인도하면 너의 할 일을 다 하
는 것이며, 네가 해야 할 덕목이 거기
까지이니라.
8 그 후에 이루어지는 것은 네가 주관하
는 것이 아니며, 내가 주관함이니라.
9 그들을 구원하고 구원하지 아니하며,
나 여호와가 존재함을 믿고 안 믿는
것은 그들의 몫이며, 내가 주관함에
있으니, 너는 그리 알아야 할 것이니
라.
10 모두는 내가 창조한 나의 피조물이며
나로 하여금 너희들에게 모든 동등한
자격을 준 자들이며 동등한 선상에 서
있는 자들이기에 너는 똑같이 그들을
가슴에 안아야 될 것이니라.
11 그들이 붉은 기라 부르짖으면 그저 붉
은 기라 말하며, 푸른 기라 말하면 푸
른 기라 네가 그저 들어주면 되느니라.
12 그러면서 내가 너에게 추구하는 하얀
그 백기가 있음을 그저 그들에게 전해
주면 되는 것이니라.
13 이제는 네가 갑론을박을 하지 말라 하
는 그 뜻을 깨우쳤을 것이니라.
14 나의 피조물 만백성에게 내가 원하는
백기가 존재함을 알리는 것은 갑론을
박해서 이루어지는 것이 아니니라.
15 그들의 뜻과 그들의 이야기 모두를 다
들어주며, 그들이 파란 기라 부르짖으
면 파란 기라 그리 알며, 빨간 기라 하
면 빨간 기라 그들의 말을 들어주며,
16 다만 너는 백기가 존재함을 그저 전해
주며 그들이 기억할 수 있도록 하면
되며, 그들이 백기가 존재함을 보고
안 보는 것은 그들의 몫이니라.
17 어떠한 종파든 너는 갑론을박을 해서
는 아니 됨이니, 그것이 네가 행해야
할 일이며, 정답을 가진 자가 가야 할
길이고 행해야 할 길이니라.
18 모두는 다 결국 나에게 오르는 그 백
기를 보게 되며, 네가 부르짖는 그 백
기의 나부낌을 보게 됨이니,
19 그들이 땅에서 휘날리는 기가 빨간 기
와 파란 기라, 그리고 검은 기라 하는
것을 깨달아 그들이 고개를 들어 높이
하늘에서 나부끼는 백기를 보게 되어
있음이니, 그리 너는 행하면 되느니라.

1,778 번째 하나님 말씀

2002년 1월 25일 21시 13분

(강론을 마치며)

1 사랑하는 선지자야!
2 **"네, 여호와 하나님! 말씀하옵소서."**
3 멀고도 험악한 길이며 힘들고 험난한
그 길을 너희들이 잘 오고 있음이니라.

4 수천 년의 역사가 흘러 구약의 시대와
신약의 시대가 지나 그 모두를 덮으
며, 그 철옹성과 같은 그들 위에 제3
의 시대라 하여 나의 법전이 세상에
나와 저희들을 인도하고 구원한다 하
면, 그들은 어떠한 형태를 갖고 있겠
는가?
5 놀란 망아지 산으로 뛰는 것보다도 더
다급하며 성급한 마음으로 저희들의
마음을 다스리고 진정할 수 없음일 것
이니라.
6 그들의 놀란 가슴을 무엇으로써 진정
하며 다스린다 말할 수 있겠는가?
7 그들은 놀란 가슴을 다스리기도 전에
너희들에게 화살을 던질 것이니라.
8 그리하여 그들은 너희 선지자가 어찌
살아왔으며 선지자가 어찌 나의 뜻을
받아 기록하였는지 물고 늘어지며,
9 법전이라 하여 기록된 그 글자 하나의
그 토씨를 가지고도 그들은 맹수가 약
한 짐승을 잡아먹듯이 그보다도 더 잔
인한 방법으로 물고 늘어지려 할 것이
며, 너희들을 물고 늘어질 것이니라.
10 그리하여 그들이 선지자가 살아오는
그 모습에 한 점의 오점을 찾을 수 없
으며 그를 비평할 수 없을 때, 그들은
어찌하겠는가?
11 지금 나의 성전에 와 나의 선지자의
제자라 하여 앉아 있는 너희들에게 공
격의 화살이 돌아갈 것이니, 이는 자
명한 일이니라.
12 그리하여 너희들에게 내가 이르기를,
단정하고 모범이 되며 너희들의 얼굴
이 천사와 같은 형태로 되도록 너희들
의 마음을 다스려 가라 함이니라.
13 너희들이 책 한 권을 남에게 전할 때
그가 받지 아니하며 그가 너희들의 뜻
을 따르지 아니하면, 그때는 너희들의
마음과 너희들의 몸가짐이 다스려지
지 아니하였기 때문에 그가 받지 아니
하며 너희들의 말을 듣지 아니한다 하
였음이니라.
14 그는 너희들과 아무런 이해관계가 없
기에 너희들의 말을 듣지 아니하며 나
의 법전을 받아 가지 아니함으로써 저
의 마음을 정리하고 돌아설 수 있으나,
15 저희들과 모든 이해관계가 걸려 있으
며 수천 년 역사가 흘러오는 이 속에
서 저희들이 존속해 왔으며 오늘에 저
희들이 살아가며 내일에 저희들의 후
손들까지도 대대손손 오늘과 같은 그
방법과 그 형태로 이끌어 가고자 하는
그들에게 어느 날 그 방향이 바뀌며
파도가 치고 바다가 뒤집어지며 땅이
갈라지는 것과 같은 그와 같은 변화가
생긴다 하면, 그들은 어찌하겠는가?
16 그보다 더 무섭고 험한 변화가 오는
것이 나의 법전이 세상에 전해짐이니,
나의 법전을 깨닫는 나의 피조물 만백
성이 파도와 같이 밀려들게 될 때, 그
들은 과연 어찌하겠는가?
17 저희들의 모든 힘과 모두를 다 바쳐서
목숨을 내걸고 그들은 하나가 되어 너
를 공격할 것이며, 너희들을 핍박하고
자 할 것이니라.
18 어제는 서로 종교의 뜻이 다르고 가는
길이 다르며, 서로 저희들만이 하늘에
오르는 길이며 나머지는 이단이라 하
여 손가락질하며 저희들끼리 싸움하
며 치고받던 그들이 너희들을 핍박하

는 데는 하나가 되어 밀어닥칠 것이니,
19 그 많은 힘을 너희들이 견디고 이기려
면 너희들이 한 점의 부끄럼이 없는
삶을 살아가야 할 것이니라.
20 이제는 선지자가 가야 할 길을 알고
있으며, 그가 행하여야 할 길이 있으
며 그가 우뚝 서 행할 수 있는 것을 그
는 알고 있음이니, 그를 받치는 너희
들이 지금에 지켜야 할 몫이 남아 있
음이니라.
21 너희들을 비방하고 공격하는 자들이
선지자를 물고 뜯을 때, 그를 더 이상
물고 뜯을 수 없다고 생각하면 바로
너희들이 그 대상이 됨이니,
22 너희들이 나의 법전이 세상에 전해져
만백성을 구하는 그 길에 걸림돌이 되
며 퍼져 가는 나의 법전을 막는 자들
이 되어서는 아니 될 것이니,
23 오늘부터 너희들의 마음자리를 잘 다
스리고 나의 이 뜻을 깊이 깨우쳐야
할 것이니라.

1,779 번째 하나님 말씀

2002년 1월 26일 03시 35분

1 사랑하는 선지자야!
2 "네, 여호와 하나님! 말씀하옵소서."
3 너를 찾아오는 나의 피조물 만백성에
게 많은 기도를 해서 그들을 깨우쳐
주라.
4 요한복음에 나와 있듯이, 네가 나의
피조물 만백성의 미래를 알려 주며 꿈
을 주며 깨달음을 주며 희망을 줄 수
있는, 그리고 그를 증거할 수 있는 많
은 기도를 만백성에게 해 주라.
5 그리고 그들이 바른길을 갈 수 있도
록, 그리고 그들의 죄를 용서를 빌 수
있도록 그들을 많이 일깨워 줘야 할
것이니라.
6 대중에 있는 모든 무리들이 나 여호와
를 향하는 마음이 진솔되고 애절히 갈
구할 때 그들이 너의 눈빛을 보며 구
원을 받고 몸과 마음의 병듦을 고칠
수 있는 그와 같은 역사가 이루어질
때까지 많은 나의 백성들을 네가 직접
바로 일깨워 줘야 될 것이니라.
7 힘들고 어렵다 하여 네가 쉬려 하지
말며, 그들을 피하려 하지 말며, 너는
기도를 하며 그들을 일깨워 주면,
8 그들이 깨닫고 못 깨닫는 것은 나의
주관하에 이루어짐이니, 너를 찾아오
는 자들, 그들에게 많은 기도를 들려
주도록 그리하라, 선지자야!

1,780 번째 하나님 말씀

2002년 1월 26일 08시 45분

1 사랑하는 선지자야!
2 "네, 여호와 하나님! 말씀하옵소서."
3 내가 너에게 일러 알렸느니라.
4 하늘에 오르는 길이요, 하늘의 문을
여는 그 열쇠인 십계명을 암송하며 또
암송하는 그 속에서 너희들이 마음 자
리를 잡으며, 너희들이 그리도 다스릴
수 없는 그 마음을 다스릴 수 있다 말
하였음이니,
5 오로지 너희 마음과 너희를 다스릴 수
있음은 십계명을 암송하며 그를 지키
고자 하는 굳은 결의를 갖는 그 속에
서 모두가 다 이루어짐이니라.

6 너희들이 하늘에 오르고 못 오름은 악
을 행하며 지키느냐, 선을 행하며 지
키느냐 거기에 달렸음이니,
7 선을 행하는 마음을 가질 수 있는 마
음을 다스리면 너희들이 구원이요, 하
늘에 오를 수 있는 길이며, 그 선을 행
할 수 있는 마음을 다스리는 것은 너
희들의 마음을 다스림이니,
8 이는 곧 내가 불로 써 세상에 직접 내
려보낸 그 십계명을 암송하고 지키고
자 하는 그 마음속에서 너희들의 마음
을 다스릴 수 있음이니,
9 곧 십계명을 암송하고 외우는 그 길이
하늘에 오르는 길임을 알라.
10 너희들이 한 번을 암송하면 한 계단을
오르며, 두 번을 암송하면 두 계단을
오름이니,
11 이것이 바로 하늘에 올 수 있는 열쇠
요, 비밀임을 내가 너의 제자들에게
알려 주었음이니라.
12 사랑하는 선지자야!
13 "네, 여호와 하나님! 말씀하옵소서."
14 너는 십계명을 외우는 네 마음의 자세
가 네 몸에서 흐르는 땀보다도, 피보
다도 더 진한 마음으로 경건하며 굳은
결의에서 암송해야 될 것이며,
15 인간사의 모두를 다 지운 상태에서,
인간사의 냄새를 네가 맡지 아니하며,
인간사에 흐르는 그 향기를 맡지 아니
하며 그러한 자세에서 네가 십계명을
암송해야 될 것이니 그리 알라.
16 내가 너에게 일렀느니라.
17 모든 나의 피조물 만백성을 먼 원 밖
에서 바라보라 하였음이니,
18 깨우치지 못하는 자, 너의 마음에 파
장을 이루며 네가 가고자 하는 그 마
음의 다스림에 너를 흔들리게 하니,
19 너 자신이 흔들리며 너를 흔들리도록
하기에 먼발치에 두라 하였음이니, 이
를 네가 깊이 깨우쳐 행해야 될 것이
니라.
20 내가 너에게 말하기를, 인간의 냄새를
맡지 말며, 인간의 그 품 속을 맡지 말
며, 너 자신이 홀로 깨우쳐 나에게 향
하는 길을 보고 걸어오는 그러한 사람
이 되라 함을 너는 생각하기를,
21 나 여호와가 약속하며 나 여호와가 한
없이 원망스러우며, 너 자신이 어찌할
바를 모르나, 아직은 네가 씨앗을 뿌
려 그 싹이 나지 아니하였음이니,
22 그 싹이 나기 위하여 네가 너 자신의
씨앗을 물에 적시는 이와 같은 오늘의
단계에서 맑은 생수만이 그 씨앗을 틔
울 수 있기 때문이니라.
23 썩은 오염된 물이 그 씨앗에 와 닿는
다면 그 씨앗은 싹이 트기도 전에 썩
고 문드러짐이니, 생수만이 그 새싹을
트게 할 수 있음이니,
24 내가 인간사의 모든 냄새를 맡지 말라
하며 인간사의 모두를 가까이 두지 말
라 함이 이러한 뜻이니, 너는 나를 원
망하지 말라, 선지자야!
25 오로지 맑고 깨끗한 생수만이 그 새싹
이 터 나올 수 있게 됨이니, 그 싹이
나올 때까지 모든 인간사와 거리를 두
라 함이니,
26 나의 뜻을 깊이 깨우쳐 행하라, 불쌍
한 선지자야!

1,781 번째 하나님 말씀

2002년 1월 26일 08시 50분

1 사랑하는 선지자야!
2 "네, 여호와 하나님! 말씀하옵소서."
3 비바람에 흔들리는 그 계단의 끈을 잡고 네가 하늘에 오르는 자라 하였음이니, 모두를 잊어야 할 것이니라.
4 그리고 네가 홀로 서야 할 것이며 혼자 가야 하는 것이니라.
5 너 스스로 혼자 서서 혼자 가야 하는 길임을 너는 항상 잊어서는 아니 되는 것이니라.
6 네가 없음이니라.
7 모두를 다 지우며, 모두를 멀리서 바라보는 사람으로 네가 다 보아야 할 것이며 네가 그리 행해야 할 것이니, 그 길을 가야 함이니라.
8 네가 홀로 서 가야 하느니라. 홀로 일어서야 하느니라. 그리고 홀로 서 깨우쳐야 하며 홀로 서 행해야 함이니라.
9 눈을 감으라. 너 자신이 없음이니, 너를 날려 보내고 눈을 감으라.
10 그리고 듣지도 말라. 보지도 말라.

1,782 번째 하나님 말씀

2002년 1월 27일 06시 10분

1 사랑하는 선지자야!
2 "네, 여호와 하나님! 말씀하옵소서."
3 너희들 인간사에 살아가면서 하는 말이 있느니라.
4 상대방이 너희들을 속이며 말이 되지 아니하는 것을 고집을 피우며 그게 옳다 억지를 쓸 때, 너희들은 뭐라 하느냐?
5 손바닥으로 넓고도 넓은 하늘을 가리려 하는 그와 같은 흉악한 행위를 하지 말라 너희는 그리 말하느니라.
6 선지자야,
7 지금의 믿음의 길을 가고 있는 자들이 어찌 가고 있는지는 저희들 자신이 스스로 깨달아 알고 있음이니라.
8 나의 법전이 세상을 다 덮어 만백성을 깨우치고자 하여 내가 그를 보고 깨달아 하늘에 오르라 하는 것을 네가 지금 시행함이며,
9 그들이 있는 직장에서, 일터에서, 가정에서, 불편한 자 누운 자리에서 나의 법전을 읽고 기도하는 법을 깨우치며 하늘에 오르는 것이 무엇인가를 깨우치면 된다 하여 나의 성령을 태워 내려보낸 나의 법전이 온 세상을 다 덮으니,
10 그가 옳지 아니하다, 사탄이다, 이단이다, 사악한 자다 하며 소리 지르고 악을 쓰나,
11 그들은 저희 손바닥으로 하늘을 가리는 그와 같은 형국이 될 것이니, 너는 염려치 말라, 선지자야!
12 진실보다 위대한 것이 없다 내가 말하였음이니, 이것은 진실보다 더 위대함이니, 이 모두를 창조한 나 여호와가 나의 성령을 태워 내가 직접 내린 나의 뜻이니,
13 이보다 더한 진리가 어디 있으며, 진실이 어디 있으며, 이보다 더 깨끗하고 아름다운 뜻이 어디 있으며, 이보다 더 소중한 것이 어디 있겠느냐?
14 사랑하는 선지자야!

15 "네, 여호와 하나님! 말씀하옵소서."
16 너희들이 살아가는 참진리라는 것이
어디에서 나오며, 너희들이 살아가는
그 기본이 어디에서 나오느냐?
17 너희들이 모든 법도라 하여 말하며,
깨우쳐 하늘에 오르는 길이며 사람이
살아가는 도리라 하여 수없이 많은 말
들을 만들어 가르치나, 그보다 더 깊
이가 있는 그 원천의 샘인 나의 성령
에서 그것들이 다 나가며 이루어짐이
니,
18 원천의 샘인 나의 성령을 태워 직접
내리는 나의 이 법전보다 더 진실한
것이 어디에 있으며, 더 소중한 가르
침이 어디에 있다 생각하느냐?
19 이와 같이 참진실이요, 참진리요, 세
상을 창조한 나 여호와가 나의 성령을
태워 사랑하는 나의 아들, 선지자를
통하여 이를 세상에 전하니,
20 이걸 보고 이단이요, 사탄이라 악을
쓰고 소리 지르는 자는 저희들이 손바
닥으로 그 넓고도 넓은 하늘을 가리고
자 함이니,
21 제가 그 손을 들고 얼마나 버틸 것이
며, 그 손으로 얼마나 버텨 제가 하늘
을 가릴 수 있다 하겠느냐?
22 그는 너희들이 말하는 24시간도 지탱
하지 못할 것이니라.
23 너는 염려치 말라.
24 불안해하지 말라.
25 나의 법전이 세상을 덮으며 너희들이
만든 그 성전이라 하는 곳에 거미줄을
치며 그 문을 닫는다 하였으니, 이를
누가 말하느냐?
26 창조주인 나 여호와가 너희들에게 말
함이니, 그는 반드시 실행된다는 것을
너희들은 의심치 말아야 할 것이며,
27 나의 법전에 기록되며 나의 선지자요,
나의 아들을 통하여 내려가는 모든 음
성과 내가 너희들에게 전하는 것이 참
진리이니, 이는 다 시행되며 이루어지
는 것을 너희들이 알아야 할 것이니라.
28 이를 나의 피조물 만백성에게 깨우쳐,
그들이 하늘에 오르는 길을 보며, 하
늘에 오르는 눈을 뜨며, 반석 위에 일
어서서 하늘에 오르는 빛을 볼 수 있
도록 너를 따르는 나의 피조물 만백성
을 일깨워 줘야 할 것이니라.

1,783 번째 하나님 말씀

2002년 1월 27일 06시 20분

1 사랑하는 선지자야!
2 "네, 여호와 하나님! 말씀하옵소서."
3 너희들이 음식을 취하며 나에게 기도
를 드리고 경배를 하느니라.
4 너희들이 기도하고 경배하며 그 음식
을 먹는 것이니, 지금서부터 너희들은
그 음식이 너희 입에 들어가기 전에,
5 그 음식이 누구로부터 받은 은혜며 누
구로부터 그를 먹게 되는지 이와 같은
것을 음식을 들고 다시 한 번 생각하
며 내가 존재함을 깨우치도록 하나의
깨달음을 더 가르쳐, 그들의 마음을
다스려 일깨워 주도록 그리하라.

1,784 번째 하나님 말씀

2002년 1월 27일 12시 45분

(강론을 마치며)

1 사랑하는 선지자야!
2 "네, 여호와 하나님! 말씀하옵소서."
3 내가 너희들에게 일러 일깨워 주었느니라.
4 너희들이 천 번 만 번 너희들의 마음을 다스리고 마음을 비우며 너희 자신을 다스려 나가고자 하나 너희 힘으로 견디고 인내하기가 어렵다 하였음이니, 그리하여 너희들이 스스로 좌절하며 스스로 포기함이니라.
5 그러나 너희들이 지금 나를 향하여 믿음과 그 깨우침이 남들이 이룰 수 없는 그 경지에 같이 가고 있다 하였으며 나는 그를 알고 있음이니라.
6 그리하여 내가 선지자를 통하여 너희가 하늘에 오르는 비밀이요, 그 열쇠를 너희들에게 전해 줌이니, 내가 불로 써 내린 그 십계명을 정성을 다하여 수시로 암송하여 그 뜻을 깨우치라 함이니라.
7 십계명은 너희들이 암송하며 깨우치면서 그를 다 실천함이니라.
8 모두를 다 실천함이 십계명이니라.
9 그리하여 십계명을 암송하고 또 암송하는 속에서 너희들이 실천함을 알게 되며 그 모두가 스스로 너희 마음속에서 자리를 잡아 그를 실천하게 됨이니라.
10 십계명을 너희들이 깨우쳐 그를 암송하는 것이 하늘에 오르는 열쇠라 내가 말하는 것은, 너희들이 육신으로써 아무리 깨우치고자 노력해도 그 육신의 한계가 있으며 너희들이 깨우침의 한계가 있음이니라.
11 그러나 너희들이 나의 십계명을 암송하고 또 암송하는 속에서 너희들의 마음과 마음에 나의 성령이 임하여 너희들의 눈을 뜨게 하며 하늘에 오르는 것을 바라보게 하는 그 깨우침이 거기에 있음이니,
12 너희들이 십계명을 암송하는 그 속에서 나에게 맹세하며 서약하는 그 속에서 나의 성령이 너희들의 마음속에 뿌리를 잡아 내려가며,
13 나의 성령이 너희들에게 임하였을 때 너희들이 나의 십계명을 지키고 실천할 수 있는, 그와 같이 실행하는 자가 되게 됨이니,
14 이는 내가 너희들에게 성령을 내리고자 하며 내가 너희들에게 임하고자 함이니라.
15 너희들이 지금까지 지키며, 나의 법전을 읽으며 깨달음을 향하여 올라온 그 공에 대한 내가 너희들에게 내리는 상이라 일렀으니,
16 구약과 신약의 모두가 집약되어 있으며 제3의 시대에 깨우치고자 하는 것도 그 십계명에 기준 하여 있음이니,
17 너희들이 나의 십계명을 정독하고 또 암송하고 나에게 서약하는 그 속에서 너희들이 나의 법전을 깨우치게 되며 그 내용의 깊이를 알게 됨이니라.
18 내가 너희들에게 십계명을 읽고 정독하는 것이 하늘에 오르는 길이라 함은 너희들이 나의 십계명을 정독하고 또 암송하며,

19 나에게 일찍 너희들이 약속하며 서약
하는 그 마음으로 십계명을 암송하여
너희 마음속에 나의 성령이 임하였을
때 너희들은 나의 열여섯 권의 법전의
깊이와 내가 전하고자 함을 알 수 있
음이니,
20 여기에 그리하여 너희들이 십계명을
암송하는 것이 하늘에 오르는 열쇠라
하는 나의 이 상을 내려 줌이니, 그리
알아 시행하도록 하여야 할 것이니라.

1,785 번째 하나님 말씀

2002년 1월 28일 09시 40분

1 사랑하는 선지자야!
2 "네, 여호와 하나님! 말씀하옵소서."
3 내가 너에게 일렀느니라.
4 남에게 지불할 것이 있으며 남에게 갚
아야 할 것이 있으며 남의 재물을 함
부로 쓴 자, 너희들이 주일이라 하여
쉬는 그날도 그는 쉴 자격이 없으며
일을 하여 그를 갚으라 말하였음이니,
5 선지자야!
6 "네, 여호와 하나님!"
7 '남의 것을 도적질하지 말라.' 하였음
이니라.
8 남의 물건을 훔쳐 오는 것, 남의 물건
을 주인이 모르게 가져오는 것, 그것
만이 도적질이 아니니라, 선지자야!
9 남의 물건을 갖다 쓰고 갚지 못하는
것, 남의 물건을 빌려다 쓰고 도로 그
대로 갖다 놓지 못하는 것, 남의 것을
너희가 갖다 써 남에게 고통과 시련을
주는 것,
10 그 모두가 다 도적질하는 것과 같으
니, 도둑과 같음이니라.
11 남의 물건을 훔쳐 오는 자만이 도둑이
아니요, 남의 소중한 물건을 갖다 쓰
고 그를 정리하지 못하는 것도 또한
도둑이니라.
12 이와 같이 너희들이 남의 물건을 훔치
는 것만이 아니요, 남의 물건을 갖다
그가 원할 때 돌려주지 아니하며 그가
원할 때 그에게 반납하지 아니하는 것
도 도적질하는 자와 똑같음을 알아야
할 것이니,
13 이를 너의 제자들에게 일깨워 줘 바르
고 옳은 행동으로써 나의 법전을 읽고
깨우치도록 그리하도록 하라.

1,786 번째 하나님 말씀

2002년 1월 29일 06시 13분

1 사랑하는 선지자야!
2 "네, 여호와 하나님! 말씀하옵소서."
3 나의 사랑하는 예수가 성령으로써 세
상에 태어나 그가 나의 뜻에 따라 대
명을 수행할 때, 사람들은 뭐라 말하
였겠느냐?
4 그 시대의 그 백성들은 '헛소리하지
말라.' 하였으며, '하늘을 향하여 웃을
일이라.' 그리 말하였느니라.
5 그 시대의 역사와 그 흐름의 배경을
너희들은 생각하며, 오늘에 나의 선지
자를 보는 눈을 너희들은 어찌 보는가?
6 인간으로 태어나 너희들과 같이 60에
가까운 세월을 죽을 끓이고 밥을 끓이
고 울고 웃으며 희비애락의 그 삶을
살아온 자이니,
7 그를 내가 선택하여 나의 종이요, 나

의 선지자라 하여, 예수가 종파 없이
만백성을 구하려 너희들에게 사랑이
라는 것을 실천하여 하늘에 오르도록
하라 그리하였던 그 시대와 마찬가지
로,
8 지금 인생의 희비애락 속에 60이라는
너희들과 똑같은 세월을 산 나의 종이
요, 나의 선지자에게 마지막 나의 피
조물 만백성을 구하는 나의 성령을 내
려보내 그를 기록하게 하여 법전이라
하여 세상에 전하여 너희들을 마지막
구원하는 대명을 수행하는 자라 생각
할 때, 그를 보고 너희들이 뭐라 말하
느냐?
9 이단이요, 사탄이요, 사악한 자요, 세
상에 말세에 오는 거짓 선지자요, 세
상에 선지자라 하여 정신 나간 자며
정신 이상자라 말하는 자들이 수없이
있음이니,
10 나의 아들 예수를 그리 평했던 그 시
대와 지금의 시대의 너희들의 생각함
이 똑같은 형국이 이루어지고 있음이
니라.
11 너희들은 알아야 할 것이니라.
12 내가 불로 써 내려 수천 년 역사가 흐
른 지금, 나의 계명을 지키고자 그는
엎드려 나에게 약속의 경배를 드리며
나의 성령을 받아 기록하고 있으니,
13 그가 누군가를 너희들이 똑바로 봐야
할 것이니라.
14 그리고 그 시대에 예수를 보고 그들이
'하늘을 보고 웃을 일'이라 하였듯이
그 시대의 백성들과 지금의 정신 이상
자요, 사탄에, 마귀에 뒤집어 씐 말세
에 마지막에 온 거짓 선지자라 비웃는
그 행위를 하는 백성들과 조금도 차이
가 없음이니,
15 그와 같은 형국이 몇천 년 전에 이루
어졌으며 지금에도 똑같이 이루어졌
음이니,
16 그 시대의 나의 아들 예수도 나의 뜻
을 받아 만백성을 구하고자 세상에 나
가 부르짖었으며, 2천 년의 세월이 흐
른 지금에 와 나의 선지자요, 나의 종
이 나의 뜻을 받아 만백성을 구원하고
자 외친다 하였으나,
17 그때의 사악한 백성들과 지금의 사악
한 백성들은 똑같은 행위를 하고 있으
며, 지금의 나의 피조물 만백성이 그
시대보다 더 사악하고 잔인하며 간악
한 자들이 되어 있음이니,
18 이제 그들에게 경종을 울려야 할 때가
왔으며, 버릴 자 버리며 구원할 자 구
원할 14만 명의 전사들이 있다 하였
음이니,
19 그들을 먼저 선별하라 하였음이니, 너
는 여기서 깊이 깨우쳐야 될 것이니라.
20 전사가 누구더냐?
21 싸워 그 목숨을 바치는 자들이니, 아
무나 전사라 이를 수 없음이니라.
22 너는 이제 그 전사들의 명단을 기록해
야 될 것이며, 그들의 가슴에 전사라
는 나의 명을 달아 줘야 될 것이니,
23 모든 지역에서 나의 법전을 읽고 깨우
쳐 그들이 가고자 하나 전사의 자격이
있는 자와 없는 자를 구분하여,
24 너는 14만 명의 전사들의 명단을 기
록하여 14만 명의 전사들을 훈련시키
고 가르쳐야 될 것이며,
25 네가 가고 있는 길과 나의 법전을 세

상에 전하는데, 첫째는 나 여호와가
존재하며 나의 뜻이라 믿고 목숨을 바
칠 수 있는 자들과,
26 네가 정녕 나의 종이요, 나의 선지자
라는 것을 깨달아 네가 내리는 그 명
령에 따라 목숨을 바쳐 수행할 수 있
는 자들의 명단을 지금서부터 기록하
여 14만 명의 전사들의 명단을 네가
작성해야 될 것이며,
27 목숨을 바쳐 나의 임무를 수행할 수
있는 그들을 기록해야 할 것이니라.
28 나의 법전을 읽어 하늘에 오르는 길을
깨우쳤다 하는 자도 전사와 그저 따르
는 자를 네가 이제 구분하기 시작해야
할 것이니,
29 오늘부터 그 명단을 작성해야 될 것이
며, 각 지역에 나의 법전을 읽고 깨우
치는 자들에게 전사의 자격이 있는가
없는가 서약을 받아 그 명단을 기록하
여 그들에게 명을 내려야 할 것이며,
30 전사라는 나의 명령을, 그 뜻을 그들
에게 깨우쳐야 할 것이니 그리 알라.

1,787 번째 하나님 말씀

2002년 1월 30일 06시 10분

1 사랑하는 선지자야!
2 "네, 여호와 하나님! 말씀하옵소서."
3 나의 피조물 만백성이 살아오는 동안
에 길고도 긴 그 구약 시대와 신약의
시대를 거쳐 가며 그 많은 피조물, 나
의 백성들이 하늘에 오르고자 저희들
의 삶을 영위한 자가 수없이 많이 있
었으며,
4 또한, 그것이 하늘에 오르는 길이라
하여 저희들이 믿고 살다 온 자가 수
없이 있음이니라.
5 나의 아들 예수가 세상에 나가 사랑이
요, 베풂이요, 내가 존재함을 일깨워
너희들에게 예수의 삶을 보고 똑바로
배워 하늘에 오르는 길을 오라 외치다
나에게 와 있음이니,
6 그가 세상사에 나가 너희들을 인도하
고자 하다 나의 부름을 받고 나에게
온 지금에 와 근본과 뿌리가 없어졌음
이니,
7 이 세상 어느 한 종파도 정녕 내가 원
하며 나의 아들을 통하여 너희들을 받
아들이며 거둬들이고자 하는 그 길을
가는 종파가 없다 하면 너희들은 그것
을 믿겠는가?
8 정녕 나에게 오르고자 하는 길을 가는
자들과 그 길을 향하여 간다 하여도
잘못 가는 자들과의 차이점이 엄연히
있음이니,
9 너희들이 그를 분별할 수 있는 마음과
눈이 뜨이지 아니하였음이니라.
10 이제는 너의 제자들에게 이르라.
11 너의 제자들이 깨우치며 가고자 하는
그 길이 정녕 나의 뜻이요, 내가 너희
들에게 원하는 길을 너희가 바로 오고
있음은 여기에 차이가 있음이니라.
12 네가 인도하는 길이요, 나를 향하여
내가 존재함을 깨우치며 나의 뜻을 따
라오는 백성들은 오늘보다 내일의 삶
에 더 깨우침이 있으며, 오늘의 삶보
다는 내일의 삶에 더 주의함이 있으며
조심함이 있으며,
13 저희들이 살아가면서 모든 것을 통제
하고 억제하는 그 마음이 스스로 가슴

속에 싹이 터 자라남이니,
14 이는 곧 나의 법전을 읽고 깨우쳐 각
자 저희들이 깨달으며 저희들이 변하
여지며, 저희들이 살아감의 두려움을
알며, 세상에 존재함의 두려움을 알게
되며, 나 여호와가 무엇을 원하는가를
알게 되며, 나 여호와에게 향하는 길
이 얼마나 무서운가를 스스로 깨달아
감이니,
15 나의 법전을 한 번 읽고 두 번 읽는
자, 그 변함이 너희들이 계단이라는
층계를 오르는 것처럼 그리 변하여져
감이니라.
16 이것이 나의 뜻이요, 나를 향하여 오
는 진정한 길을 오름이니,
17 나의 아들 예수가 나의 피조물 만백성
을 일깨워 줬을 때, 그의 가르침을 들
으며 그의 뜻을 들은 자들은 변하여
그와 같이 하늘을 향하여 한 계단, 두
계단 오르는 깨우침을 얻은 자들이니
라.
18 나를 향하여 바른길을 선택하여 오는
자들은 하늘을 향하여 오르는 한 계단
한 계단의 그 깨우침을 알게 되며, 그
깨우침을 아는 그들은 두렵고 무서움
을 알게 되며, 스스로 저희들이 통제
하며 스스로 저희들이 억제하며 저희
들 마음속에 곧고 바른 마음의 싹이
트기 시작함이니,
19 이것이 나에게 오르는 바른길이니라.
20 그러나 바른길을 오지 않는 자들은 십
년, 백 년을 저희들이 하늘에 오르고
자 기도하며 깨우쳐도 그 마음속에 자
리잡음이 없으며 저희들이 어찌 가야
하는 것이며 어찌 가는 길이 정녕 바
른길인가를 얻지 못하여 공허함이 저
희 마음속에 자리를 잡고 있음이니,
21 이것이 잘못 가는 자들의 믿음의 길을
가는 형태이니라.
22 나에게 오르는 자, 진정한 길을 깨우
친 자는 비바람이 불어도 흔들리지 아
니함이니,
23 그리하여 너희들이 목숨을 바치는 자,
깨달음이 있는 자, 갈구하는 자는 내
가 너희들에게 구분하여 가르쳤음이
니,
24 그와 같이 단계 단계를 올라오는 것이
나의 진정한 길을 보는 정통의 나의
백성들이며 나를 향하여 깨우침을 가
고 있는 자들이니라.
25 그와 같은 계단을 모르며 그와 같이
변화되는 것을 모르는 자, 그것이 저
희들이 공허한 마음을 갖고, 내가 너
에게 일러 장마철에 개구리가 하늘로
오르려 뛰다 주저앉는 것과 같다 하였
으니,
26 제 힘과 제 능력이 과연 어디까지 올
라올 수 있다 생각하느냐?
27 이것이 엄연한 사실인 것이니라.
28 십 년 아니라 백 년을 절을 하고 기도
하며 저희들이 깨우치려 해도 그 공허
한 마음을 다스릴 수 없으며, 저희들
의 마음을 채워 줄 수 없음이니, 그것
은 제자리걸음을 하기 때문이니라.
29 나에게 오르는 백성들은 제자리걸음
을 하고 있음이 아니니라.
30 나를 향하여 한 발 한 발 계단을 올라
옴이니, 그 목적이 뚜렷하며, 그의 갈
길이 뚜렷하며, 그가 나에게 오르는
그 거리가 단축됨이니라.

31 너는 여기서 너의 제자들에게 이르라.
32 너희들이 나에게 오르는 길이 천릿길
이라면 한 발 한 발 그 거리가 줄어져
나와 가까워지는 자가 나의 길을 바로
오는 자들이냐, 항상 첫발을 디디고
그 자리에서 물러났다 다시 또 첫발을
내디디며 또 물러가는 자가 나에게 바
로 오는 자들이냐?
33 어떤 자가 바로 오는 자라 너희들은
말할 수 있겠느냐?
34 이제는 너희들이 눈이 뜨이며 귀가 들
림이니, 너희 스스로 느낌이 있을 것
이니라.
35 하나하나 너희들의 마음속에 곱고 아
름다운 그 새싹이 자라남이 나에게 오
름이니라.
36 내가 너희들에게 뭐라 했느냐?
37 나의 법전을 들고서 이곳을 나가는
자, 내가 그의 머리 위에 손을 얹어 그
의 모든 죄를 다 용서해 줌이니 새로
태어난 아기처럼 살라 하였음이니, 그
아이가 새로 태어나 성장하는 것이 곧
고 바르도록 살라 함이니라.
38 다시 태어나는 마음으로써 곱게 성장
하며 나를 향하며 나의 율법을 따르며
나의 가르침에 따라서 성장하는 자와,
39 혼탁하고 더러운 그 세상에서 새로 태
어나는 자가 아니 되며, 그 자리에서
살아가는 생활을 하는 자들이 과연 나
에게 오를 수 있는 백성이라 너희들이
생각하느냐?
40 내가 너희들에게 나의 법전을 가슴에
안고 정독하는 자, 가슴에 손을 얹어
너희들의 죄를 나 여호와의 이름으로
모두 용서해 줌이니 다시 태어나는 아
이처럼 살라 하는 그 뜻이 어떠한 것
인가를 알겠는가?
41 이게 바로 내가 구원한 자들이니, 아
이처럼 살려 하며, 성장하는 것이 곧
고 바르며, 마음속에 나의 법전을 읽
고 깨우쳐 새로운 싹이 터 나오는 자
들이 바로 세 살 먹은 아이이며,
42 그 싹이 무럭무럭 자라나 나에게 다가
오는 것이 하늘에 오는 길의 이치인
것이니,
43 백 날을 기도해도 제자리에서 뛰고 있
는 자는 오를 수 없는 자요,
44 백 날을 기도를 하면 백 보가 앞에 와
있는 자가 나에게 오를 수 있는 길을
보며, 나에게 오르는 길이며, 나에게
선택된 백성이며, 나에게 구원받은 자
이니라.
45 이는 곧, 너희들의 마음속에 새싹이
자라남이니, 나의 법전을 읽고 하루
하나씩 너희들의 죄의 굴레를 벗어나
며 죄의 그 씨를 털어 내며 새로운 마
음을 너희 가슴속에 차곡차곡 쌓아 실
행함이 아이가 자라나는 것과 같음이
니,
46 여기에 진실과 위선이 있음을 너의 제
자들이 이제는 눈을 떠 너희 스스로
깨달아야 할 때가 됐음이니, 내가 너
에게 알려 줌이니라.

1,788 번째 하나님 말씀

2002년 1월 30일 06시 25분

1 사랑하는 선지자야!
2 "네, 여호와 하나님! 말씀하옵소서."
3 내가 너에게 일렀느니라.

4 사탄과 너희들에게 똑같은 능력과 힘
을 주었다 하였음이니, 그 이치를 너
의 제자들에게 일깨워 주어야 될 것이
니라.
5 사탄이라 하는 것도 너희 마음속에 있
으며 천사라 함도 너희 마음속에 있으
니, 너희들이 마음먹기에 달렸으니,
6 사탄과 너희 자신에게 똑같은 능력을
내가 주었음이 여기에 있음이니라.
7 너희 마음이 사악한 쪽으로 치달으면
그것이 사탄이요, 마귀라 하는 것이
며, 너희들이 선한 쪽을 향하여 갈고
닦는다 하면 그것이 바로 천사이니,
8 사탄이요, 마귀라 함이 없다 하는 나
의 뜻이 여기에 있음이니라.
9 너희들은 이단이요, 사탄이요, 마귀라
칭하지 말라 하였음이니, 너희들이 그
악의 마음을 저버리고 선한 길을 선택
하면 곧 나의 아들이요, 나의 백성들
이요, 나에게 오를 수 있음이니,
10 사탄과 마귀가 따로 있음이 아니라 너
희 마음속에 있으니, 그 두 마음을 하
나는 사탄이요, 하나는 천사라 이르느
니라.
11 이것이 너희들이 가지고 있는 너희들
의 삶의 기본이며, 그리하여 너희들이
악을 버리면 천사의 길로써 하늘에 오
르는 것이며,
12 너희들이 선한 마음을 버리고 악한 마
음을 가지면 그게 바로 사탄이요, 이
단이요, 마귀라 하는 것임을 너희들은
이제 깨우칠 때가 되었으니,
13 그를 너의 제자들에게 눈을 뜨도록 깨
우쳐 주도록 하라, 선지자야!

1,789 번째 하나님 말씀

2002년 1월 30일 06시 30분

1 사랑하는 선지자야!
2 "네, 여호와 하나님! 말씀하옵소서."
3 너의 제자들의 가슴에 곧고 바르게 심
어 주라.
4 두 주먹을 쥐고 이 길을 달려오는 데
좌우를 돌아볼 시간이 없으며, 좌우를
돌아보지 말라 하라.
5 그 쥔 손에서 땀이 나도록 그 두 손을
쥐고 앞만 보고 달려오라 이르라.
6 그 달려오는 길에 힘들고 어려워도 너
희들이 달릴 때마다 한 계단씩 나를
향하여 달려오고 있음이니,
7 너희들의 그 보석을 보는 나 여호와의
기쁨이요, 나 여호와의 그 행복이요,
그 즐거움은 아무도 모를 것이니,
8 오로지 나 여호와만을 바라보며 두 주
먹을 쥐고 달려오라 이르라.
9 이는 곧, 나의 법전을 읽고 또 읽고 깨
우침이 너희들에게 달렸음이니, 이를
게을리하지 말라 하라.
10 너희들이 좌우를 돌아볼 시간이 없으
며, 좌우를 돌아다보며 생각할 시간들
이 없으며, 너희들이 지금 어디에 서
있으며 너희들이 무엇을 하고 있으며
어찌하고 있는가를 생각할 겨를도 없
음이니라.
11 오로지 두 주먹을 쥐고 너희들이 지금
달려오는 그 마음에 굳은 결의와 굳은
마음의 자세뿐이니,
12 하늘을 향하여 달리는 그 마음속에 불
기둥을 세워서 그 불기둥 속을 달려오
는 것 외에는 아무것도 생각하지 말라

이르라.
13 내가 너희들을 구원함이요, 내가 너희들을 버릴 수가 없음이니, 너희들이 버려져 가는 그 모습을 나 여호와가 볼 수 없음이니라.
14 그저 두 주먹을 쥐고 하늘을 향하여 그 불기둥 속을 달려오라 이르라.
15 그것만이 너희들이 지금 할 수 있는 길이니라.
16 그리했을 때, 많은 나의 피조물 만백성이 너희들을 보고 달려올 것이니라.
17 이게 곧 나의 성전이요, 내가 임하는 곳이며, 저희들의 손으로 이뤄 놓은 그 성전의 문을 닫음이니라.
18 이를 깨우쳐 주라.

1,790 번째 하나님 말씀

2002년 1월 30일 21시 25분

(강론을 마치며)

1 사랑하는 선지자야!
2 "네, 여호와 하나님! 말씀하옵소서."
3 내가 너를 통하여 너의 제자들에게 일렀느니라.
4 진실한 나의 뜻이요, 나의 성령이요, 나에게 오르는 그 길은 너희들이 읽고 듣고 깨우쳐서 매일 변화되는 것이며,
5 그 변화되는 것이 한 계단 한 계단 하늘을 향하여 올라옴으로 인하여 너희들이 나와 거리를 좁혀 가는 그것이 하늘에 오르는 길이라 하였음이니,
6 이와 같은 나의 뜻을 깊이 다시 한 번 가슴에 새겨야 할 것이니라.
7 나의 선지자를 통하여 내가 지금 열여섯 권의 법전을 세상에 냈으며, 또 내가 제2부요, 3부요, 4부요, 5부라는 이와 같은 많은 나의 뜻을 나의 선지자를 통하여 세상에 내려보냄이니,
8 너희들은 과연 이것을 인간으로서 이룰 수 있으며 인간으로서 행할 수 있다 생각하는가?
9 내가 오늘 너희들에게 이와 같음을 깨우침은 너희들 마음자리를 단속하라 함이며 너희들의 마음을 굳건히 하라 함이니라.
10 너희들에게 많은 축복과 은혜를 내릴 것이며, 은혜와 축복이 내리는 반면에 너희들에게 시련과 고통이 같이 감이니,
11 너희들이 어렵고 힘든 그 고비를 과연 선지자와 같이 넘길 수 있다 생각하는가?
12 내가 너희들에게 일렀느니라.
13 14만 명의 전사들을 선출하여 그 명단을 거둬들이라 하였음이니, 과연 너희들은 선지자를 따라서 선지자의 뜻에 의하여 움직일 수 있는 전사가 될 수 있다 생각해 보는가?
14 너희들이 가슴에 손을 얹고 스스로 너희들을 분석해 보라.
15 '오늘의 나의 믿음이 과연 전사로서 갖추어져 있는가?'를 먼저 깨우쳐야 될 것이며, 그 마음이 다스려지지 아니하였다면 너희들이 마음을 더 굳건히 해야 할 것이니,
16 몰아닥치는 태풍과 같은 그 험난한 파도를 너희들이 막을 수 없기에 내가 그를 눌러 놓고 있음이니라.
17 내가 너희들에게 명하는 것은 작은 것이든 큰 것이든 똑같은 것이라 하였으

니, 너희들이 나의 선지자를 통하여
나의 성령의 뜻을 들으면서 한쪽 귀로
듣고 한쪽 귀로 흘리는 그와 같은 자
세로써 임한다면,
18 너희들은 천 년을 선지자를 따라와도
깨달음이 없을 것이며, 또한 너희들이
전사로서 선지자와 더불어 나갈 수 없
음이니라.
19 오로지 나의 법전을 세상에 전하며,
인간들이 지은, 너희들이 손으로 만든
모든 지금의 성전의 문을 닫게 함은
그 전사들이 하는 일인 것이며 그 전
사만이 할 수 있음이니,
20 너희들은 14만 명의 전사들의 그 반
열에 설 수 있는가를 다시 한 번 다스
려 봐야 할 것이며 너희 마음자리를
굳건히 해야 할 것이니라.
21 나의 선지자를 통하여 너희들에게 말
하였느니라.
22 지금 이 세상 동양에, 동방에 자리잡
은 나의 선지자가 위치한 이 지구에
너희들이 존속하는 현 위치에 나로부
터 너희들이 은혜와 혜택을 받으며 은
총을 받은 민족이라는 것을 알 날이
있다 하였으니,
23 그 선물이 또한 기다리고 있음이며 그
와 같은 선물이 내려질 것이니라.
24 너희 뜻에 의하여 이루어진 하나의 인
간의 종파들도 너희들을 이끌어 갈 수
있으며 너희들을 인도할 수 있는 그와
같은 능력을 가지고 있는 종파들이 이
지구상에 존재함이니,
25 나의 뜻이요, 나의 성령에 의하여 이
를 가르쳐 만백성을 하나로 통일하며,
하나의 믿음의 길로써 인도하며, 나
여호와만 바라보며 나의 법전이 진정
한 하늘에 오르는 나의 성령의 뜻이라
는 것을 깨달아 이 법전에 그 모두를
다 바칠 수 있는 이와 같은 역사를 이
루고자 했을 때,
26 그 역사의 위대함이 어떤 것인가를 너
희들이 알아야 할 것이며, 그것이 이
루어진 그 바탕 위에서 이루어지는 그
모든 위대한 힘과 능력은 너희들이 감
히 상상할 수 없음이니,
27 너희는 물질적인 축복이요, 구원의 축
복까지 두 손에 하나씩을 다 들고 있
는 자들이니,
28 너희들이 그 은혜에 어찌하여야 할 것
인가를 깨달아 봐야 될 것이니라.
29 내가 오늘 너희들에게 일렀느니라.
30 너희들을 아름답게 만들어 능력과 지
혜를 주며 모든 동물의 제왕이라 하였
으니,
31 그 제왕으로 너희들을 만들었기에 너
희들은 내가 명하는 것을 지키고 살아
나에게 반드시 돌아와 그 대가의 심판
을 받는 하나의 조건을 달아 너희들을
내보냈다 하였음이니,
32 너희들이 모두를 다 얻고 그를 지키고
시행함에 있어서 과연 어찌해야 될 것
인가를, 마음속에 굳건한 자리를 어찌
내려야 할 것인가를 너희 스스로 돌이
켜 깨우쳐야 할 것이니라.

1,791 번째 하나님 말씀

2002년 1월 31일 06시 15분

1 사랑하는 선지자야!
2 "네, 여호와 하나님! 말씀하옵소서."

3 내가 불로 써 만백성을 구하기 위하여
내려보낸 그 십계명이 무엇인가를 네
가 알기를 하였던가, 십계명을 암송할
줄을 알았던가?
4 십계명의 그 한 구절도 암송하지 못하
던 네가 이 세상에서 나에게 가장 많
은 서약을 하며 나에게 약속하며 십계
명을 암송하는 자가 되었음이니,
5 네가 나로부터 선택되었다 하며 나의
뜻과 음성을 들어 기록하여 책으로 펴
내라 내가 너에게 명했을 때와 비교하
여 지금에 네가 앉아 있는 마음의 자
세가 얼마나 변하고 변하여 왔던가?
6 선지자야, 그러기에 너는 나의 뜻에
따라 역사를 이룰 수 있으며, 나의 피
조물 만백성을 인도할 수 있는 선택된
자라 내가 너에게 말하였음을 이제 네
가 스스로 깨닫고 알고 있을 것이니라.
7 선지자야, 많은 강론도 필요하며, 나
의 법전을 전하는 것도 필요하며, 너
의 제자들에게 네가 변해져 있으며 네
가 변화한 그 심성을 깨우쳐 주고 알
려 줌도 또한 소중함이니, 그를 게을
리하지 말라.
8 선지자야!
9 "네, 여호와 하나님! 말씀하옵소서."
10 너희들 말에 '소중한 자식을 눈에 넣
어도 아프지 아니하다.' 하는 말이 있
으니, 나의 피조물 만백성이 대대손손
하늘에 오르는 길을 오르도록 하며 그
들이 와 죄를 받는 그 아픈 마음을 내
가 너에게 덜어 달라 하였음이니,
11 오늘의 네가 가고 있음이 너희들의 인
간사에 '사랑하는 자식을 눈에 넣어도
아프지 아니하다.' 하여 그를 사랑하
듯이 내가 너를 그리 바라보며 사랑함
이니,
12 너는 오늘보다 내일에 더 전진하는 그
아름다움으로써 네가 표본이 되며 기
본이 되어야 할 것이니,
13 이를 명심하여 잠시도 잊지 말며, 너
를 지워 버리는 삶을 살아야 할 것이
니라, 선지자야!
14 너의 제자들에게 이르라.
15 '나 여호와의 이름을 망령되이 일컫지
말라.' 함에 그 모두를 지키라는 뜻이
있다 하였으니,
16 너희들이 늦잠을 잠도 나의 이름을 망
령되게 함이며, 너희들이 삶을 게으르
게 사는 것도 나를 망령되게 일컫는
행위이며, 너희들이 남을 욕하고 시기
하며 맡은바 직분을 다하지 아니하고
그를 솔선수범하며 실천하지 아니함
도 나의 이름을 망령되게 일컫는 것이
요,
17 너희들의 몸을 더럽게 관리하며 더럽
게 처신하며, 추하고 더러운 것을 보
며 같이 어울리고 행동하는 그 모두가
다 나의 이름을 망령되이 일컫는 것이
니, 이를 깨우쳐 주라.
18 그리하여 '나의 이름을 망령되이 일컫
지 말라.' 하는 그 한 대목이 너희들이
모두를 실천함이요, 모두를 갈고 닦아
야 하는 것이니라.
19 너희들의 몸을 더럽게 관리하는 것도,
너희들이 몸을 게을리하는 것도, 너희
들이 먹음에 있어서 그 자세가 바르지
아니하며 정성을 다하여 먹지 아니함
도,
20 너희들이 자식을 가르치며 너희들의

아내와 가족을 이끌고 다스려 감에 있
어서 그 모두를 다 바르고 정상으로
하지 않고,
21 그리고 나에게 오르는 나의 성령이요,
내가 있음을 깨닫지 아니하고 선불리
행동하는 그 모두가 다 나의 이름을
망령되게 일컫는 것이라 그들에게 이
르라.
22 너희들이 몸을 다스림에 있어 정도요,
정상적인 그 길을 가지 아니하고 행하
는 모두가 나의 이름을 망령되게 일컬
음이라는 것을 깨우쳐 주라.
23 너희들이 하고자 하는 약속한 시간에
너희들이 행하는 그 모두가 정도가 아
닐 때, 나의 계명에서 벗어나는 행위
를 할 때, 그 모두가 다 나의 이름을
망령되게 일컫는 것이니,
24 그 모두는 너희들이 지키고 행해야 함
이 거기에 있음이니, 이를 너의 제자
들에게 일깨워 줘 그들이 가는 길에
흐트러짐이 없도록 그리 가르치라, 선
지자야!
25 모두는 다 나의 성령을 태워 나의 피
조물 만백성을 구하기 위하여 너에게
내림이니,
26 이가 빛이 되고 너희들의 생명수가 되
고 생명이 되며, 너희들이 하늘에 오
를 수 있는 길이 이 길밖에 없음을 너
의 제자들의 마음속 깊이 심어 줘야
할 것이니 이를 게을리하지 말라.
27 이를 게을리하는 것 또한 네가 나의
이름을 망령되게 일컬음이니, 조금도
마음의 여유를 갖고 생활하지 말라.
28 항시 긴장한 속에서 네가 움직임이 잘
못됨이 없으며 부끄럼이 없는가를 깨
우치라.
29 그것이 다 나의 이름을 망령되게 일컬
음이니, 모두를 행하고 실천함에 있어
서 항상 두드려 보고 건너는 그와 같
은 삶을 너의 제자들에게 살라 이르라.
30 너희들을 구원하고자 하는 간곡한 나
여호와의 이 뜻을 저버리지 말지니라,
선지자야!

1,792 번째 하나님 말씀

2002년 1월 31일 06시 20분

1 사랑하는 선지자야!
2 "네, 여호와 하나님! 말씀하옵소서."
3 눈물을 거두라.
4 눈물을 거두라, 사랑하는 선지자야!
5 네가 가야 할 길이며, 네가 행해야 할
길이며, 나의 피조물 만백성을 구원하
기 위하여 내가 지상에 한 점의 씨앗
을 내렸음이니,
6 그 씨앗을 가슴에 안고 네가 살아가고
행동함이니, 그 씨앗을 잘 가꾸고 길
러 만백성이 그를 보고 따르며 느낄
수 있도록 해야 함이 너의 임무니,
7 너는 나의 성령을 가슴에 안고 생활하
며, 내가 내린 하나의 겨자씨를 가슴
에 안고 그 씨를 키우기 위하여 네가
존재하며 살아감이니,
8 너를 녹이고 죽이고 썩혀서 그 씨앗이
성장하도록 해야 할 것이니, 모든 너
의 제자들의 가슴에 내가 내린 성령의
씨앗이 있으니, 너희 몸속에 있음이니,
9 그 씨앗이 성장하고 세상에 빛을 볼
수 있도록 너희들의 뼈와 살과 피를
다 녹여 바쳐야 할 것이니, 이것이 너

희들이 가야 할 길이니라.
10 두꺼비가 그 씨요, 종족을 위해서 뱀
에게 먹히는 그 고통보다도 더한 아픔
과 시련을 겪고 너희 가슴속에, 동맥
속이요, 살점 속에, 뼛속에 성장하는
나의 성령의 씨앗이 뿌리를 내리고 파
고드는 그 고통을 인내하고 가야만 하
늘에 오를 수 있는 빛을 바라볼 수 있
으며 나의 피조물 만백성이 그 빛을
볼 수 있음이니, 그 성장하는 나무를
볼 수 있음이니라, 선지자야!

2002년 2월

1,793 번째 하나님 말씀

2002년 2월 1일 06시 15분

1 사랑하는 선지자야!
2 "네, 여호와 하나님! 말씀하옵소서."
3 내가 너에게 일러 일깨워 주기를, 하
루를 착하게 사는 사람이 일주일을 착
하게 살며, 일주일을 착하게 산 사람
이 너희들이 말하는 한 달이라는 세월
을 착하게 살며, 일 년을 착하게 살며,
그리하여 그가 한평생 착하게 살아올
수 있다 내가 말하였으니,
4 네가 날마다 나에게 나의 십계명을 암
송하여 언약을 하니, 그 언약이 일주
일이 충실히 지켜지며 한 달이 지켜지
며 일 년이 지켜지며 평생을 네가 그
리 지켜 감이니,
5 너보다 나에 대한 그 충성과 약속을
더 하는 자 어디에 있다 말할 수 있느
냐?
6 그와 같이 내가 불로 써 내려 만백성
을 구하고자 하는 그 십계명을, 나에
게 오르고자 하는 만백성이 그를 덮어
두며 그를 기억하지 아니하며 그를 지
킬 수 없다 말하는 그 속에서,
7 네가 이는 나의 뜻이니 꼭 지켜야 되
며 생명보다도 더 소중히 간직하고 지
켜야 한다 말하며, 네가 스스로 나에
게 언약을 하며 지킴이니,

8 그보다 더 자상하며 사랑하는 아들이
요, 자식이 어디에 있다 말할 수 있겠
느냐?
9 너는 두려워하지 말며, 너의 제자들에
게 이 정황을 알라 이르라.
10 이는 정녕 나의 성령을 태워 나의 모
두를 내려보내며 그를 받아 만백성을
구하는 너이기에,
11 내가 전함을 너를 통해서 내리며, 네
가 모두를 다 받아 거둬들여 나에게
올림이라 하였으니, 이를 부인하며 의
심치 말라 이르라.
12 내가 너에게 일렀느니라.
13 만백성 저희들이 지금 하늘에 오르는
길이요, 그 길만이 나에게 구원을 받
을 수 있는 길이라 외치고 소리 지르
나, 내가 뭐라 말하였더냐?
14 사랑이라는 것이 나의 뜻이라 하며,
'사랑'이요, '사랑만이 하나님께 오르
는 길'이라 소리 지르면서 저희들이
사랑을 베풀지 아니한다 하면 그것은
무엇이더냐?
15 나를 기만함이요, 저희들을 스스로 기
만함이요, 나의 피조물 만백성을 기만
함이니, 사랑을 실천하라.
16 사랑을 실천해야 되는 것을 알며, 그
것이 나의 뜻이라는 것을 알며, 하늘
에 오르는 길이라 하는 것을 안다 하
여 '사랑', '사랑' 부르짖으나, 그를 시
행하고 지키지 아니하는 자들은 얼마
나 그들이 가소로운 자며, 기만하는
자들이던가?
17 그리하여 저희 자신을 기만하여 나의
피조물 만백성까지도 행하지 못하게
함이니, 그 죄를 다 저희들이 어찌 받
을 것이며 어찌 치를 것인가?
18 그와 같이 행하는 자가 손바닥으로 하
늘을 가리고자 하는 그와 같은 행위를
하는 자들이라 내가 말하였음이니라.
19 그러나 선지자야, 너의 제자들과 너를
따르는 백성들은 어찌하는가?
20 내가 '사랑'이라 '베풀라' 하니, 그 사
랑을 '사랑', '사랑이요', '우리 하나님
의 뜻은 사랑이라.' 말하며, 그 사랑을
베풀고자 노력하고 변해져 가며, 그를
전하고 몸소 실천하며 나의 뜻에 따라
나와 거리를 좁혀 가는 자들이 너희들
이 말하는 사악한 무리라 말할 수 있
는가?
21 사랑하는 선지자야, 너의 제자들에게
이르라.
22 불안해하며 두려워하지 말라 이르라.
23 모두는 다 나의 뜻이요, 나의 주관에
의하여 너희들이 선택되어 나의 품안
에 와 나의 뜻을 전하는 전사들이라
하였으니, 이는 엄연한 사실인 것이니
라.
24 전사라 함은 무엇이라 말하였느냐?
25 죽음으로써 모두를 지킬 수 있는 자라
하였으니, 스스로 모두를 다 나 여호
와를 향하여 던질 수 있는 마음의 준
비가 되어 있는 자들이니, 그리 되어
야 할 것이며, 그리 되어 있나 저희들
의 마음을 한 번 짚고 넘어가는 시간
을 가지라 이르라.
26 사랑하는 선지자야!
27 "네, 여호와 하나님! 말씀하옵소서."
28 크나큰 제방의 둑이 작은 실오라기가
들어갈 수 있을 만한 그 구멍으로 인
하여 한 알의 모래가 흘러내려가며 두

알의 모래가 흘러내려가니,
29 그리하여 주먹만 한 돌이 빠지며, 바
윗덩이가 빠지며, 집채만 한 돌이 흘
러내려가 그 제방은 무너지게 됨이니,
30 지금 이 성전에 앉아 나의 음성을 듣
는 너희들 몇 사람으로 하여금 이 세
상을 다 지배할 수 있으며 이 세상을
다 덮을 수 있으며 이 세상을 다 변화
시킬 수 있음이니,
31 너희들이 전사로서 무장한 그 마음 자
세가 어떠냐가 중요한 것이니라.
32 너희들의 마음이 전사로서 무장이 되
어 있다면, 오늘 성전에 와 나의 십계
명을 지키며 나의 뜻에 따르겠다 하여
앉아 있는 너희들이라도 무장된 전사
라 하면,
33 그 전사들이 갑옷 입고 칼을 빼 들고
방패를 들고 서 있으니 나의 선지자의
털끝 하나도 건드릴 수 없으며, 그를
누구도 뚫을 수 없음이니라.
34 지금 너희들 몇 사람이 개미가 구멍을
뚫은 그 제방보다도 더 위대하고 무서
운 것을 알아야 할 것이니라, 선지자
야! 그와 같은 마음으로써 전사가 되
라 이르라.
35 두려워 말라.

1,794 번째 하나님 말씀

2002년 2월 1일 06시 25분

1 (제자에게 주시는 말씀입니다.)
2 너의 아들에게 이르라. 나의 법전을
정독하고 또 정독하라 이르라.
3 그 얼음 같은 마음이 녹으며 그의 눈
빛이 녹을 것이며, 그의 걸음 걷는 모
양이 달라질 것이며, 세상에 나의 은
혜와 은총이 있음을 그가 알 것이니,
너의 자식에게 나의 법전을 읽고 또
읽으라 이르라.

1,795 번째 하나님 말씀

2002년 2월 1일 21시 05분

(강론을 마치며)

1 사랑하는 선지자야!
2 "네, 여호와 하나님! 말씀하옵소서."
3 높고도 높은 이 하늘에서 도자기를 너
희 지상에 던졌을 때, 그것이 산산조
각이 난다 하였음이니,
4 그와 같이 산산조각이 난 그 도자기의
조각처럼 지금 나의 피조물 만백성이
수천수만 가지의 그 종파 속에서 저희
들이 하늘에 오르는 길이며 진정한 도
자기라 부르짖음이니,
5 그들이 바로 쪼개져 산산이 부서진 그
조각을 들고 그것이 하늘에 오르는 길
이라 이르며 그 도자기를 쓸 수 있다
말함이니,
6 과연 그것을 어디에 쓸 수 있다 생각
하느냐?
7 그와 같이 산산조각 난 그 도자기를
주워서 원상태로 만드는 것이 너희들
이 해야 할 의무이며, 너희들이 지금
가는 길이며, 나의 열여섯 권의 법전
이 세상에 나온 것이 그것이며,
8 또한, 계속 나의 뜻에 따라 너희들이
책이라 하여 만들어 내며, 나의 법전
의 2부, 3부라 하여 계속 10부 이상으
로써 이 법전의 뜻이 세상에 전해지게
됨이니,

9 그리하여도 그 산산이 부서진 도자기를 주워 모아서 완제품을 만들 수 있을까 말까 함이니, 그리 어렵고 힘든 길이니라.
10 오늘 너는 너의 제자들에게 일깨워 주라.
11 하늘에서 떨어져서 산산조각 난 그 도자기의 조각을 들고 하늘에 오르는 길이며 완벽한 도자기라 부르짖고 소리지르는 그들을 너희들이 달래고 어루만져 도자기의 그 조각들을 다 수거하여 그를 원상태로 만드는 것이 너희들이 해야 할 일이며 가야 할 길이니,
12 너희들의 지금의 깨달음과 지금 이 고통은 그 도자기를 주워서 그들의 손에서 너희들이 인도하여 받아다가 만드는 그 일을 시작함도 아님이니라.
13 지금 너희들이 많은 것을 깨우쳤다 하며 너희들이 깨달았다 하며 지금 너희들이 깨닫고 실천하고 가는 그 길이 어렵고 힘들다 너희들은 생각하나,
14 아직도 나의 역사에 너희들이 시작함도 아님이니라.
15 오늘의 고통과 시련보다도 열배 백배 더 어렵고 힘든 그 길이 너희들에게 기다리고 있으며, 너희들이 가야 할 길이니,
16 오늘의 너희들의 마음자리를 다시 굳건히 해야 될 것이며, 힘들다 하여 낙오되는 자가 없도록 그리해야 할 것이니라.
17 성서에 나온 욥의 그 고통보다도 더 고통스럽고 위대한 역사를 이뤄야 하는 것이 너희들이니라.
18 욥은 사탄과의 그 마음의 싸움에서 나의 피조물 만백성이 믿음을 그와 같이 가야 한다는 본보기로서 그가 저 자신의 마음에서 이긴 자이며 행한 자이나,
19 지금 너희들은 산산이 부서져 있으며, 그 부서진 조각을 저희들의 생명이나 목숨보다도 더 소중히 움켜쥐고 깊이 깊이 묻어 놓은 그들로부터 그 조각을 돌려받아야 된다는 그 사명을 하나만 생각해도 너희들이 가는 길이 얼마나 힘들고 어려운 길인가를 알아야 할 것이니라.
20 이제는 너희들이 바람이 불면 바람이 부는 것을 알며, 선한 자를 보면 선한 것을 알며, 악한 자를 보면 악한 것을 알며, 선과 악을 바라보는 눈이 뜨였으며, 악을 보기를 뜨거운 물에 손을 넣었을 때 재빨리 빼는 것과 같은 너희들의 마음자리가 잡혀져 가고 있음이니,
21 내가 너희들에게 이르노니, 너희들이 지금 시작도 아니하였음이니라.
22 이제는 너희들이 시작하기 위한 준비 단계에 있음이니, 너희들이 운동 선수가 그 목적지를 향하여 달려가기 전에 몸을 푸는 그와 같은 위치에 지금 와 있음이니,
23 마음의 각오를 굳건히 다시 해야 될 것이며, 우주 만물의 위대함과 나 여호와의 전지전능함만을 생각할 때 너희들이 이길 수 있음이니라.

1,796 번째 하나님 말씀

2002년 2월 2일 06시 10분

1 사랑하는 선지자야!

2 “네, 여호와 하나님! 말씀하옵소서.”
3 너희들은 너희들이 이룰 수 없고 너희
들이 생각할 수 없으며 너희 힘으로
지탱할 수 없는 크나큰 일들만이 나의
뜻이며 나의 주관하에 이루어진다 생
각하고 있음이니라.
4 그리 생각하는 자는 아니 되느니라.
5 가장 작은 죄가 너희들이 용서받을 수
없으며 하늘에 오를 수 없는 크나큰
죄라 말하였듯이,
6 이 지구상에 바람이 부는 것도, 바람
에 의하여 떨어지는 낙엽의 그 모형도
모두 다 나의 주관하에 이루어진다 너
희들이 그리 생각하고 깨우쳐야 할 것
이니라.
7 크고 역사에 남는 일들만이, 방대한
일들만이 나에 의해서 이루어지는 것
이 아니요, 작고 미미한 그 모든 것들
이 다 나의 주관하에 이루어진다 생각
하면 너희들 자신의 몸가짐과 너희 자
신을 다스려 나가는 데 너희들이 깨우
침의 근본이 될 것이니라.
8 작은 것도 나의 뜻에 의하여 이루어진
다는 것을 너희들이 절실히 깨달을
때, 너희가 스스로 어떠한 위치에 있
으며 어떠한 존재인가를 알게 됨이니,
9 너희들이 마음을 비우며 너희들이 가
장 낮은 자로서 설 수 있는 그 가르침
이 그 속에 있음이니, 이를 알아야 할
것이니라.
10 선지자야!
11 “네, 여호와 하나님! 말씀하옵소서.”
12 큰 것을 얻으며 큰 것을 구하며 역사
를 이루는 곳에 너희들이 눈을 돌려서
는 아니 될 것이니라.
13 가장 미미하며 작은 그 속에서 모두가
시작되며 그를 발판으로 이루어진다
는 것을 너희들이 알아야 할 것이니,
그리하다 보면 너희 자신의 존재함을
스스로 알게 됨이니라.
14 내가 말하였듯이 하늘에 오르는 기본
의 그 빛을 그곳에서 깨우치고 보게
됨이니라.
15 이제는 너희들이 마음의 자리를 다스
릴 수 있으며 너희들이 가야 할 길과
너희들이 행할 것을 서서히 자리잡아
감이니,
16 너희들이 나의 법전을 세상에 전하며,
너희 인간들이 지금 만들어 놓고 기도
한다는 그 성전에 거미줄을 치며 문을
닫으며 만백성이 너희들에게 구름 떼
처럼 모여드는 그것만을 생각하는 것
이 아니니라.
17 너희들의 하나하나의 행동이 작은 것
부터 큰 것에 이르기까지 완벽하게 다
스려지는 그와 같은 변하는 모습을 지
금서부터 행해야 할 것이니,
18 너희들이 변하여 나의 피조물 만백성
이 너희들을 보고 깨닫고 따라와 행할
수 있는 것은 너희들이 가장 작은 생
활의 변화를 이루는 데서부터 이루어
져야 함이니, 너희들은 큰 것을 이루
고자 따름이 아니니라.
19 가장 작은 것을 행하고 작은 것을 고
쳐 나가며 그 작은 흐르는 이치를 따
라 배우는 것이 너희들이 지금 해야
할 길이며 너희들이 깨달아야 할 지금
의 위치에 와 있음을 너의 제자들에게
일깨워 줘야 할 것이니라.

1,797 번째 하나님 말씀

2002년 2월 2일 06시 20분

1 너희의 깨달음이 높고 높으면 너희들
이 생각하고 행하는 것은 가장 작은
것부터 그 진리가 있음을 깨달아 너희
들의 마음이 내려와야 되며, 작은 것
의 행동을 바르게 하는 것이 너희들이
깨우쳐 감이니라.
2 너희들이 깨우치며 나에게 다가올수
록 너희들은 작은 것에 신경을 쓰며,
작은 행함에 있어서 게으름이 있어서
는 아니 됨이니,
3 이와 같은 이치를 너희들이 깨우쳐 행
할 때, 앞과 뒤가 같으며 속과 겉이 같
은 자며, 너희들이 영원히 구원의 길
에 탈락하는 자 없으며, 뒤돌아서는
자가 없으며, 낙오자가 없음이 여기에
이치가 있음을 깨우쳐 알려 주도록 해
야 할 것이니라.

1,798 번째 하나님 말씀

2002년 2월 3일 05시 20분

1 사랑하는 선지자야!
2 "네, 여호와 하나님! 말씀하옵소서."
3 마음의 다스림이 밝고 맑아야 함이니
라.
4 너를 따르는 제자, 너를 따라와 나의
성전에서 나의 법전을 읽고 정독하는
모든 백성, 너희들 또한 스스로 의구
심을 갖고 있음이니,
5 과연 이는 정녕 나 여호와의 모두를
통달하며 나의 뜻에 따라 움직이는 자
며, 제3의 시대에 만백성을 구하고자
선택된 선지자인가 하는 것을 너희 스
스로 더러는 의구심을 가지고 있음이
니,
6 그 마음이야말로 가장 무서운 결과를
초래함이니라.
7 이는 너희들이 내가 존재함을 믿는 그
자체에 의구심을 갖는 것과 같음이니,
너희 마음속에 너희 자신을 지워 버리
지 못하며 너희들을 비우지 못하기 때
문이니라.
8 너희들이 나의 법전을 읽으며 하늘에
오르는 빛을 보며 구원을 받을 수 있
음은 나 여호와가 존재함을 믿는 그
자체가 너희들이 구원의 길에 들어서
는 길이라 하였으며,
9 나의 법전과 나의 선지자를 믿고 따르
는 그 마음이 굳고 확고하지 아니하면
너희들이 정녕 반석 위에 서서 하늘에
오르는 빛을 볼 수 없음이니,
10 너희 마음속에 의구심을 지울 때 나의
피조물 만백성이 나의 법전을 믿으며,
이 법전이 나의 성령을 태워 내림이며
제3의 시대를 열어 마지막 너희들을
구하고자 하는 내 뜻임을 알게 될 것
이니,
11 너희들의 마음자리를 먼저 굳혀야 할
것을 잊지 말라 이르라.

1,799 번째 하나님 말씀

2002년 2월 3일 06시 20분

1 사랑하는 선지자야!
2 "네, 여호와 하나님! 말씀하옵소서."
3 너를 따르는 너의 제자들과 나의 법전
을 읽고 깨우친 나의 피조물 만백성이

그리 행하고자, 그리 뜻에 따라가고자
하여 그들의 마음과 행동이 옮겨지고
있음은 너희들의 후손들이 바로 설 수
있으며 이 지상에 낙원을 만들고 이룰
수 있는 기초를 너희들이 다져 주고
있음이니,
4 이제는 너희들이 나의 법전을 읽고 깨
우치며 행하고자 하는 그 행동에 앞서
너희 스스로 마음의 깊은 그 속을 다
스려야 함이니라.
5 마음의 깊은 그 근본의 뿌리 속에 나
여호와가 존재하며 나의 법전이 나의
성령을 태워 나의 피조물 만백성을 구
원하고자 내려보낸 나의 뜻이라 하는
것을 깊이 심고 나가는 훈련을 시작해
야 함이니라.
6 이가 곧 무엇이더냐?
7 믿음이며, 너희들이 내가 존재함을 깨
닫는 길이며, 그리하여 나의 선지자가
나의 뜻에 따라 제3의 시대를 열어 가
는 나의 법전이 나의 성령이라는 것을
너희 가슴속 깊이 이제 심기 시작하여
야 함이니, 너희들이 마음을 다스려
나가는 것이 중요함이니라.
8 내가 너희들에게 단계로 그려서 알려
주었음이니, 갈구하는 자, 모두를 다
던질 수 있는 자, 너희들의 그 단계가
있음이니,
9 이제 너희들이 너희들 자신의 목숨을
던질 수 있는 그 단계에 들어설 수 있
는 길은 나 여호와가 존재함을 믿는
그 마음의 뿌리를 내림이며,
10 나의 법전이요, 나의 뜻이, 나의 선지
자를 통하여 기록됨이 마지막 너희들
을 구원하고자 하는 나의 성령이라는
그 깊은 뿌리를 너희 가슴속에 심기
시작해야 할 것이니,
11 이제는 너희들이 나의 법전을 보고 깨
우쳐 행동함이 높아지며, 그에 따라서
너희들이 내가 존재하며 나의 법전이
너희들의 생명줄이며 내가 너희들을
구하고자 마지막 내린 나의 성령이라
는 것을, 그 마음의 뿌리를 깊이 심기
시작해야 함이니,
12 겉으로는 행함이요, 속으로는 내가 존
재함을 뿌리 깊이 심는 것이 이제 너
희들이 다스려 나가야 할 길이니,
13 그 길을 가는 자, 갈구함을 지나 스스
로 목숨을 바쳐 나에게 오르고자 하는
그 뜻을 세울 수 있는 그와 같은 너희
들의 마음 자세가 다스려짐이니,
14 이와 같은 행동함과 너희들의 깊은 속
마음을 다스리는 속에 그를 굳건히 하
는 자, 나의 전사로서 나의 피조물 만
백성을 구하는 데 그 자리에 설 수 있
음이니라.
15 너희들이 목숨을 던지는 그 단계가 바
로 전사로서 굳건히 서게 되는 그 위
치임이니,
16 전사로서 바로 설 수 있는 자, 내가 존
재함을 믿는 마음과 나의 뜻에 따라
나의 법전대로 행함이, 너희들이 그와
같이 실천하는 외부의 행동과 내면의
마음가짐이 같이 이제는 뿌리를 내릴
때가 되었음이니,
17 너의 제자들에게 이를 일깨워 주라,
선지자야! 그리고 그리 행하도록 해
야 될 것이며 그리 행하여 실천하도록
하라.

1,800 번째 하나님 말씀

2002년 2월 3일 06시 32분

1 사랑하는 선지자야!
2 "네, 여호와 하나님! 말씀하옵소서."
3 나의 법전에 기록되어 너희들에게 내
가 수차 가르쳤던 '마음을 비우라, 그
리고 너희들의 모든 마음을 하나로 모
아 연필로 찍은 작은 점보다도 더 작
게 모으라' 함을 이제는 너희들이 그
와 같이 행할 때가 왔음이니라.
4 이는 나의 법전에 따라 너희들이 행함
이요, 내가 존재함을 너희 마음속 깊
이 뿌리를 내리는 이와 같은 역사를
이루는 속에 그 모두가 행하여짐을 알
아야 할 것이니라.
5 이제는 너희들이 노력함이요, 내가 너
희들에게 내려 주고자 함이니, 너희들
이 갈 수 있는 길을 내가 가르쳐 줌이
니라.
6 이제는 너희들이 전사로서 바로 설 때
가 되었음이며, 하나의 마음으로 점을
찍으며 너희들이 이제는 마음을 비울
수가 있음이니라.
7 내 너희들을 깊이 사랑하며 너희들의
뜻을 하나하나 다 거둬들여 이루어 줄
것이니, 때가 도래하고 있음이니라.

1,801 번째 하나님 말씀

2002년 2월 3일 12시 45분

(강론을 마치며)

1 사랑하는 선지자야!
2 "네, 여호와 하나님! 말씀하옵소서."
3 내가 오늘 너를 통하여 너의 제자들에
게 일렀느니라.
4 너희들이 육으로써 행해야 할 그 모든
것 중에 30이라는 것을 행하여야 할
지금 이 시점에 너희들은 60이라는
것을 행하고 있음이니,
5 너희들이 하루하루 나의 법전을 갖고
성전에 와 공부하는 그 마음의 다짐이
그와 같이 굳게 행하고 실천하였음이
니라.
6 그리하여 내가 너희들에게 모든 육의
행함은 벗어나기 시작하였으며, 이제
는 정신의 세계만이 존재하는 그 길을
바라보라 일깨워 주었음이니라.
7 너희들의 육의 행함이요, 실천함은 감
히 누구도 따를 수 없는 그와 같은 변
화의 시점에 와 있으며,
8 이제는 너희들이 정녕 나 여호와가 존
재하여 나의 역사가 세상에 퍼져 나의
피조물 만백성을 구하고자 하는 나의
뜻에 그 정신세계라 하는 나의 성령의
가르침의 깊이를 헤쳐 봐야 된다 함이
니라.
9 너희들이 수박이라는 것을 자르지 아
니하면 그 속의 진의를 모르듯이, 이
제는 너희들이 내가 나의 피조물 만백
성을 구하고자 하는 뜻을 어렴풋이 육
의 생각과 육의 행동으로써 깨우치며
그리 행하고 가나,
10 내가 정녕 이루고자 하는 나의 성령의
깊이를 알기 위해서는 나 여호와가 존
재함을 깊이 믿으며 십계명을 정독하
며 그리고 나에게 항상 감사하는 그
마음을 가지고 생활하고 살아가는 그
속에 너희들이 나의 품에 와 안기게
될 것이며, 내 가슴에 있는 뜻을 너희

들이 보게 됨이니,
11 이제는 내가 이루고자 하는 그 뜻을
너희들이 육신으로써 생각하는 것이
아니라, 내가 성령을 태워 선지자에게
내려보내는 나의 그 깊은 뜻을, 다음
의 세대에 이루어지는 내가 원하는 그
것을 너희들이 깨달아야 하기 때문이
니라.
12 나에게 너희들이 근접하는 것은 나 여
호와가 존재함을 믿는 것이며, 나 여
호와가 존재함을 너희들이 항상 가슴
속에 새기고 생각하는 그 속에 너희들
과 내가 하나가 됨을 깨우쳐야 할 것
이니라.
13 오늘 나의 선지자를 통하여 너희들에
게 이르나니, 가뭄이라는 것에 의하여
땅이 갈라지고 쪼개져 모든 곡식이 타
들어가 그들의 생명을 잃으며 나의 모
든 미물이요, 모든 짐승들이요, 내가
만든 이 지구가 말라비틀어지는 그러
한 형국에서 단비가 내렸을 때, 그 비
는 얼마나 소중하더냐?
14 지금 내가 말하여 이르기를, 이 지구
상의 모든 종파요, 하늘에 오르고자
하는 자들이 과연 어찌 가고 있는가?
15 그들의 형태를 너희들이 가슴에 손을
얹고 조용히 하나하나 짚어 볼 때, 너
희들은 그들의 잘못 가고 있는 것을
비춰 볼 수 있으며, 오늘의 너희들이
가고 있음이 나의 성령이라는 것을 알
게 될 것임이니,
16 이제 갈라진 땅에 단비를 내리듯이 너
희들이 단비가 되어 촉촉이 나의 땅을
적시는 그 책임을 시작하게 됨이니,
모두는 다 너희들의 노력이요, 너희들
의 공이며 너희들의 수고로움에 있음
이니,
17 그 영광과 그 은혜가 나로부터 있을
것이 머지않았음을 알아야 될 것이니
라.
18 너희들이 갈라지는 땅에 내릴 수 있는
그 단비가 되어 나의 성령의 뜻을 전
함이니,
19 그리하여 천 갈래 만 갈래 갈라진 그
종파 속에서 썩어져 가고 죽어 가 그
추악하고 더러운 냄새를 이제는 더 내
가 맡을 수 없는 그곳에 너희들이 생
수를 부어 주며 단비를 내려 줌이니,
20 나의 이 지상의 낙원에 메말라 갈라져
죽어 가는 모든 동식물에게 너희들이
단비가 되어 소리 없이 내리고 있으니
너희들이 그리 소중함이니라.
21 너희들의 한 방울 한 방울이 그 동식
물에게 소중하듯이 너희들 하나하나
가, 내가 생각할 때, 그보다 더 소중함
을 느끼고 있음이니,
22 너희들의 모든 어려움을 내가 선지자
를 통하여 거둬 줄 날이 머지않았음이
니,
23 내가 존재함을 너희들이 깊이 너희 가
슴속에 심는 것을 오늘 이후부터 잊어
버리지 말며, 다른 생각을 너희 가슴
속에 두는 것은 다른 신을 두는 것과
마찬가지니,
24 그와 같은 무서움을 깨달아 오로지 내
가 존재함을 너희 마음속 깊이 심어
너희들의 그 마음과 내가 존재함이 하
나가 되어야 할 것이니,
25 너희들은 들으라.
26 나 여호와가 존재함을 너희들의 가슴

속 깊이 심으라.
27 그리고 너희들의 육신에 가시가 찔린
아픔을 생각하지 말며, 목 타고 메마
름을 생각하지 말라.
28 다만, 오로지 내가 존재함을 너희 모
든 마음속에 다 채웠을 때, 바로 그곳
에서 너희들이 원하는 모든 은혜와 영
광과 축복이 싹틈이니, 이를 잊지 말
라.
29 내가 너희들에게 이를 깨우쳐 줌이 오
늘 내리는 상이니 그리 알라.
30 내가 너희 모두를 사랑함이니라.

1,802 번째 하나님 말씀

2002년 2월 4일 09시 25분

1 사랑하는 선지자야!
2 "네, 여호와 하나님! 말씀하옵소서."
3 내 사랑하는 아들아!
4 "네, 여호와 하나님! 말씀하옵소서."
5 아무리 찬란하고 고운 보석이라 하여
도 하나의 흠집이 있다면 그 값어치를
못 한다 내가 너에게 일렀느니라.
6 네가 나의 뜻을 받아 만백성을 다스리
고자 하는 나의 뜻을 받들어 인간의
60평생에 살아온 삶의 굴곡이요, 구
부러지고 펴지고 슬프고 기쁜 그 모두
를 다 저버리고 네가 지금 바로 서기
위하여 노력하는 그 뜻을,
7 그리고 누구도 갈 수 없는 그 길을 네
가 가고 있으며 깨달아 가고 있음을
아느니라.
8 이제는 옥에 티가 있어서는 아니 되느
니라.
9 깨달음을 갈구하며, 나의 음성을 들으
며, 나의 모습을 보며, 정녕 구원을 받
기 위하여 밤과 낮을 가리지 않고 너
를 찾아오는 그 사랑하는 너의 제자들
에게 네가 보든 안 보든 한 점의 부끄
러움이 있어서는 아니 될 것이며,
10 너 자신이 세상에 가장 소중한 것을
버릴 줄 모르며 놓을 줄 모른다 하면
너의 제자들 또한 그리 행할 수 없으
며 그와 같은 길을 갈 수 없음이니라.
11 내 사랑하는 선지자야,
12 찬란한 보석에 흠집이 있다 하면 그는
가치가 없다 하였음이니, 네가 곱고
밝은 빛으로서, 만백성에게 그 빛을
보고 하늘에 오르는 길을 따르라 하는
네가 한 점의 티가 있다 하면 그 얼굴
에 빛이 없으며 그 얼굴이 죽음이니,
13 그 얼굴이 어두움이며 그 얼굴에 사악
한 뿌리가 남아 있음이니, 그 얼굴에
서 빛이 날 수 없음이니라.
14 이제는 나 여호와가 너를 체벌하고 다
스리기 전에 네가 스스로 모두의 갈
길을 알며 갈 줄을 알며 너 자신을 다
스릴 줄 알고 있음이니,
15 가장 소중한 것들을 이제는 놓는 그와
같은 네가 되어야 할 것이니라.
16 이제는 찬란한 보석에 흠집이 있어서
는 아니 됨이니, 갈고 닦아 그 흠집이
없을 때까지 그 보석을 깎아 내야 할
것이니라.
17 사랑하는 선지자야,
18 종교 지도자라 함은 그 제자들이요,
그 신도들이 봐 한 점의 부끄러움이
없어야만 정녕 그들을 깨우칠 수 있으
며 인도할 수 있다 하였음이니,
19 나의 성령을 받아 종파를 떠나 나의

피조물 만백성 모두를 가슴에 안고 그
들을 인도해야 하는 세상에 하나밖에
없는 네가 어찌 살아가야 하며 네가
어떤 자세로 가야 되겠는가?
20 내가 너를 사랑하노라.
21 너 스스로 다스려 너의 제자들에게 한
점의 부끄러움이 없는 나의 종이요,
나의 선지자요, 나의 아들로서 바로
서 만백성이 그 빛을 볼 수 있도록 하
라.
22 네 얼굴이 죽은 빛이 되어서는 아니
됨이니, 이를 명심하여 시행하도록 하
라, 선지자야!

1,803 번째 하나님 말씀

2002년 2월 5일 01시

1 사랑하는 선지자야!
2 "네, 여호와 하나님! 말씀하옵소서."
3 하늘에 오르는 길이 무엇이라 말하였
더냐?
4 천사가 하늘에 오름이니라.
5 네가 오늘 너의 제자들과 이와 같이
말을 하였느니라.
6 모든 종파들이 저 자신이 옳고 그름을
논하는 것은 자연의 이치에 따라 떨어
지는 낙엽의 그 떨어짐만도 못한 행위
를 갖고 그를 변화시켜서도 아니 되며
그가 변해서도 아니 된다는 그 강박관
념 때문에 저희들의 생명을 걸고 목숨
을 바쳐 갑론을박을 하고 얼굴을 붉히
고 언성을 높이며 돌을 던지고자 하는
그와 같은 형태에 있음이니,
7 떨어지는 낙엽만도 못한 그 이치를 갖
고 그와 같이 저희가 싸우고 있음이니
라.
8 그리하여 네가 말하기를, 오로지 천사
가 되는 길만이, 그 길을 위하여 전진
하는 것만이 너희들이 해야 할 일이며
행할 일이라 하였음이니라.
9 이는 곧, 천사가 하늘에 오를 수 있으
며, 천사만이 하늘에 오를 수 있기 때
문인 것이니라.
10 그 이치와 그 뜻이 여기에 있으니, 그
리하여 내가 너희들에게 일러 말하는
것은,
11 천사가 되는 그 길을 위하여 너희 스
스로 갈고 닦다 보면 내가 나의 성령
을 너희들에게 내려 너희들의 가슴에
심으니, 나의 성령이 너희들의 가슴에
임할 때 너희들은 어떠한 것과도 대적
할 수 있는 그와 같은 능력을 알게 됨
이니라.
12 너희들이 지금 사는 세상에 지금의 그
위치와 너희들의 생활은 한 토막의 연
극을 하는 배우가 무대에 서서 자기가
맡은 역할을 하는 것과 같은 짧은 단
막극이니라.
13 그와 같은 속에서 너희 자신이 어찌
서야 될 것이며 어찌 살아가야 될 것
인가를 너희 스스로 한번 되짚어 봐야
할 것이니라.
14 이제는 너희들이 나 여호와가 존재함
을 알며, 하늘에 오르는 길이 무엇인
가를 알며, 너희들이 몸과 마음을 다
스려 가고자 하는 그 마음의 열정이
이 세상 나의 피조물 만백성 누구도
너희들을 추종하고 따를 수가 없는 경
지에 오르고 있음이니,
15 이제는 너희들의 모든 생활을 천사가

되는 그 길을 바라보며 천사가 되고자
하는 그 길과, 너희들이 천사가 되어
있는 그와 같은 마음 자세로써 행하는
삶을 사는 길밖에는 없음이니라.
16 너희들이 그와 같은 마음을 갖고 깨우
쳐 나갈 때 내가 너희들을 거둬들이며
너희들이 바로 설 수 있는 용기와 영
광의 힘을 내가 내리게 됨이니,
17 너희들은 천사가 되겠다 생각하며, 천
사가 되기 위하여 삶을 살아간다 하는
그와 같은 삶의 깨달음을 오늘서부터
깊이 깨우쳐야 할 것이니라.
18 나의 사랑하는 선지자가 너희들의 손
을 잡고 같이 이끌어 나의 낙원에 오
르고자 하는 그 애절한 마음을 내가
아느니, 그 마음을 내가 알 듯이 너희
들 또한 알아야 할 것이니라.
19 선지자가 너희들의 그 눈동자요, 너희
들이 변하고자 하는 것에 마음이 너무
아파 그가 견디고 인내하는 그 모두를
즐거움으로 받아들이고 살아가고 있
음이니, 그리고 그가 행하고 있음이니,
20 그 마음을 너희들이 반대쪽에서 바라
볼 수 있으며, 그 마음을 또한 너희들
이 봐야 할 것이니라.
21 선지자가 너희들의 손을 이끌고 내가
이룬 그 에덴동산에 한 사람도 낙오자
가 없이 이끌고자 하는 그 애절한 마
음의 기도함을 너희들이 알아야 할 것
이니라.
22 그리고 보아야 할 것이니라.
23 나 여호와는 너희들이 볼 수 없으며
만질 수 없으며 들을 수 없다 하나, 너
희보다 더 많은 인생을 살아온 그가
그 모두를 접어 두며,
24 나의 뜻에 따라 내가 주관하는 나의
법전에 의하여 제가 살아가는 길이 너
희들을 구원하는 길이라 하여 발버둥
치며 노력하는 그 고통의 내면과 외면
이 있다 하면 너희들은 어찌하겠는가?
25 너희들을 구원하고자, 육신을 가지고
60평생을 살아온 그가 누구도 건널
수 없는 그 강을 건너오고자 고통스러
운 제 인생을 살아가는 것을 너희들이
바라본다 하면,
26 그것 하나로써 너희들의 마음 자세를
다스려야 될 것이며, 몸가짐과 옷가짐
의 자세를 여미는 너희들이 되어야 될
것이니라.
27 나를 너희들이 보지 못하며 듣지 못하
나, 너희보다 더 많이 살아온 한 인간
이 너희들을 위하여 모두를 다 잊고
접어 가며 변하여 가는 그 모습은 너
희들이 볼 수 있고 들을 수 있고 만질
수 있지 아니하던가?
28 그를 보라. 그를 보는 마음의 문을 열
게 되면 너희들이 바로 모두를 다 시
행하고 지킬 수 있는 영광의 은혜가
너희들의 가슴에 내려질 것이니라.

1,804 번째 하나님 말씀

2002년 2월 5일 06시 35분

1 사랑하는 선지자야!
2 "네, 여호와 하나님! 말씀하옵소서."
3 내가 말하였느니라.
4 400미터라는 것을 달리는 경주에서 1
번 주자가 100미터를 달리며, 2번 주
자가 100미터를 달리며, 3번 주자가
100미터를 달리며, 마지막 4번 주자

가 100미터를 달려 그가 우승을 했을
때, 테이프를 끊으며 많은 관중에게
환호를 받으며 그 순간에 닦아온 역경
의 고통을 다 잊어버림이니, 그는 만
인으로부터 칭송을 받음이니라.
5 그리하여 내가 너에게 말하였느니라.
6 구약의 시대와 신약의 시대가 달려오
는 사람들의 순서처럼 그와 같이 서로
연계하여 왔으며, 그러나 그동안의 나
의 피조물 만백성이 깨우치고 다듬어
짐이 없으니,
7 이제 마지막 주자인 네가 나의 성령을
태워 내려보내는 나의 성령을 받아 만
백성을 구하기 위하여 열여섯 권의 법
전이라 하여 책을 세상에 내보냄이니,
8 모든 구약과 신약의 시대가 지금의 제
3의 시대를 열기 위하여 존재하였으
며 그들이 받쳐 주었음이니, 그리하여
모두가 하늘에 오른 자가 없으며 갖춰
진 자가 없다 하였음이니라.
9 이제 마지막 주자인 너희들이 하나의
보석을 흠집이 없이 아름답게 가꾸고
닦아 가는 그 속에서 하늘에 오르는
영광의 빛을 보게 되며 반석 위에 서
서 하늘에 오르는 빛을 봐 그들을 구
하고 못 구함이 지금이 시작임이니라.
10 오늘의 제3의 시대의 역사를 이루기
위하여 구약과 신약의 시대가 존재하
였음이니,
11 이를 너의 제자들에게 인식시켜 주어
야 될 것이며, 오늘 마지막 주자로서
달리는 너희들이 얼마나 소중한 나의
피조물 만백성인가를 일깨워 주어야
될 것이니라.
12 그리하여 마지막이라 하였음이니, 이
는 곧 마지막 주자의 달림과 같으니라.
13 지금서부터 천 년의 세월이 흐르는 동
안에 나의 피조물 만백성이 구원을 받
을 자와 구원을 받지 못할 자로 구분
될 것이며, 구원받고 못 받는 것이 명
확히 갈라짐이니라.
14 이와 같은 이치를 나의 피조물 만백성
에게 일깨워 줘야 할 것이니라.
15 사랑하는 선지자야!
16 "네, 여호와 하나님! 말씀하옵소서."
17 내가 너의 가슴에 하나의 겨자씨를 심
으니, 그 겨자씨가 땅속에 묻혀 수분
을 흡수하여 그가 싹을 틔우기 시작한
다 하였음이니, 지금 6천 년의 역사가
흐른 것은 무엇이더냐?
18 그 싹이 트기 위한 준비 기간이었음이
니, 이제는 무엇이더냐?
19 싹이 틈이니라.
20 너희들이 말하지 않느냐?
21 하늘의 하루는 지상의 천 년이라 하였
음이니, 하늘의 6일 동안 싹이 트기
시작하여 7일인 지금에 싹이 돋아나
기 시작함이니, 그 또한 천 년이니라.
22 그리하여 너희들이 말하는 천 년의 그
세월 속에 구원받을 자와 구원받지 못
할 자가 구분됨이니,
23 이와 같은 하늘의 천기와 이치를 너희
들이 깨달을 것이며, 지금 너희들이
천 년의 역사를 또한 이루고 있음이니,
24 그 후에 대대손손 나의 피조물 만백성
이 구원을 받고 못 받음이 엄연히 이
루어지는 것이니, 구약과 신약의 역사
가 흘러 그가 지금 하나의 씨앗이 트
기 시작하였으니,
25 천 년 동안에 그 싹이 자라 그 빛을 보

고 구원할 자와 구원하지 못할 자가 구분됨이니, 그 후에 단죄함을 너희들이 알아야 할 것이니라.

1,805 번째 하나님 말씀

2002년 2월 6일 06시 10분

1 사랑하는 선지자야!
2 "네, 여호와 하나님! 말씀하옵소서."
3 너희들이 길고 긴 역사라 하는 구약의
몇천 년의 역사와 신약의 몇천 년의
역사가 흘러 6천 년의 역사가 흘렀다
말함이니,
4 너희들이 말하는 그 6천 년의 세월은
길고도 기나, 너희들에게 임하는 그 6
천 년이라는 세월은 나 여호와에게 6
일과 같다 말하였음이니,
5 6천 년의 그 세월이 지금의 제3의 시
대를 열고 내가 나의 피조물 만백성을
구원하고자 펴 나가기 위해 준비된 기
간이요, 준비된 세월이라 하면 너희들
은 어찌 생각하는가?
6 내가 너희들에게 일러 하늘에 오른 자
없다 하며 구원받은 자 없다 하였음이
니,
7 이제 지금서부터 나의 법전이 세상에
내려가며 이것이 너희들을 재판하는
기본이요, 근본이라 하였으니,
8 이 재판의 기간이요, 너희들이 깨닫고
하늘에 오를 수 있는 길을 보고 못 봄
의 그 세월이 천 년의 역사 동안에 이
루어진다는 것을 너희들이 알아야 할
것이니라.
9 내가 구약의 시대와 신약의 시대가 지
금 나의 성령을 태워 내려보낸 나의
제3의 이 시대를 준비한 시대라 하면
너희들은 어찌하겠는가?
10 구약의 시대는 기적으로써 보였으니
그를 보고 들은 자만이 깨우치는 것이
며, 신약의 시대는 예수가 말로써 너
희들을 깨우치고 가르쳤음이니 그 또
한 그곳에서 듣는 자, 본 자만이 그 깨
달음을 얻게 되었음이나,
11 이제는 나의 성령을 태워 나의 법전이
라 하여 너희들이 누구나 읽고 깨우쳐
배울 수 있는 책으로써 만들어 천 년
의 기간 동안 전하게 됨이니,
12 천 년 후에 너희들이 나의 법전을 읽
고 안 읽은 자의 기준에 의하여 심판
을 받게 되며,
13 그 천 년 후에 나의 피조물 만백성이
이 지구상에서 낙원을 이룬 자만이 존
재하며 나의 뜻을 따르는 자만 존재하
며, 나의 뜻을 따르지 아니하고 악의
씨를 따르는 자는 이 세상에 존재할
수 없게 됨이니,
14 이와 같은 역사가 있으며 이와 같은
역사를 이루고자 하여 오늘 너희들이
존재함을 알아야 할 것이니라.
15 지금서부터 나의 법전을 준비하는 너
희들은 천 년의 세월 동안 이 세상을
아름다운 지상의 낙원으로 만드는 기
초를 다짐이며 이를 역사하기 시작함
이니,
16 그리하여 너희들이 얼마나 소중한 자
들인가를 깨우쳐야 할 것이니라.
17 신약이 무엇이며 구약이 무엇이며 법
전이 무엇이라 너희들이 말하나, 내가
너희들에게 일러 말하였느니라.
18 너희들이 사탄이요, 이단이요 하는 것

은 너희들이 소꿉장난하는 그와 같은
테두리 안에서 지금 울부짖고 있음이
라 하였음이니,
19 천사가 되는 길을 향하여 달려오는 그
길을 가기도 바쁘다 말하였음이니, 이
제 제3의 시대가 열림이니,
20 구약이요, 신약이라는 수천 년의 역사
와 수천 년의 기적과, 나의 아들이 세
상에 나와 그와 같은 역사를 이루는
그 모두가 제3의 시대를 준비하기 시
작함이었으니, 그게 다 준비 단계였음
이니라.
21 이제 직접 나의 성령이 세상에 내려가
나의 피조물 만백성을 심판하는 것이
천 년 역사가 흐른 다음에 이 세상에
악의 씨가 존재하지 못하며 선함만이
존재하는 그와 같은 시대를 이루기 위
함이니, 이를 준비하는 것이 너희들이
니라.
22 안식일이라 하여 너희들이 쉬는 것이
아니라 너희들이 깨우침을 얻으며 준
비하는 기간이니, 바로 천 년이 너희
들이 준비하고 깨우치는 기간인 것이
니라.
23 그리하여 깨우친 백성만이 이 지구상
에 존재하여 이곳에 하늘에서 이루어
진 것같이 이 땅에서 이루어지는 그와
같은 시대가 이루어짐이니,
24 지상에서 바로 너희들이 뿌리를 내리
는 역사를 이루게 됨을, 그 뜻이 여기
에 있음을 알아야 할 것이니라.

1,806 번째 하나님 말씀

2002년 2월 6일 21시 20분

(강론을 마치며)

1 사랑하는 선지자야!
2 "네, 여호와 하나님! 말씀하옵소서."
3 너의 제자들에게 일러 그들이 답답하
고 힘들고 어려운 그 길을 가도록 너
를 통하여 채근하는 나 여호와의 마음
이 한없이 아프고 저려 옴을 너희들이
알아야 할 것이니라.
4 너희 육신의 자식을 다스리고 기를
때, 그 자식에게 좀 더 매를 가하며 그
자식을 엄하게 다스려서 그 어버이가
바라는 방향으로써 살아가 너희들이
살아가는 인간사에 꼭 필요하고 소중
한 사람으로 기를 수 있다 하면
5 너희들은 짧은 매를 댈 수 있으며, 짧
은 꾸지람을 할 수 있으며, 그를 추운
밤 밖에 내보내 그로 하여금 깨우침과
깨달음이 있는 시련과 고통을 주어서
그 자식을 바로 세우고자 하는 것이
너희 마음이 아니겠는가?
6 이미 포기하고 다스릴 수 없는 자식이
야 너희들의 인력으로 어찌할 수 없으
며 그건 제 팔자라 하여 너희들이 포
기하며 그 자식이 바로 서는 것을 그
저 하늘의 뜻이려니 그리 생각하지만,
7 너희들이 조금만 다스리고 일깨워 줘
서 그 자식이 바로 설 수 있다 하면 너
희들은 그 자식에게 짧은 매를 들 것
이며, 그에게 시련과 고통의 어려움을
겪게 하여 그가 만백성을 위하여 쓰일
수 있는 사람이며 그의 인생의 삶의
가치를 누리며 살 수 있도록 하는 것

이 어버이의 생각이며,
8 어버이가 그리하는 길이 당연하다 생
각할 것이며, 너희들이 또한 그리 시
행할 것이니라.
9 오늘 내가 너희들을 통하여 만백성에
게 전하고자 하는 그 모든 이야기들
을, 인간으로서는 생각할 수 없으며,
인간으로서는 지킬 수가 없으며, 육신
을 가지고 있는 사람으로서는 행할 수
없는 그 과제들만을 너희들에게 내려
보내는 나 여호와의 심정이
10 조금만 다스리면 바로 설 수 있는 자
식을 다스리고 가르치고자 하는 너희
들 부모의 애절한 마음보다도 열배 백
배 더한 나의 심정이기에,
11 너희들에게 누구도 갈 수 없고 지킬
수도 없으며, 주산 알을 튕기며 계산
하고 계산한다고 해도 너희 머릿속에
답이 나오지 않을 만한 이 과제를 선
지자를 통하여 너희들에게 명하나니,
이는 너희들이 그리 소중하기 때문이
니라.
12 하늘의 하루가 너희들의 천 년이라 말
하였으나, 너희들의 지구상의 역사의
6천 년이라는 그 세월은 길고도 먼 세
월이니라.
13 그 세월 동안에 나 여호와가 기다리고
그를 대기시키며 이 날을 기다렸다 하
면 너희들은 어찌 생각하는가?
14 구약의 그 시대에서 나의 피조물 만백
성을 바로 세우지 못하였으며, 신약의
시대에서도 나의 피조물 만백성을 바
로 세우지 못하였기에,
15 지금 제3의 시대에 나의 법전이요, 나
의 성령을 모두 다 태워 나의 피조물
만백성을 구하고자 할 때,
16 이를 받아들이며 이를 시행할 자가 너
희들이라 하면 내가 너희들에게 가혹
한 매를 든다 하여 너희들은 나를 원
망하며 너희들의 아픈 다리를 만지며
아픈 상처를 어루만지며 눈물짓는 나
의 백성이 되어서는 아니 될 것이니라.
17 그 모두가 다 너희들을 사랑하며 너희
들을 소중히 생각하며 너희들을 아끼
는 길이라 너희들이 생각할 수는 없겠
는가?
18 부모가 자식에게 매를 들 때, 그 부모
의 마음이 어디에 가 있겠는가?
19 그러나 나 여호와가 너희들에게 모진
매를 던짐은 영원히 사는 나의 에덴동
산에 너희들의 이름을 걸어 놓으며,
20 그 이름 앞에 너희들이 와 자리를 잡
아 영원히 사는 나의 동산에 내가 너
희들을 보며 너희들이 나에게 경배하
는 그와 같은 삶을 갖게 하고자 함이
니,
21 나의 이 뜻을 너희들은 영광이요, 축
복의 매로 받아들일 수는 없겠는가?
22 이제는 너희들의 마음이 다스려졌으
며 너희들이 하늘에 오르는 길을 알
며, 너희들이 인간이 사는 도리가 그
것이 아니었으며 지금까지 너희들이
살아왔던 부분이 잘못되었으며,
23 '정녕 하나님은 존재하실 것 같으며,
하나님은 존재하시며, 이제는 나의 삶
을 바꾸어 내가 좀 더 밝고 바른 인간
으로서 바꿔야 되겠다.' 하는 너희들
의 마음 다짐의 각오가 있음이니,
24 내가 너희들 하나하나의 그 마음을 알
기에 너희들에게 어렵고 힘든 주문을

내림이니, 나의 이 애절한 마음을 너
희들이 깊이 새겨 받아들여야 할 것이
니라.
25 6천 년이라는 큰 역사가 흘러 앞으로
천 년이라는 그 세월 속에 나의 피조
물 만백성을 바로잡아 하늘에 오르게
하고자 하는 나의 이 뜻은 바로 너희
가 시발점이니라.
26 너희부터 시작함이니라.
27 아담과 이브의 그 시대에도 이와 같이
통제함이 없었으며 그들에게 이와 같
이 바라는 간절함이 없었음이니라.
28 그리고 구약의 시대에도 내가 직접 너
희들에게 이렇게 간절한 소망을 내린
적이 없었음이니라.
29 인간으로부터 기적을 이루도록 하였
으며, 인간으로서 너희들을 이끌게 하
였음이니,
30 이제 내가 너희들을 구원하고자 하는
나의 성령을 태워 나의 육신이 지상에
내려가 너희들을 통제하며 다스림과
같음이니,
31 그리하여 마지막이라 하였음이니, 내
가 직접 내려와 통제하는 지금의 이
시점에서 그다음의 시대는 아무것도
없음이니라.
32 너희들은 전지전능한 나 여호와라 말
하느니라.
33 그러나 지금 이 시발점에 서 있는 나
에게 선택된 너희들이 사악한 무리 속
에 젖어든다 하면, 그 누구도 이 세상
을 바로잡을 수 없음이며,
34 하늘에서 이루어진 것같이 이 땅에 이
루고자 하는 그 낙원이 사악한 무리로
써 덮여질 것이니 이보다 백배 천배
더 사악한 무리들만이 존재하게 됨이
니,
35 너희들이 오늘 너희 살점을 도려 내는
그 아픔 속에서 한 점의 부끄러움이
없이 다스려 나갈 때, 이 지상은 낙원
이 되는 것이니,
36 낙원이 되느냐 사악한 무리의 지배하
에 들어가느냐 그것이 너희들의 손에
걸려 있다면 너희들은 어찌해야만 되
겠는가?
37 그리하여 내가 너희들에게 가훈을 내
렸음이니라.
38 '하늘을 향하여 한 점의 부끄럼이 없
는 삶을 살라.' 하는 것을, 그리고 너
희 아들딸이 그리 살라 하는 것을.
39 여기에 나의 깊은 뜻이 있음을 너희들
이 깊이 깨우쳐 행해야 할 것이니라.

1,807 번째 하나님 말씀

2002년 2월 7일 06시 10분

1 사랑하는 선지자야!
2 "네, 여호와 하나님! 말씀하옵소서."
3 너희가 하루를 살아가면서 나 여호와
에게 너희들이 나의 뜻에 따라 지키겠
다 간절히 서약하는 그 십계명을 암송
하는 너희들의 마음 자세가 과연 어디
에 있는가?
4 나에게 십계명과 나의 뜻에 따라 살겠
다 서명하며 서약하고 약속한 너희들
의 그 입에서 나오는 말 한마디가 지
킬 수 없는 말이며, 남을 기만하는 말
이며, 남을 속이는 말이며, 행동과 말
이 일치하지 않는 그와 같은 삶을 산
다 하면 그것이 무엇이더냐?

5 나 여호와의 이름을 망령되고 더럽게
하는 것이니, 그를 지키겠다고 아침
단잠을 못 이루며 서약한 너희들이 하
루의 살아가는 삶에 그것을 지키지 못
한다 하면 그는 나를 얼마나 기만하는
일이더냐?
6 그리하니 너희들은 나에게 서약하고
맹세한 것처럼 너희들이 한 마디 말하
는 것에, 하나의 행동하는 것에 가식
과 위선이 있어서는 아니 될 것이니,
7 이것이 바로 나에게 선택된 자들의 가
야 하는 길이며 몸가짐이니라.
8 너희들이 남에게 보내는 눈빛 하나,
너희들이 모든 사물을 바라보는 그 눈
빛 자체가 위선이요, 가식이요, 거짓
이 있어서는 아니 됨이니라.
9 그것이 나에게 선택된 백성이 가야 할
길이며, 또한 지켜야 하는 길이니, 이
를 명심하여 행해야 될 것이니라.
10 악한 씨앗을 낳기 시작하면 그 악한
씨앗의 번짐을 감당할 수 없으며, 선
한 씨앗을 낳기 시작하면 그 선한 씨
앗이 온 세상을 다 덮게 된다 하였음
이니,
11 너희들이 마음 하나 가짐에 따라 모두
를 얻고 잃음이 거기에 있음이니라.
12 내가 너의 제자들에게 말하여 일렀느
니라.
13 선택된 자는 권력과 힘이 있을 때 더
낮은 자의 길을 선택할 수 있다 하였
으니, 그게 바로 나로부터 선택된 자
가 가야 할 길이며, 선지자요, 너를 따
르는 너의 제자들이 가야 할 길인 것
이니라.
14 이 하나가 다름이니라.
15 이 하나에 하늘을 오르는 길을 볼 수
있는 길과 지옥으로 가는 길을 걸어가
는 그 갈림길의 엄연한 답이 있음이
니, 이것 하나로써 너희들이 나의 뜻
이요, 나의 성령에 의하여 움직이고
행해야 될 선택된 자들이라는 것을 알
아야 할 것이니라.
16 사랑하는 선지자야!
17 "네, 여호와 하나님! 말씀하옵소서."
18 천 년의 세월이 흐른 다음에 나의 이
동산에 아름답고 고운 너희들의 후손
이 낙원을 이루고 살 수 있는 그때의
그 꿈을 생각하며 그때의 그 아름다움
을 생각해 보라.
19 너희들이 뿌리이니라.
20 그 뿌리가 단단히 서야만 모든 결실을
맺을 수 있음이니, 너희들이 어찌 살
아야 하는 것인가를 생각해 봐야 할
것이니라.
21 내가 너희들에게 일러 반석 위에 서서
나를 볼 수 있음은 너희 자신이 없어
야 된다 하였음이니라.
22 너희 자신이 없는 그 마음의 삶을 사
는 것만이 너희들이 단단한 뿌리를 내
리는, 선지자를 받드는 백성으로서 너
희들의 자세를 바르고 곧게 갈 수 있
음이니라.
23 너희들은 깨달아 알고 있음이니라.
24 모든 언어요, 모든 글씨요, 모든 깨달
음이 나의 법전에 기록된 그 책으로
써, 그 글로써 온 세상을 덮어 천 년
후에 하나로 이루고자 함이니, 이 위
대한 역사를 누가 이룰 수 있다 말하
느냐?
25 지금 많은 종파들이 하늘에 오르는 길

이요, 저희들만이 나에게 오를 수 있
는 길을 인도하는 자들이라 외치고 소
리 지르고 있음이니, 그들이 과연 나
의 뜻이요, 나의 법전에 기록된 이 글
씨로써 온 세상을 덮는 역사를 이룰
수 있다 생각하는가?
26 나의 성령이요, 나의 뜻이기에 열여섯
권의 법전이요, 네가 죽을 때까지 기
록하여 남기는 나의 이 법전으로 이
세상에 하나의 공통어가 이루어짐이
니,
27 그 역사를 이루는 너희들과 그 역사를
이루는 그 지도자를 내가 선택한 자라
말한다 할 때, 너희들은 여기에서 하
나의 틀림이 있다 생각하는가?
28 나의 법전에 기록된 그 뜻과 그 글씨
와 그 내용이 천 년 후에 모든 공통어
가 되는 이 역사를 이루며 내가 나의
법전이라는 것을 증명하는 것은,
29 나의 이 법전의 뜻이 저희 손으로 성
전을 지어 놓고 그곳에 가 기도하고
재물을 바치며 광란의 소리를 지르며
눈물의 기도를 드리는 것이 구원의 역
사를 이루며 하늘에 오르는 길이라 부
르짖는 그들과 온 세상의 나의 피조
물, 나의 백성 모두가 다 그를 읽고 깨
우치도록 역사를 이루고자 하는 것이
니,
30 이것이 나의 뜻이 아니라 이를 수 있
으며, 나의 뜻이 아니면 과연 그게 이
루어질 수 있다 생각하는가?
31 천 년의 역사에 나의 피조물 만백성이
요, 나의 자식이요, 나의 아들이라, 나
의 딸이라 하는 너희들이 하나의 음성
으로써, 하나의 뜻으로써, 하나의 글
로써, 하나의 공통어로써 배우고 살아
가는 것은 당연한 이치니,
32 이것 하나를 다스리는 것을 볼 때, 너
희들이 뭐라 말하겠느냐?
33 6천 년의 역사가 오늘에 이루기 위하
여 존재하였다면, 가슴으로 이를 새겨
듣고 깨달은 너희들이 과연 어찌 살아
야 할 것인가를 생각해 보라.
34 6천 년 동안에 너희들이 공통어가 없
었으며, 언어가 달랐으며, 쓰는 글씨
가 달랐으며, 생각하는 것이 달랐으
며, 깨달음이 달랐으며, 생활 방식이
달랐음이니,
35 이를 하나로 만드는 것이 선지자 너를
세상에 내보내 너를 통하여 나의 법전
을 기록한 천 년의 역사가 시작하는
이 날부터 이것이 세상에 공통어가 이
루어질 것이니,
36 이게 곧 생활 방식과 전하는 의사소통
방법과 말하는 것과 모두가 다 다른
나의 자식들이 하나가 되는 역사를 이
루고자 함이니,
37 이러고도 나의 선지자를 의심하며, 나
의 성령으로써 내가 그를 통하여 역사
를 이루고자 하는 것이 거짓이요, 사
탄이요, 이단이라 감히 말할 수 있는
가?
38 저희들의 손으로 이룬 그 조그만 성전
에 가 광란의 짓을 하면서 나의 백성
들의 조상들이 그리 갔으며, 대대손손
그와 같은 지옥으로 가는 길을 인도하
는 그들이 정녕 나에게 선택된 자들인
가?
39 아무도 이룰 수 없는 이 세상의 모든
동식물을 하나로 이룰 수 있는 공통어

를 만듦이니,
40 지금 나의 법전에 기록된 그 음성이
요, 그 뜻이요, 그 소리를 미물인 동식
물까지도 들을 수 있도록 하는 것이
나의 뜻이라 하면,
41 이 역사 앞에 저희들이 성전이라 지어
놓고 소리 지르며 하늘에 오르는 길이
라 말하는 그들의 그 행위와 견주어
말할 수 있겠는가?
42 감히 그들은 부끄러워 고개를 들 수
없을 것이며, 나의 법전이요, 나의 성
령을 받아 전하는 선지자에게 이단이
요, 사탄이요, 사악한 무리라 저희 자
신이 말할 수 없으며 부끄러움을 알아
야 할 것이니라.
43 이를 나의 피조물 만백성에게 전하는
대명이 너희들에게 있음을 알아야 할
것이니라.

1,808 번째 하나님 말씀

2002년 2월 7일 06시 22분

1 모든 나의 피조물 만백성에게 내가 내
리는 생수를 지상에서 받아 만백성에
게 나누어 주는 나의 선지자요, 나의
종이요, 나의 아들이 너희에게 내리는
그 생수를 받아 마시는 자가, 그리고
그것을 받아 마시며 생명을 유지할 자
가,
2 제가 내리는 것이며 제가 받아서 주는
것만이 백성을 구한다 하는 그와 같은
어리석고 우매한 짓을 하지 말라 이르
라.
3 나의 성령의 뜻을 받아 나의 피조물
만백성을 구하며 하늘에 오르는 길을
보고 깨닫게 하기 위하여 나의 성령을
통하여 나의 선지자가 전하는 그 가르
침 앞에 그를 듣고 배워 깨우쳐야 할
그들이,
4 그를 가르치는 자라 말하는 그 우매한
우를 범하는 그들의 뜻에, 그들의 가
르침에, 그들의 울부짖음에 귀를 기울
이는 어리석고 불쌍한 나의 백성이 되
지 말라 너희들이 외쳐야 될 것이니라.
5 나의 이 성령이 곧, 나의 피조물 모든
백성들이 피부색과 생활을 떠나서 그
들이 천 년 후에 공통어가 된다 함을,
그 역사를 이루고 있음을 너희들이 잊
지 말라 이르라.

1,809 번째 하나님 말씀

2002년 2월 8일 06시 10분

1 사랑하는 선지자야!
2 "네, 여호와 하나님! 말씀하옵소서."
3 나의 피조물 만백성 너희들은 나로부
터 한 생명의 은혜를 받아 세상에 나
오니, 나로부터 은혜와 은총의 역사를
받아 세상으로 나온 너희들의 한 생명
이 세상에 태어나며, 또한 너희들이
나와 세상에 사는 것도 내 모든 은혜
속에 너희들이 모두를 취하며 살아가
도록 되어 있음이니,
4 세상에 태어나는 것도 나의 은혜요,
너희들이 우주에서 살아가는 그 모두
또한 나의 은혜와 은총 속에서 내가
너희들에게 내린 모두를 취하면서 살
아가게 됨이니, 너희들이 나의 은혜를
벗어나서 살아가는 것이 무엇이 있는
가?

5 그와 같이 모두를 베풀어 준 내가 너
희들에게 무엇을 원하던가?
6 백 가지, 천 가지도 아니요, 열 가지의
계명을 지키고 살라 하여 내가 열 가
지의 계명을 내렸음이니,
7 너희들의 손가락이 열 개요, 그 손가
락 안에 들어 있는 열 가지 계명을 지
키며 나에게 구원을 받아 또한 영원히
사는 그 은혜 속에 돌아오라 함이니,
8 그것도 지킬 수가 없으며 지키고 살
수 없다 말하는 너희들이 과연 설자리
가 있으며, 나에게 고개를 들어 나를
바라볼 수 있는 자격이 있는가?
9 한 생명으로서, 너희들이 동식물이 아
닌 인간으로서 세상에 태어나는 것도
나의 첫 번째 은혜요,
10 너희들의 생명이 나와 그 생명이 살아
가고 존재하며 성장하는 그 과정이 나
의 모든 은혜 속에서 내가 내린 동식
물이요, 모두를 너희들이 섭취하며 살
아가니 그 또한 나의 두 번째 은혜요,
11 세 번째는 너희들이 영원히 사는 나의
낙원에 와 살 수 있도록 내가 너희들
에게 지키라 내린 것이니,
12 너희 손가락의 숫자인 열 개의 계명을
세상에 내려 그를 지키고 살라 하였거
늘 그를 지킬 수 없다, 인간이기에 지
킬 수 없다 말하며 인간이기 때문에
그와 같이 살 수 없다 말하는 너희들
이 과연 나의 은혜를 생각하며 나를
생각하며 나를 따르는 자들이라 할 수
있는가?
13 선지자야!
14 "네, 여호와 하나님!"
15 이를 너의 제자들이 깊이 깨우쳐야 할
것이니라.
16 너희들이 모든 나의 은혜 속에서 생존
하면서 그 속에서 내가 내리는 그 모
든 은혜를 섭취하고 마시고 먹고살면
서 열 가지를 지키라는 그 계명을 지
키지 아니하고 산다 하면 너희들은 돌
아올 수가 없으며, 내 앞에 올 수 없으
며, 나를 바라볼 수 없음이니,
17 이와 같은 간단한 이치를 너희들은 깨
우쳐 너희들의 열 손가락의 숫자밖에
안 되는 그 십계명을 수십 년 사는 동
안에 닦고 살라 하였음이니,
18 너희들이 60평생을 살면서 6년을 살
며 한 가지씩 계명을 지키고 산다 하
여도 그를 지킬 수 있음이니, 6년을
고생하여 그 십계명을 지키는 자, 1년
을 고생해서 그 십계명을 지키는 반석
위에 서 있는 자,
19 그 삶의 아름다움에 대해 나에게 와
심판을 받는다는 것을 알아야 할 것이
니라.
20 하루 만에 십계명을 지키겠다 깨우쳐
그를 지키고 사는 자가 60평생을 산
다면 그 많은 세월을 지키고 사는 자
요, 10년에 깨우치는 자, 20년이 되어
깨우치는 자, 30년이 되어 깨우치는
자, 60년이 되어서 깨우치는 자, 그 삶
의 아름다움이 그에 반비례하니 그 상
을 받게 되는 것이며,
21 60년의 생명이 다 되어 너희들이 죽
을 때까지 그를 깨우치지 아니하고 시
행하지 아니하고 사는 자는 견디고 인
내할 수 없는 크나큰 고통의 세월을
감수해야 되며 그것이 엄연한 사실인
것을 알아야 될 것이니라.

22 그리하여 나의 선지자 너에게 선택된
너의 제자요, 나의 법전을 읽고 깨우
치는 나의 피조물 만백성은 10년을
살았든, 20년을 살았든, 50년을 살았
든, 나의 법전을 안고 이게 나 여호와
의 뜻이라 깨우치는 자, 이 법전을 가
슴에 안고 정독하는 자, 내가 그 머리
에 손을 얹어 너희들의 그 모든 죄를
사해 준다 하였음이니,
23 남은 삶을 십계명을 지키며 아름다운
아이들의 마음과 같이 아름답게 살라
하였음이니, 이걸 못 지키는 자는 구
원의 길을 받을 수 없음이니, 내가 너
에게 일렀느니라.
24 너희들이 두 주먹을 불끈 쥐고 천사가
되는 그 길만 보고 달려오라, 그 길만
을 바라보며 살라 함은 너희들이 십계
명을 지키고 깨우쳐도 남은 세월이 얼
마 남지 아니하였음이니,
25 그 세월을 60년의 세월을 깨우쳐 바
친 자보다도 더 깨달음을 얻고 나를
향하여 전진하라는 나의 깊은 뜻이 여
기 있음이니,
26 이와 같은 이치를 너의 제자들이 깨우
쳐야 할 것이며, 나에게 감사할 줄 알
며 나의 은혜에 감사하는 마음을 갖고
산다 하면 너희들이 좌우를 볼 시간이
없다 함을 알아야 할 것이니라.

1,810 번째 하나님 말씀

2002년 2월 8일 06시 45분

1 사랑하는 선지자야!
2 "네, 여호와 하나님! 말씀하옵소서."
3 사막의 멀고도 먼 길에 한 나그네가
서 있다 말하자.
4 그는 끝이 보이지 않는 그 사막을 건
너야 하며 그 길을 가야 함이니, 보이
지도 않으며 끝이 없는 멀고도 먼 사
막을 그가 넘어야 한다 하면 그는 어
렵고 고통스러운 그 길을 갈 수밖에
없지 않은가?
5 너희들이 나로부터 세상에 태어나 너
희 인생을 살 때, 사막의 보이지 않는
그 끝을 바라보는 나그네처럼 너희들
은 보이지 않는 너희들의 인생의 그
삶을 향하여 걸어가야 됨이니,
6 그 길은 너희들이 중단할 수도 없으며
너희 임의대로 방향을 바꿀 수도 없으
며 주저앉을 수도 없음이니라.
7 잠시도 쉬지 아니하며, 또한 쉴 수도
없으며 너희 스스로 멈출 수도 없는
것이 너희들이 걸어가고 있는 그 길이
니,
8 그 길은 누구도 피할 수도 없으며 거
역할 수도 없는 길이니, 결국에 그 종
착역은 내 앞에 와 심판을 받는 것이
기다리고 있음이니라.
9 내 앞에 와 너희들이 심판을 받는 그
보이지 않는 아득히 먼 길의 목적지를
향하여 너희들은 쉴 수도 없고 중단할
수도 없고 거역할 수도 없고 되돌아갈
수도 없고 어떠한 형태로도 바꿀 수
없고 너희 임의대로 할 수 없으며,
10 너희 부모가, 너희 형제가, 그 누가 도
우며 너희들을 돌려놓는다 해도 돌아
갈 수도 없고 돌릴 수도 없는 그 길을
한 발 한 발 걸어와야 됨이니, 그 길을
오는 자, 어찌하여야 되겠는가?
11 지금 사막에서 지쳐 있는 자가 내가

그어 준 그 길을 따라서 온다 하면, 그
는 가는 길에 오아시스가 있고 물이
있으며 풀이 있는 그 사막의 길을 올
수 있음이니라.
12 그러나 내가 그어 준 그 길을 따라오
지 아니하는 자는 그 사막의 끝에 와
서 쓰러져 죽는 자가 되며, 쓰러져 죽
어 썩어 한 줌의 흙이 되는 그와 같은
길을 걸어오는 자이니라.
13 돌이킬 수 없는 그 길을 오는 너희들
에게 내가 너희들이 오면서 암송하며
오라 하는 십계명을 내렸으니,
14 그 계명을 암송하며 오는 자, 그를 지
키고 오는 자는 사막을 걷는 자가 오
아시스를 만나고 물을 만나고 푸른 잔
디의 길을 만나며 걸어오는 것과 같이
너희들이 나를 향하여 오는 길을 걸어
오는 것과 같거늘,
15 지금 나의 피조물 만백성이 그 길을
올 수 없다 함은, 인간이기 때문에 내
가 내린 그 소중한 계명을 암송하기
싫으며 지킬 수 없고 그리 행하며 살
수 없다 말하는 자는 오아시스가 기다
리고 풀이 기다리고 물이 기다리는 그
길을 오지 아니하며,
16 저희들이 가며 죽고 썩어져 가는, 넘
을 수 없는 그 길을 향하여 걸어가겠
다 하여 고집 피우고 가는 자와 같음
이니, 너의 제자들에게 이와 같은 이
치를 깨우쳐 주라.
17 그리하여 내가 그어 준 그 길을 향하
여 걸어오는 그 현명함을 버리지 말라
그리 명하라.

1,811 번째 하나님 말씀

2002년 2월 8일 21시 20분

(강론을 마치며)

1 사랑하는 선지자야!
2 "네, 여호와 하나님! 말씀하옵소서."
3 너의 제자들에게 이르라.
4 너희들이 마음을 다스리며, 너희 스스
로를 정립하며, 나의 계명에 따라, 나
의 율법에 따라 살아가고자 노력하는
그 마음을 나 여호와가 정녕 알고 있
음이니,
5 오늘 내가 너희들에게 하나를 일깨워
주고자 함이니라.
6 너희들은 십계명을 지키며 큰 죄를 짓
지 아니하고 큰 아름다움을 행하고자
하는 마음을 먼저 너희 가슴에 심어서
는 아니 될 것이니라.
7 작고 작은 아름다움을 행하며 실천하
는 곳에 너희들이 눈을 돌려야 될 것
이며 너희들의 마음을 열어야 할 것이
니라.
8 오늘 너희들이 식사를 하고 음식을 나
누며 너희들이 역사를 이루고자 할
때, 너희들이 나에게 기도하는 자세가
과연 어떠한 것인가를 다시 한 번 가
슴에 손을 얹고 짚고 넘어가는 시간이
되어야 할 것이니라.
9 너희들이 음식을 접할 때마다 나 여호
와에게 감사의 기도를 드리니, 너희들
이 열 번, 스무 번 접할 때마다 기도하
는 그 자세가 어떠하던가?
10 이것부터 오늘 다시 한 번 너희 자신
을 돌이켜 보고 너희 마음속에 정립을
해야 될 것이니라.

11 너희들이 음식을 접하며 나에게 드리
는 그 기도의 자세가 흐트러져 있으
며, 맑고 바른 자세로써 나에게 드리
는 기도가 아니요, 형식적이요, 지나
가는 말로써 그저 드리는 기도라면,
12 그러한 기도를 드리며 그러한 마음을
가진 자, 백 년, 천 년을 나 여호와를
찾으며 나에게 기도한다 해도 그 기도
는 내가 들을 수가 없으며 들어주지
아니함이니라.
13 오늘 너희들이 지켜야 할 것이 있느니
라.
14 모든 나의 피조물 만백성이 종교 지도
자의 가르침에 따라 하늘에 오르고자
그들이 밤낮을 가리지 않고 울고불고
하며 기도하고 눈물의 찬송을 부르짖
고 있음이니,
15 그러나 너희들은 그와 같은 자들의 믿
음을 바라보는 것이 아니라 이제는 너
희 자신의 자세를 가장 낮은 데서 다
듬어 올라갈 때가 되었느니라.
16 너희들이 거짓 하지 아니하며 사랑을
베풀고자 하는 그 마음이 너희 가슴에
충만되어 있음이니,
17 너희들이 가장 낮은 자세에서부터 그
들과 구별되는, 나에게 향하는 마음
자세를 가져야 할 것이니라.
18 너희들은 나에게 기도함에 있어서 일
상생활을 하며 음식을 접하며 물 한
그릇을 마실 때 나에게 감사하는 기도
를 드리니,
19 그때 너희들이 서 있는 자세와 너희들
의 마음가짐과, 그 기도를 끝마치는
그 순간까지 너희들의 자세가 어찌 되
어 기도하는가 이것부터 너희들이 오
늘 고쳐 나가야 할 것이며,
20 너희들의 가장 낮은 자세의 이 자체가
남들과 달라야 하며, 달라야 할 점이
니라.
21 많은 종교의 지도자들이 어찌 기도를
하든, 너희들은 물 한 컵을 마시면서
나에게 감사 기도를 드릴 때 바른 자
세요, 정갈한 자세요, 진심으로 그 기
도가 끝날 때까지 음식을 입에 대지
아니하는 그와 같은 자세로써 너희들
이 나에게 경배하는 마음을 다스려야
할 것이니,
22 너희들은 음식을 접할 때 나에게 '여
호와 하나님! 감사합니다.' 하고 기도
를 드리면서 세 번 숨을 쉰 다음에 그
음식을 접하는 방법으로써 나에게 경
배를 하도록 그리하라.
23 내가 너희들에게 일렀느니라.
24 음식을 먹을 때 너희들이 기도를 하
며, 그 음식의 첫술을 떠서 너희 입에
넣을 때 '이는 하나님께서 나에게 주
신 음식이라' 하여 다시 한 번 반성하
며 감사하며 되씹는 기도를 드리라 하
였으니, 너희들이 그를 어찌 시행하는
가?
25 너희들은 나에게 감사의 기도를 드리
면서 그 음식을 너희들이 접하기 전에
세 번의 호흡을 한 다음에 그 음식을
접하는 기도 방법을 하여 나의 피조물
만백성이 종교 지도자의 가르침을 따
라 하늘에 오르겠다 울부짖는 그들과
너희들과의 기도하는 방법의 기초의
차별화를 두고자 함이니,
26 오늘 이후부터 이를 엄격히 실행하여
너희 스스로 나에게 선택된 자임을 다

져 나가야 할 것이니 그리 시행하도록
하라.

1,812 번째 하나님 말씀

2002년 2월 9일 0시 45분

1 사랑하는 선지자야!
2 "네, 여호와 하나님! 말씀하옵소서."
3 네가 나의 뜻에 따라 시행하며, 내가
이루고자 하는 것을 네가 알고 있으
며, 네가 행하여 갈 길을 알고 있으며,
네가 이루어야 할 길을 알고 있음이니,
4 이 세상 나의 피조물 만백성 중에 나
의 성령을 받아 기록하는 자, 이를 받
을 수 있는 자, 너 한 사람이라 하였음
이니,
5 이제는 어느 누구를 네가 다스리며 네
밑에 와 깨우쳐 가르침을 받는다 하여
도 한 점의 부끄러움이 없는 스승으로
서 네가 자리를 지켜 갈 수 있음이니,
6 오늘 내가 너에게 보여 주었음이니라.
7 그의(제자) 아들이 이곳에 올 것을 내
가 너에게 미리 알려 주었음이니, 그
부모에게 이르라.
8 아브라함이 그 아들 이삭을 바치고자
했던 그 마음으로 그 아들을 나의 성
전에 바치라 그리 이르라.
9 그 아들을 성전에 바쳐 그 아들이 나
의 뜻에 따라 임할 때, 그 부모의 뜻이
또한 이루어질 것이며 그들의 소원함
이 거두어질 것이니,
10 아브라함은 자식의 목숨을 내게 바치
라 하였음이나, 그의 자식은 나의 성
전에 와 나의 가르침을 그대로 듣고
배워 그 착하고 선한 인성을 만백성에
게 가르치는 지도자로서 그를 다스리
고자 함이며,
11 선지자를 보필하며 이곳에 막혀 흐르
지 못하는 그 모두를 그로 하여금 정
리 정돈토록 하고자 함이니, 그를 바
친다 하여 아브라함의 심정과 같겠는
가?
12 그 부모에게 이르라. 그 아들을 나의
성전에 바치라 이르라.
13 그것이 그가 가야 할 길이며, 또한 그
부모가 그 뒤를 따라가게 됨이니, 이
를 잊지 말고 그들에게 명하여 전하도
록 하라.

1,813 번째 하나님 말씀

2002년 2월 9일 0시 55분

1 사랑하는 선지자야!
2 "네, 여호와 하나님! 말씀하옵소서."
3 내가 너에게 이르지 아니하였던가?
4 160권의 기초의 제1부인 열여섯 권의
나의 성령이 책으로 하여 세상에 나오
니 사람들이 갑론을박할 것이며,
5 그 열여섯 권에 기초를 두어 나의 성
령을 내려보낸 그 뜻을 풀이하며 새로
움을 너희들에게 가르치며 이를 내가
열 배의 나의 법전에 그 뜻을 기록하
여 책으로 낸다 하였음이니,
6 그 시간이 네가 살아 있는 동안에 그
리 여유 있고 너그러운 시간이 아니니
라.
7 너희들이 나의 열여섯 권의 법전을 세
상에 만들어 나의 피조물 만백성을 구
하기 위하여 그 손에 전해 주기까지
너희들이 어찌하여 그 법전을 만들었

던가, 그리고 나의 성령을 받아 기록
하였더냐?
8 그보다 더 많은 법전을 너희들은 만들
어 나의 피조물 만백성을 대대손손 구
하는 그 길을 가야 할 대업이 남아 있
음이니,
9 향이는 어찌 가야 할 것인가, 실장은
어찌 가야 할 것인가? 네가 너 자신을
한번 돌아다봐야 할 것이니라.
10 열여섯 권의 법전을 만드는 그보다도
더 많은 법전을 만들어 세상에 전해야
할 너희들이 마음 자세를 어찌하여야
할 것인가?
11 밤과 낮을 가리지 아니하며 기도를 하
도록 하였으며, 밤과 낮을 가리지 않
고 선지자가 나의 음성을 듣도록 하여
이 열여섯 권의 법전의 책이 나왔음이
니,
12 그 열배 백배의 이 법전이 세상에 나
올 수 있도록 너희들이 해야 할 책무
가 있다 하면 네가 어찌해야 될 것이
며, 실장이 어찌 가야 될 것인가를 그
에게 깨우쳐 줘야 될 것이니라, 선지
자야!
13 나의 성령을 받아 기록하는 선지자 옆
에서 나의 법전을 만들어 내는 그 책
무보다 더 이상 큰 영광이 어디 있으
며, 더 큰 은혜가 어디 있으며, 무엇을
더 얻고 무엇을 구하고자 할 것인가?
14 마음의 자세를 단속해야 할 것이니라.
15 밤과 낮을 가리지 아니하고 그가 달려
와 나의 음성을 기록하도록 하였으며,
16 선지자로부터 기도를 하도록 하며 열
여섯 권의 법전이 세상에 나와 나의
피조물 만백성이 하늘에 오르는 길을
보며 그들의 눈을 뜨게 하는 역사를
이루었음이니,
17 그보다 더 큰 역사가 지금 남아 있으
며, 그를 이루어야 할 그가 그것 외에
무엇을 생각하며 무엇을 바랄 것이 있
는가?
18 밤과 낮을 가리지 아니하며 나의 법전
이 세상에 나오며 나의 선지자가 나의
음성을 받아 전하여 이 법전을 기록하
는 그를 시기하며 질투하는 자,
19 깨우치지 못하였으며 하늘에 오르는
길을 보지 못하였으며 반석 위에 일어
서지 못하였으며 설 자격이 없는 자들
이니, 그를 두려워하지 말라 이르라.
20 그를 생각지 말라 이르라.
21 나의 선지자 네가 누구로부터 선택된
나의 선지자요, 나의 종이며 네가 누
구의 음성을 들으며 누구의 성령을 받
아 나의 법전을 기록하는가?
22 창조주인 나 여호와의 성령을 태워 내
가 마지막으로 너희들을 구원하고자
내리는 나의 성령을 받는 선지자 옆에
서 그를 기록하며 받아 법전으로 만드
는 그가 누구인가?
23 그를 시기하며 질투하며 불신하는 자,
그들은 반석 위에 일어서서 하늘에 오
르는 빛을 바라보지도 못하며,
24 그들의 마음에 질투하는 욕심까지도
버리지 못하였음이니, 그들 또한 깨우
침을 다시 얻어야 할 것이니라.
25 그를 개의치 말며, 너희들이 열여섯
권의 법전을 만들어 쓴 그때보다도 한
칸의 혁대 칸을 더 조여 더 긴장하며
더 열심히 나의 선지자가 기도할 수
있도록 보필하는 것이 너희들의 책무

이니, 이를 잊지 말고 시행해야 할 것
이니라.
26 시간이 없음이니라.
27 60을 사는 사람이 열 살에 십계명을
깨우쳤으면 50년을 나의 뜻에 따라
살아 만백성을 그가 지도함이니,
28 나의 열여섯 권의 법전이 1부, 2부…,
10부로 나오는 그 시간을 너희들이
어찌 단축하느냐에 따라서 그 변화되
는 영화와 영광을 너희 스스로 볼 수
있을 것이거늘,
29 너희들이 이를 만드는 실장을 질투하
며 시기한다 하면 너희 스스로 너희
생명이 다하여 나에게 올 때까지 변하
는 그 역사의 부귀와 영화를 포기하고
자 하는 것과 같으니,
30 큰 것을 버리는 작은 마음의 욕심의
그 성벽을 무너뜨리는 데 주저하지 말
아야 할 것이니라.
31 그 넓고도 큰 나의 은혜의 그 역사를
너희들이 숨을 거두기 전에 바라볼 수
있으며, 나의 뜻의 160권이라는 법전
이 세상에 빨리 나오는 것이 너희들이
역사가 이루어짐을 보게 됨이니,
32 이를 너희들이 스스로 포기하고 버리
는 우매함을 갖지 말며, 나의 피조물
만백성을 깨우치는 것을 막는 무서운
죄를 짓지 말라 그들에게 일러 깨우쳐
줘야 될 것이니라, 선지자야!

1,814 번째 하나님 말씀

2002년 2월 9일 01시 03분

1 사랑하는 선지자야!
2 **"네, 여호와 하나님! 말씀하옵소서."**
3 너희들이 갈증이 심하면 물을 찾아 마
시며, 배가 고픈 자 음식을 찾아 배를
채우는 것이 너희들이 살아가는 형태
이니라.
4 비바람이 몰아치면 너희들의 옷깃을
여미고 옷깃을 단속함이며, 더운 바람
과 태양의 열이 내리쬐면 너희들은 더
운 옷을 벗음이니,
5 이것이 자연의 순리이며 너희들이 살
아가는 진리이니라.
6 내가 너희들에게 일러 너희 마음속에
사악한 것과 선한 것의 두 갈래의 싹
이 트고 있다 하였음이니,
7 갈증이 나는 자 물을 찾듯이, 선한 것
을 찾고자 목메는 자는 선한 것이 보
일 것이며 선한 길을 가게 됨이니 그
는 나에게 구원을 받는 것이며,
8 악한 것을 행하고자 악한 것을 보는
자는 악한 것만이 보임이니 그는 지옥
으로 가는 그 죄를 짊어지고 살아감이
니라.
9 이것이 단순한 너희들의 진리이고 이
치이거늘, 어찌하여 그 하나를 마음속
으로 지키고 다스리지 못하는가?
10 두 주먹 불끈 쥐고 나에게 오는 선을
향하는 그 길만을 달려오라 너희들에
게 내가 수차 명하였으니,
11 그 길을 달려오는 자, 좌우를 볼 시간
이 없으며 뒤돌아볼 시간이 없다고 내
가 너희들에게 그리 타는 불과 같은
나의 성령으로써 너희들의 가슴에 심
어 주었거늘,
12 너희들은 아직도 시기하는 마음, 질투
하는 마음, 욕심을 부리는 그것 자체
도 버리지 못하였으니,

13 너희들이 어찌 두 주먹을 쥐고 나에게
만 달려오는 나의 선택된 백성들이라
할 수 있겠는가?
14 그리하여 너희들이 어찌 전사가 될 수
있으며, 나의 피조물 만백성을 구할
수 있다 생각하는가?
15 너희만큼 나의 하늘에 오르는 길을 아
는 자들이 없으며, 너희만큼 하늘의
이치를 아는 자들이 없으며, 너희만큼
내가 갈구하고 너희들을 구하고자 하
는 그 애절한 마음을 아는 자들이 이
세상에 없음이니,
16 그리하여 너희보다 더 소중한 자들이
없으며 너희보다 귀한 자가 없다 내가
말하였음이니라.
17 그러한 너희들이, 하늘을 향하여 달려
오는 그 빛을 보며 그 길을 아는 너희
들이, 반석 위에 서 찬란한 하늘에 오
르는 그 빛을 보며 그 길만을 올라오
며 영원히 사는 나의 나라에 와 나의
에덴동산에서 살고자 하는 그 이름이
걸려 있는 너희들이,
18 나를 향하여 달려오는 그 길 외에는
아무것도 바라보지 말며 생각하지 말
라 하였거늘, 달려오는 그 마음속에
시기하고 질투하며 물욕이요, 인간이
가지고 있는 욕심의 그 근본을 버리지
못하고 달려온다 하면 너희들이 나에
게 올 수 있다 생각하는가?
19 나에게 선택된 사랑하는 나의 백성들
아, 나의 선지자요, 나의 종이요, 나의
아들을 따라 그와 같이 오르고자 하는
나에게 선택된 백성 너희들은 어찌하
여야만 되겠는가?
20 너희 몸을 갈기갈기 찢어 피투성이가
된다 해도 너희들은 나의 뜻을 거역해
서는 아니 될 것이니라.
21 너희 몸을 천 갈래 만 갈래 갈기갈기
찢어 피투성이가 되어 뼈와 살결이 보
이는 그 아픔이 있다 하여도 너희들은
나의 뜻을 거역해서는 아니 되는 백성
이니라.
22 사랑하는, 내가 선택한 나의 백성들아!
23 천년만년 후에 나의 피조물 만백성이
지금 너희들이 행한 그 기록을 보며
선한 뿌리를 세상에 내려 내가 이룬
이 지상의 동산을 낙원으로 만들고자
하는 나의 이 뜻을 이루어야 할 기초
를 다지는 너희들이 어찌 행해야 될
것인가?
24 천 년 후에 이 지상에 낙원을 이루고
자 하는 나의 이 간절한 소망이 너희
들의 마음 하나 쓰기에 달렸다 하면
어찌 너희들은 행해야 되겠는가?
25 나 여호와의 뜻을 너희들이 이제는 알
지니, 그리 행하여 내 앞에 와 너희들
이 나 여호와의 품에 안기는, 나 여호
와를 바라볼 수 있는 그 영광을 잊지
말라.
26 나의 아들이요, 나의 선지자가 너희들
을 품에 안아 너희들의 죄를 용서하여
준다는 그 세례는 나의 성령이요, 나
의 뜻임을 너희들이 알아야 할 것이니,
27 너희들이 선을 행하며 나의 뜻에 따라
지키고 하늘에 왔을 때, 나의 선지자
요, 나의 아들이 너희들을 품에 안듯
이 나 여호와가 너희들을 안을 것이며,
28 너희들을 품에 안은 나 여호와가 너희
들에게 이리 말할 것이니라.
29 '수고했노라.' 하여 너희들의 각자의

이름을 부를 것이니 이 영광을 잃으며 놓치지 말도록 그리하라.
30 그리하여 내가 이 깊은 밤, 나의 선지자를 잠을 재우지 아니하여 그에게 나의 성령을 내림이니, 이 깊은 뜻을 너희들이 알아야 할 것이니라.

1,815 번째 하나님 말씀

2002년 2월 9일 01시 05분

1 사랑하는 선지자야!
2 "네, 여호와 하나님! 말씀하옵소서."
3 내 사랑하는 나의 선지자요, 나의 아들인 선지자야, 내 정녕 너를 사랑하노라.
4 그 혼탁하고 찌들었으며, 육신을 가진 인간들과 같이 똑같은 그 세월 속에서 살아온 네가 지금 나의 뜻을 받아 바로 서 가고 있음이니, 내가 너를 사랑하노라.
5 나로부터 선택된 나의 선지자의 제자요, 그의 가르침을 받는 나의 피조물 백성이요, 내가 사랑하는 너희들은 들어야 할 것이니라.
6 이제 나의 선지자가 바로 섰으며 그가 바로 가고 있음이니, 너희들은 선지자를 따르며 그의 가르침을 들으며 그가 너희들을 깨우치는 그 성전에 나와 그로부터 배우는 너희 자신이 부끄러워하지 말며 두려워하지 말며 의심치 말라.
7 나의 선지자가 바로 서서 가고 있음이며, 그를 내가 성령으로 다스려서 그가 가야 할 길을 가고 행하고 있음이니, 그 앞에 와 나의 성령의 뜻을 듣는 너희들이 부끄러워하며 두려워하며 의심하지 말라.
8 영광된 축복이라 생각할 것이며, 너희들의 모두를 다 바쳐도 부끄럽지 아니하며 그보다 더한 영광이 없음을 너희들은 오늘 이후부터 깨우쳐 선지자를 바라보는 너희들의 마음의 뿌리의 씨를 심어야 할 것이니라.

1,816 번째 하나님 말씀

2002년 2월 9일 06시 10분

1 사랑하는 선지자야!
2 "네, 여호와 하나님! 말씀하옵소서."
3 '나 여호와가 존재함을 믿는 그 자체가 구원의 길에 들어서는 기본이요, 근본이라.' 말하였으니,
4 내가 창조한 나의 피조물 만백성 너희들이 나로부터 은혜를 받아 세상에 나와 있음이니, 그러한 너희들이 내가 존재함을 믿는 그 자체가 구원의 길에 들어서는 기본이요, 근본이고 시작이라 하였음이니,
5 그다음에는 너희들이 행함이 따라야 되며, 행하고 실천하며 순종함이 있는 그자만이 나에게 오를 수 있는 그 길을 자욱 자욱 밟아 오르는 것이니라.
6 그러나 지금 나의 피조물 만백성은 어찌 생각하고 있는가?
7 저희들이 만든 성전이요, 그곳에 와 저희들이 기도하며 찬송 부르며 회개한다 하여 그들은 구원을 받았다 말함이니,
8 그리하여 저희들은 구원을 받은 자들이라 하여 나의 피조물 만백성이 저희

들과 같이 성서를 들고 저희들이 만든
그 성전에 와 기도하지 아니하면 짐승
이요, 벌레만큼도 보지 않으려 함이니,
9 내가 너에게 십계명에 한 줄을 더 넣
어 일깨워 주는 것은, 나 여호와가 존
재함을 믿는 그 자체만으로써 구원의
길에 들어서는 기본이요, 근본이라 함
은 실천과 행함이 따라야 하는 것이니
라.
10 그러나 지금 나의 피조물 만백성은,
구원을 받았다 부르짖는 그들은 어찌
하는가?
11 행함이요, 순종함을 그들은 행하려 하
지 아니하며 따르려 하지 아니함이니
라.
12 그들은 힘들고 어려운 길이며 지키기
어려운 그 길은 가지 아니하려 함이니
라.
13 내가 저희들에게 지키고 따르며 살라
하는 그 어렵고 힘들다는 계명이나 나
의 가르침은 따르지 아니하며,
14 오로지 그저 저희들이 만든 그 성전에
와 희비애락하고 노래 부르고 가르치
는 지도자의 설교를 들으며, 갖은 악
행을 다한 자,
15 자애롭고 용서하는 하나님의 품안에
와 하나님께 용서를 비는 기도를 드리
니 저는 모든 죄를 짓고도 다 용서받
는 특권을 가지고 있으며 저는 무조건
구원을 받을 수 있으며 구원을 받은
자라 말하니,
16 그 벽을 깨고 무너뜨리기가 얼마나 힘
들고 어려운가를 너희들이 알고 있을
것이니라.
17 그들은 나의 아들 예수가 피를 흘려
저희 대신 죽음으로써 나의 계명에 따
라 지키고 살아 하늘에 오르라는 가르
침도 저버린 채, 거기에 한 술을 더 떠
서 무어라 말하더냐?
18 저희는 그저 인간이기 때문에 하나님
의 말씀대로 살 수 없으니, 되는 대로
편한 대로 살며, 그저 되는 대로 눈감
아 죄를 짓고, 남모르는 데 저희들이
죄를 짓는 악행을 하고도 저희들이 만
든 성전에 가 저 혼자 스스로 아무도
모르게 기도하고 회개하고 반성하면
용서를 받아 또 저희는 역시 하늘에
올라와 구원을 받은 자라 그리 말하느
니,
19 이 얼마나 무섭고 잘못된 형국에 그들
이 가고 있음이냐?
20 저희들은 남모르는 사이에 제가 죄를
지으며 저 혼자 와 저 혼자 기도하고
회개하면 그를 다 용서받아 저는 또
구원의 길에 서 있다 말함이니, 이와
같은 형국이 지금 그들이 가고 있는
길이니라.
21 그들이 가는 길이 잘못되었다 하면 너
희들은 어찌 가야 될 것인가?
22 그 반대편에 서서 생각을 해야 할 것
이니, 그러하니 너희들은 뭐라 하였더
냐?
23 오른쪽으로 도는 그 팽이를 왼쪽으로
돌리는 삶을 사는 것이 하늘에 오르는
길이라 하였으니, 너희 인간사 그들이
말하는 구원을 받았다 하는 자들이 나
의 아들 예수의 보혈로써 그 죄를 사
했다 함이니,
24 내가 사랑하는 아들이 그와 같은 고통
속에 죽으며 피를 흘려 그 시련 속에

죽어 가는 것을 보는 나의 그 아픈 마
음이 잘못 살아가며 악한 짓을 하는
자를 그 피로써 구원했다 말하는가?
25 너희들은 알 것이니라.
26 모세가 그 백성을 그 사악한 시험에서
구하는 곳에 양의 피를 바른 자와 바
르지 아니한 자를 구분한다 하였음이
니,
27 그와 같이 내가 나의 피조물, 나의 백
성들을 구하는 데도 표시한 자와 표시
하지 아니한 자를 구분하여 그들을 구
원하였다는 것을 너희들은 일깨워 알
것이니,
28 나의 아들이 죽어 그 피로써 사하는
자는 곧 선행을 하고 사랑을 베풀며
나의 계명에 따라 사는 자들만이 구원
을 한다는 그 뜻이 있음이니,
29 그게 바로 그들의 대문 앞에 양의 피
를 바른 것처럼 나의 계명을 지키는
자 앞에 나의 아들 예수의 피로써 표
시하여 그들을 구원하고자 하며 구원
함이니,
30 나의 계명을 지키지 아니하는 자, 그
대문에, 그 몸에 나의 아들 예수의 피
로써 그를 표시하지 아니함이니라.
31 표시할 수 없음을 너희들이 알아야 할
것이니라.
32 그러면서 너희들은 뭐라 하느냐?
33 지은 죄를 제가 저희들이 만든 그 흉
악스러운 건물 안에 가 저 스스로 혼
자 기도하고 회개하면 용서를 받아 또
구원을 받았다 그리 말함이니, 그 얼
마나 사악하고 잔인무도한 자들의 행
위더냐?
34 약한 자의 생명을 끊어 놓고도, 약한
자를 짓밟아 놓고도 저 혼자 가 그 죄
를 제 그 더러운 입으로써 사했다 부
르짖으며 나에게 용서해 달라 빌면 그
는 구원을 받았다 이야기를 함이니,
35 이는 용서할 수 없으며 있을 수도 없
는 일이니라.
36 오로지 내가 나의 계명을 지키며 나의
뜻에 따라 사는 자만이 내 그 아픈 마
음과 저린 가슴으로써 나의 아들이 죽
어 가는 그 형상에 흘린 피로써 그 몸
에 바름이니,
37 그가 하늘에 오를 수 있는 자임을, 너
희들은 그 뜻을 알아야 할 것이니라.
38 그리하여 내가 그 시험에서 모세에게
깨우친 나의 백성들이 대문에 피를 바
르도록 하여 선별하였음이니, 그 뜻이
여기 있음을 알아야 할 것이니라.
39 그러니 너희들은 어찌 살아야 되겠느
냐?
40 그 반대의 형국으로 살아야만 너희들
은 나에게 근접하여 한 자욱 한 자욱
다가올 수 있음이니라.
41 예수의 피로써 구원을 받는 자, 내가
원하는 계명을 지켜야 될 것이며, 너
희들이 알면서 지은 그 잔혹한 행위는
그 아픔을 겪는 자가 있으니 말로써
너희들이 용서를 받을 수 없음이니,
42 너희는 알면서 죄를 지어서는 하늘에
오를 수 없음이니, 알면서 죄를 행하
지 말아야만 구원을 받는 것이라 너희
동료요, 너희 후손에게 가르쳐야 될
것이며, 너희들이 그리 행해야 할 것
이니라.
43 그러니 죄를 짓고 그저 말로써 지껄이
면 그 용서를 받는다는 자들과, 죄인

줄 알면서 죄짓는 자는 천만 번 말로
써 기도하며 피보다 더 고통스러운 속
에서 회개하고 반성해도 그 상처를 받
은 자 달랠 길 없으니 그 죄를 용서할
수 없다 함을 너희들은 반대편에서 보
고 깨우쳐야 나에게 한 발 한 발 올라
오는 길을 걸어옴이니,
44 너의 제자들과 내가 선택한 나의 백성
들에게 나의 이 애절하고 간절한 뜻을
전하여 그들이 구원의 빛을 보도록 하
라.
45 그러한 자만이 나 여호와가 존재함을
믿는 자들이며, 나 여호와가 존재함을
믿어 구원의 길에 들어서는 기본이요,
근본이 그들에게 이루어지는 것인 것
을 깨우쳐 이르라.

1,817 번째 하나님 말씀

2002년 2월 9일 06시 25분

1 사랑하는 선지자야,
2 예수의 보혈로써 죄를 사한다 함은,
내 사랑하는 자식이 고통스럽게 죽어
가 그가 흘린 그 피가 그리 값없이 된
다 생각지 말라.
3 전지전능한 나 여호와가 살릴 수 있는
나의 자식이 죽는 그 형상과 가장 고
통스런 그 모습으로 죽어 가며 흘린
피가 그리 값없이 흘러간다 생각지 말
라.
4 나의 계명을 따르며 나에게 순종하며
실천하고 따르고자 하는 자, 너희들과
같이 나의 뜻에 따라 하늘에 오르는
그 빛을 보고 오르고자 하는 자들의
가슴에 예수의 피를 찍어 줌이니,
5 그 자만이 구원을 받을 수 있는 길에
들어서는 것이며 구원을 받을 수 있는
길을 보고 있음이니, 그러한 자만이
나의 아들 예수의 보혈로써 구원을 받
을 수 있는 자라 말할 것이니라.
6 받은 자가 아니라 받을 수 있는 자라
말해야 할 것이니라.
7 나의 아들이 그 고통 속에 흘린 그 피
를 그리 헌신짝처럼 말하지 말라.
8 나 여호와의 저리고 아팠던 그 마음을
너희들의 그 더러운 입으로 헌신짝과
같이 버리는 그 나의 아들 예수의 보
혈의 피를 흘림이 아니니라.
9 어떠한 것보다도 더 소중하고 값진,
나의 아들이 십자가에 못 박혀 고통
속에서 흘린 그 피는 무엇과도 바꿀
수 없는 그 소중한 피이기에,
10 그 한 방울을 내가 너희들의 가슴에
찍어 줌은 순종하며 순응하며 나의 뜻
에 따라 살아가고자 발버둥치는 그 자
들의 가슴에 한 점을 찍어 줌이니,
11 이는 실오라기보다도 더 작은 그 피
한 방울로 하늘에 오르는 빛을 볼 수
있으며 구원의 길에 오르는, 반석 위
에 서는 그 영광을 얻게 되거늘,
12 너희들은 예수의 그 보혈을 벌레만도
못한 입으로써 지껄이지 말라.
13 구원을 받았다는 그 말을 감히 하지
말라.
14 너희들이 예수의 보혈로써 구원을 받
았다 하여 갖은 악행을 다 하며 말로
써 죄를 사하였다 하니, 너희들은 죽
어 내 앞에 왔을 때 그 참혹하고 암담
함을 알 것이니라.
15 내가 나의 선지자를 통하여 일렀느니

라.
16 너희들의 모든 재산을 다 내놓은 자가
말로써 공을 세우며 이웃에게 자랑하
면 나에게 와 그 공을 받을 자격이 없
다 하였음이니,
17 나의 아들 예수가 흘린 그 고귀한 피
의 대가를 벌레만도 못한 그 더러운
입으로써 은혜를 받아 너희들이 구원
받았다 하는 이야기를 하지 말라.
18 그 죄의 대가가 얼마나 무서운가를 너
희들이 죽어 내 앞에 와 깨닫게 될 것
이니, 그때는 너희들이 돌이킬 수 없
는 그 암담한 속에서 영원히 그 죄의
대가를 치르며 살아가는 길만이 남아
있으니,
19 너희들이 몸부림치고 울며 그 죄의 대
가로 그 길로 가는 그 형상을 너희들
이 지금 가슴속에 깊이 새겨 바르고
옳은 길을 가야 할 것이니 그리 알라.

1,818 번째 하나님 말씀

2002년 2월 10일 0시 35분

1 사랑하는 선지자야!
2 "네, 여호와 하나님! 말씀하옵소서."
3 네가 나의 성령을 받아 만백성을 구하
는 법전을 기록함에 있어서 내가 너를
불러 너에게 명하지 아니한 적이 없으
며, 너 또한 내 뜻을 따라 거역함이 없
으며, 너 스스로 네가 말하지 아니함
이니, 이는 곧 무엇이더냐?
4 네가 네 자의로 말하지 아니하며, 나
여호와의 성령의 뜻에 따라 네가 나의
모든 임무를 대행하고 있음이니,
5 네가 바로 나로부터 선택된 자이며 만
백성을 구하기 위하여 준비된 자임을
너의 제자들이 똑바로 바라보고 알아
야 할 것이니라.
6 너를 따르는 너의 제자들과 나의 법전
을 읽고 깨우친 나의 피조물 만백성이
말하기를,
7 전지전능한 여호와 하나님으로부터
선택된 자이며, 선택된 선지자이며,
선택된 종이요, 그 임무를 대행하는
자라면 앉은뱅이 일으켜 세우며, 눈먼
자 눈을 뜨게 하며, 죽어 가는 자 살리
는 그 능력을 보이는 것이 우선이라
그리 말할 것이니라.
8 그러나 내가 너희들에게 일렀음이니
라.
9 6천 년이라는 그 준비 세월의 역사가
흘러, 천 년을 준비하는 세월에 맞추
어 이 지상에 낙원을 이루는 대업을
이루는 너희들을 내가 선택하여 한 알
의 그 씨앗을 세상에 뿌려 그가 성장
함을 바라보고 있음이니,
10 이는 그가 성장하며 변해 가는 단계가
있음이니라.
11 그리고 절차가 있으며 또한 시간이 있
으며 행해져 가는 기간이 있음이니라.
12 종교 지도자들로부터 성서를 배워 깨
우친 너희들은 이와 같은 말을 또 수
없이 들었음이니, 쭉정이와 알곡식을
구분하여 알곡식을 구하는 역사만이
나로부터 이루어지며 내가 행하는 길
이라 너희들은 말하고 있음이니,
13 그 알곡식을 구하는 것이 무엇이더냐?
14 나의 법전이 세상에 나가 이를 보고
깨우쳐 하늘에 오르는 빛을 보는 자와
보지 못하는 자가 있으니,

15 곧 깨우친 자가 알곡식이 되는 것이며
깨우치지 못한 자가 버려지는 쭉정이
가 될 것이니,
16 너희들은 지금 내가 어찌하여 알곡식
을 구한다 하더냐?
17 한 알 한 알 쭉정이 속에서 그 알곡식
을 구하듯이 내가 그 알곡식을 구원하
기 위하여 나의 계획에 의하여 준비된
그 단계를 너희들이 지켜 가고 있음이
니라.
18 한 알의 알곡식을 구원하며, 두 알의
알곡식을 구원하며, 세 알의 알곡식을
추려 냄이니, 이와 같이 단계적으로
내가 나의 역사를 이루어 천 년 동안
에 이 지상의 낙원에 나의 모든 그 뜻
을 심고 가꾸고 이루고자 함이니라.
19 지금 내가 너희들에게 이룰 수 없는
기적을 보이며 너희들이 감히 행할 수
없는 역사를 이룬다 할 때,
20 내가 진정 구원하고 내가 선별하며 챙
겨야 될 그 알곡식들을 밟아 뭉개는
그와 같은 현상이 도래할 것이며, 정
말 나와는 아무런 관계도 없으며 나로
부터 선택받을 자격이 없는 자들이 정
녕 알곡식이요, 선택된 자라 하여 이
세상을 덮는 그와 같은 해괴한 현상이
일어날 것이니,
21 내가 그와 같은 모습을 볼 수도 없으
며, 보지도 아니할 것이며, 나는 내 계
획에 의하여 알곡식을 하나하나 차곡
차곡 챙겨 나가는 그 역사를 이루고자
함이니, 이를 너의 제자들은 깨우쳐야
할 것이니라.

1,819 번째 하나님 말씀

2002년 2월 10일 0시 45분

1 사랑하는 선지자야!
2 "네, 여호와 하나님! 말씀하옵소서."
3 나의 법전이 세상에 전해짐이 불어 가
는 봄바람과 같이 전해질 것이며, 소
복소복 쌓이는 하얀 눈처럼 나의 법전
이 세상을 다 덮는다 하였으니,
4 그리하여 나의 법전에 기록되어 있는
나의 성령의 뜻인 그 글이 세상을 하
나로 통일할 것이며, 세상에서 둘도
없는 하나의 언어로써 통용된다 하였
음이니,
5 이와 같이 천 년의 역사 속에 이루는
나의 법전이 내가 너에게 이르기를 봄
바람과 같이 전해지며 쌓이는 눈과 같
이 세상을 덮는다 하였으니,
6 소낙비가 쏟아지며 천둥 번개가 이루
는 그와 같은 방법으로써 나의 법전을
세상에 전하고자 함이 아님을 알아야
할 것이니라.
7 진리요, 순리라 말하는 그 바탕은 가
장 낮은 곳에 있음이니라.
8 물이라 하는 그 부드러운 것은 높은
곳에서 낮은 곳을 찾아 자연히 흘러가
듯이, 물이 흘러가는 모습의 그 형태
로써 나의 법전이 너희들의 손을 통하
여 너희들의 가슴을 통하여 물이 흐르
듯이 전해질 것이니,
9 비바람이 불며 홍수가 지며 천둥 번개
가 이루는 그와 같은 형태로써 나의
법전이 세상에 전해짐이 아니니라.
10 그는 나의 피조물 만백성이 두려워하
며 무서워하여 그를 접하지 아니할 것

이니,
11 물 흐르듯이 유하고 부드러운 모습으
로써 나의 법전이 너희들의 몸 속에
흐르는 동맥의 흐름과 같이 나의 이
지구의 모든 동산을 덮어 나가는 것이
내가 하고자 하는 그 계획임을 너희들
은 알아야 할 것이니라.
12 달리는 자, 지치느니라.
13 빨리 가는 자, 지쳐 쓰러짐이니라.
14 천태만상의 나의 피조물 만백성을 다
스리고 이끄는 것은, 강하고 힘찬 힘
이요, 비바람이 몰아치는 태풍과 같은
역사로써는 그 천태만상의 마음을 다
스릴 수 없음이니,
15 오로지 물이 높은 곳에서 낮은 곳으로
향하듯이 그 유하고 부드러운 순리만
이 승자가 될 수 있음이니라.
16 그 모두는 다 나의 법전으로 세상을
덮을 것이며, 나의 법전을 전하고 만
백성을 깨우치고자 울부짖는 너희들
이 이 지구상의 모든 백성들의 승자로
남는 것은 엄연한 사실인 것이니, 너
희들은 불안해하지 말라.

1,820 번째 하나님 말씀

2002년 2월 10일 0시 50분

1 사랑하는 선지자야!
2 "네, 여호와 하나님! 말씀하옵소서."
3 나의 법전이 세상에 나가 만백성이 그
를 읽고 깨우치게 됨이니,
4 지금 나의 법전을 읽고 깨우친 자들,
또는 이를 들고 불안해하는 자들, 그
리고 이가 정녕 나 여호와로부터 받아
서 직접 쓴 성령의 말씀인가 저희 나
름대로 종교 지도자들 속에서 시시비
비를 가리고 있는 자들이 있음이니,
5 지금은 저희들이 하나의 흘러가는, 지
나가는 바람과 같을 것이라 생각하며,
정녕 이 바람은 이룰 수도 없으며 이
바람은 불어지지도 않을 것이라는 그
와 같은 초조하고 불안한 마음에서 나
의 법전을 놓고 그들이 탐독하며 연구
하고 바라보고 있음이니라.
6 내가 너를 통하여 다음의 단계로써 나
의 법전이 세상에 전해질 때, 그들은
먹이를 쫓는 맹수처럼 너를 바라볼 것
이며 너를 잡고자 하는 그들의 동요가
일 것이니,
7 그들이 이는 정녕 여호와 하나님의 말
씀이라 하며 나 여호와가 직접 내린
그 뜻이라 하는 것을 그들 스스로 깨
닫고 알고 있음이니,
8 나의 아들 예수가 그와 같은 고통과
역경을 겪을 때, 그 백성들이 그가 나
의 아들이며 나로부터 대명을 받아 만
백성을 구하기 위하여 내려온 자라는
것을 다 알고 있었음이니,
9 알고 있는 자들이 그와 같은 참혹하고
간악한 행위를 저질렀음이니, 지금 나
의 법전이 제2단계의 그 작업이 실시
되어 만백성이 이를 접할 때,
10 그들은 이는 정녕 나 여호와의 성령의
뜻이라 말하여 그들이 두려워하며 깨
우침을 알게 될 것이니라.
11 그들은 그러나 그 깨우침을 그대로 저
희들이 받아들여 고개 숙여 나의 피조
물 만백성을 구하는 그 길에 저희들이
동참하며 앞에 섬이 아니라,
12 나 여호와 하나님의 그 성령의 뜻이

세상에 더 전해지며 제 이웃이 알며
제 주변이 알면 이는 걷잡을 수 없으
며 다스릴 수도 없다 생각하여 제2단
계의 작업이 실시됨으로 인하여 맹수
가 먹이를 좇듯이 너를 그리 쫓고 쫓
을 것이니,
13 이와 같은 형국이 이루어짐을 네가 미
리 알아 그를 처리하고 처신함에 있어
서 신중에 신중을 기할 것이며,
14 너의 제자들과 한몸이 되어 같이 행동
하며 같이 이루어지며 같이 전하는 사
업을 이끌어 나가야 될 것이니,
15 이를 미리 준비하고 다스려 둠이 오늘
에 너희들이 해야 할 일인 것을 알아
야 할 것이니라.

1,821 번째 하나님 말씀

2002년 2월 10일 08시 15분

1 사랑하는 선지자야!
2 "네, 여호와 하나님! 말씀하옵소서."
3 내가 나의 피조물 만백성을 구하기 위
하여 너에게 내리는 이 모든 나의 성
령의 뜻이 얼마나 소중한 것이며 얼마
나 값진 것이며,
4 어찌하여 이것이 하늘나라에서 지상
의 너희들을 위하여 내려갈 수 있다
생각하는가?
5 나 여호와가 아니면 이를 이룰 수 없
으며 행할 수 없음이니, 너의 제자들
이 또한 이 은혜를 받고 있음을 먼저
깨달아야 할 것이니라.
6 내가 너를 불러 나의 성령을 너의 가
슴에 내리니, 네가 나에게 기도를 드
리며 묵상을 할 때마다 너희들이 바르
고 곱게 살아 하늘에 올라오는 그 길
을 내가 너희들에게 명함이니,
7 이를 받고 시행하는 너희들이 나로부
터 얼마나 소중한 백성들이며, 또한
너희들이 나에게 소중하듯이 너희들
의 자세가 어찌 서야 되는가?
8 서로 자기의 자리에서 최선을 다하는
그 아름다운 모습을 너희들이 지켜 줘
야 할 것이니,
9 내가 너희들에게 내렸듯이 '한 점의
부끄럼이 없는 삶을 살라, 나의 백성
들아!' 하는 그 뜻을 너희들이 어찌 시
행하고 지켜야 할 것인가는 너희들의
노력 여하에 달린 덕목임을 너희들이
잊어서는 아니 될 것이니라.
10 너희들은 지금 무어라 말하겠는가?
11 나의 성령의 뜻을 선지자를 통하여 기
록하는 이 법전이 끝이 없이 나오고
있으며 기록되어 가고 있음이니, 이것
을 보는 자 또한 깨닫지 못한다 하면
어찌하겠는가?
12 나의 법전이 세상에 나의 선지자를 통
하여 기록되어 나오는 그 역사는 모세
의 시대와 그 기적보다도, 예수가 나
의 피조물 만백성을 위하여 이루었던
그 기적보다도 더 소중하며, 길이 찬
란히 남아야 할 나의 성령인 것을,
13 내가 직접 내려가 너희들에게 가르치
는 그와 같은 영광을 너희들이 어찌
생각해 볼 수 없는가?
14 나의 성령이 나의 선지자를 통하여 전
해짐이니, 내가 직접 내려가 선지자를
통하여 너희들에게 내리는, 너희들이
살아 하늘에 오르는 이 나의 성령의
뜻이 얼마나 소중한 것이며 귀한 것인

지,
15 내가 직접 내려가 너희들에게 전한다
하는 그러한 생각을 너희들이 한 번쯤
은 해 봐야 할 때가 되었음이니라.
16 모세의 시대는 모세를 통하여 그와 같
은 역사를 이루었으며, 신약의 시대에
나의 아들 예수를 통하여 이루었음이
며,
17 지금은 내가 직접 임하여 내가 너희들
을 직접 터치한다 함이니, 내가 나의
종, 선지자를 통하여 너희들에게 직접
임하여 내린다는 생각을 너희들은 한
번쯤 해 봐야 될 때가 되었음을 깊이
깨우쳐야 할 것이니라.

1,822 번째 하나님 말씀

2002년 2월 10일 12시 30분

(강론을 마치며)

1 사랑하는 선지자야!
2 "네, 여호와 하나님! 말씀하옵소서."
3 너의 제자들에게 이르라.
4 내가 말하여 그들에게 일깨워 주기를,
너희들이 읽을 수 있으며, 너희들이
들을 수 있으며, 너희들이 볼 수 있는
그 글로써, 말로써, 뜻으로써 이 세상
에 나의 법전이 내려감이 너희들에게
영광이라 하였으니,
5 너의 제자들은 오늘 이를 깨우쳐야 될
것이니라.
6 나 여호와가 그를 선택하였음이니, 내
가 너희들이 보고 듣고 읽을 수 있는
말과 글로써 너희들에게 전할 수 있도
록 한 것은 내가 선택하며 내가 명함
이요, 내가 정함이니,
7 나의 이 뜻을 너희들이 한번 짚고 넘
어가야 할 것이니라.
8 그 뜻을 너희들이 한번 짚고 넘어가면
서 나 여호와에게 감사함을 너희들이
느낀다 하면,
9 지금 나의 음성을 들으며 나의 메시지
를 직접 들으며 나의 법전을 너희들의
그 손에 받아 가슴에 안고 정독하는
너희들이 얼마만큼 소중하며 귀한 나
의 자식들인가를 너희 자신이 또 한
번 여기서 생각해 봐야 할 것이니라.
10 내가 선지자를 통하여 말하였느니라.
11 천 년이라는 세월에 걸쳐 하늘에서 이
루어진 것같이 이 땅에서 낙원을 이루
고자 하는 것이 나의 뜻이며, 그는 반
드시 이루어질 것이라 말하였음이니,
12 천 년의 시작이 지금 너희들이 서 있
는 이곳의 성전에서 시작된다 하였음
이니, 내가 오늘 너희들에게 일깨워
주었느니라.
13 나는 알곡식을 구하되 내 손으로 하나
씩 구한다 하였음이니, 내가 한 알의
씨앗을 세상에 내려 선지자라 하여 너
희 앞에 세웠음이니,
14 그를 통하여 알곡식을 둘, 셋을 구하
게 됨이니, 너희들이 바로 알곡식이니
라.
15 수십억 인구 중에서 내가 쓰고자 하
여, 내가 필요로 하여 나의 이 법전을
전하며 나의 피조물 만백성이 천 년에
걸쳐 이 지상에 에덴동산을 만드는 그
역사가 이루어지는 곳에는 한 알 한
알 내가 필요하고 굳은 알곡식만을 쌓
아 놓아야 그게 싹이 틀 것이며 그가
빛을 발할 것이니,

16 지금 나의 성전에 와 나의 선지자를
통하여 내리는 나의 메시지를 듣는 너
희처럼 단단하고 굳은 알곡식이 없음
이니라.
17 너희들이 알곡식으로 선택되어 나에
게 거둬들여짐이니, 너희들은 이와 같
은 영광과 은혜를 생각하기 전에,
18 너희들이 선택된 알곡식으로서 너희
자신이 어찌 가야 하는 것인가를 생각
해 봐야 할 것이니라.
19 내가 오늘 너희들에게 알곡식으로서,
너희들이 단단한 씨앗으로서, 씨를 뿌
릴 수 있는 알곡식으로 굳건히 서 달
라 하는 것은, 너희 마음속에 있는, 너
희 생각 속에 있는 그 마음 하나를 다
스려 달라 함이니라.
20 너희들은 인간사에 만든 그 보석이요,
귀한 재물은 갈고 닦을 줄 알고 그를
관리할 줄 알고 그를 보관할 줄 알며,
21 너희들이 입는 그 옷 자체도 귀하고
값진 것은 관리할 줄 알고 보관할 줄
알며, 때에 따라서 손질을 하고 때에
따라서 바람을 쐬고 태양빛을 쐬며 너
희들이 관리하고 정성을 들여서 가꾸
나,
22 너희 자신을 영원히 구하는, 나에게
올라올 수 있는 그 근본의 심성을 너
희들은 얼마나 닦고 관리한다 생각하
느냐?
23 너희들이 평생에 누구도 만질 수 없는
그 값진 보석을 가졌다 하자.
24 그 보석을 갈고 닦는 것보다도 열배
백배 더 신경을 써서 곱고 부드러운
천으로 너희들의 가슴에 있는 그 마음
을 닦고 문질러 그가 빛을 발할 수 있
도록 하는 것이 너희들이 지금서부터
해야 할 임무인 것이니라.
25 너희들이 먹는 것, 잠자는 것, 걸치는
것, 육신의 인간사에 이루어지는 그
모든 것보다 지금 해야 할 길은 너희
마음을 그 보석보다도 열배 백배 더
아름답고 곱게 닦아 그 빛을 발할 수
있도록 하는 것이 너희들의 대명이니,
26 이 길에 너희들이 목숨을 던지는 것을
두려워하지 말라.
27 나 여호와가 천 년에 걸쳐 이곳에 에
덴동산을 이루고자 함에 너희들이 선
택되며 그 뿌리의 씨앗의 곡식이라 하
면, 그 곡식을 너희들은 어찌 관리하
고 보관해야 되겠는가?
28 너희 자신을 함부로 하지 말라.
29 너희 자신을 함부로 던지지 말라.
30 그리고 너희 자신을 함부로 쓰지 말라.
31 이는 너희들이 가꿔야 할 육신의 근본
이요, 내가 거둬들이는 그 알곡식은
너희들의 육신이 아니라 너희들의 마
음이니라.
32 그 마음을 너희들이 오늘부터 부드러
운 천으로 닦고 감는 그와 같은 훈련
을 해야 될 것이며, 나의 성령이요, 나
에게 선택된 그 씨앗인 너희 가슴속의
그 알곡식을 닦고 가꾸고 보관하는 그
정성을 조금도 게을리해서는 아니 될
것이니, 그것이 바로 너희들의 마음의
자리이니라.
33 이제는 너희들이 아름답고 고운 마음
을 가지고 살아갈 수 있는, 더럽고 추
한 것을 바라보지 아니하며 감히 접근
할 수 없는, 너희 가슴속에 내가 심어
준 나의 알곡식의 그 성령을,

34 주먹만 한 나의 씨앗이요, 내가 내린
성령이 임해 있는 너희들의 그 마음을
빛이 나도록 닦고 가꾸는 것을 게을리
하지 말아야 너희들이 나에게 오를 수
있는 길임을 깊이 깨우쳐 행하도록 그
리하라.

1,823 번째 하나님 말씀

2002년 2월 11일 0시 55분

1 사랑하는 선지자야!
2 "네, 여호와 하나님! 말씀하옵소서."
3 이 깊은 밤에 네가 나에게 기도를 드
림이니, 나 여호와의 마음이 기쁘기
한이 없음이니라.
4 부모로부터 세상에 태어나 아무것도
모르는 아이가 젖을 먹고 자라며 걸음
마를 배우고 그리 성장하여 가듯이,
5 십계명의 뜻이 무엇이며, 십계명이 어
찌 되었으며, 십계명이 어찌 만들어졌
으며, 그를 어떻게 지켜야 될 것이며,
너희들에게 그가 무슨 역할을 하며 어
떤 영향을 주는 것인지 아무것도 모르
고 뜻도 모르며 암송하던 네가, 이 깊
은 밤 나에게 십계명을 암송하는 지금
은 그 뜻을 알고 있으며, 행함을 알고
있으며, 지키는 길이 무엇인가를 네가
지금 깨우쳐 그를 낭독하고 있음이니,
6 이제는 그 뜻을 알고 그 행할 길을 알
고 어찌 가야 할지 길을 알며, 나의 피
조물 만백성을 어찌 일깨워서 하늘에
오르는 길을 볼 수 있도록 그들의 눈
을 뜨게 해 줄 수 있는가를 알며,
7 너 자신이 하늘을 향하여 한 점의 부
끄러움이 없는 삶을 살아갈 수 있는
나의 사랑하는 선지자가 되어 지금 이
십계명을 암송하니,
8 네가 처음에 아무것도 모르는 철부지
로서 암송하던 그때를 나 여호와가 생
각하며, 오늘 네가 암송하는 마음과
너의 깊은 심성과 네가 할 수 있는 그
마음을 바라보는 내가 오늘 네가 십계
명을 암송하는 그 자세를 볼 때, 나 여
호와가 흐뭇함이니라.
9 아무것도 모르는 자식을 길러 그가 성
장하여 하나의 배필을 만나 혼례를 치
르며 한 가정이 이루어졌을 때, 너희
들의 부모의 마음이 이와 같이 흐뭇하
지 아니할까?
10 그 마음보다도 더 기쁘고 흐뭇한 것이
오늘 나 여호와의 마음이니라, 선지자
야!
11 많이 성장하였으며, 많이 변하였으며,
많이 전진한 너의 음성을 듣는 나 여
호와가 오늘 그 기쁨이 한량없으며,
12 너를 따라 네가 진정한 나의 선지자
요, 나의 종이요, 나의 아들이요, 나의
성령을 받아 만백성을 구하는 자라 하
여 너와 같이 대화하며 내 마음을 기
쁘게 하며 앉아 있는 나로부터 선택된
나의 백성들,
13 그들 또한 갸륵하고 나 여호와가 그들
을 사랑하는 마음이 너희들이 자식을
사랑하는 마음보다 더 기쁨이니,
14 오늘에 네가 기도드리는 이 시간이 나
여호와에게 그리도 즐겁고 기쁜 시간
인 것을 네가 알겠는가?
15 선지자야!
16 "네, 여호와 하나님! 말씀하옵소서."
17 네가 너의 제자들에게 일렀느니라.

18 나 여호와를 향하여 달려오는 너희들
은 두 주먹을 불끈 쥐고 뒤도 돌아보
지 말며 좌우도 돌아보지 말라 하였음
이니,
19 그들을 일깨워 주는 선생이요, 그들을
가르치는 너요, 나의 성령의 뜻을 받
는, 이 우주 중에 그 수십억 인구 중의
하나인 너는 어찌 깨우쳐 가야 되겠느
냐?
20 단단한 쇠를 불 속에 달구어, 그를 빨
갛게 달궈 두드려 만드는 것보다도 더
강하고 강렬한 힘으로써 너 자신이 변
해야 되며 네가 일깨워져 가야 함이니
라.
21 사랑하는 선지자야!
22 "네, 여호와 하나님! 말씀하옵소서."
23 너의 제자들이 변해져 가는 그 마음보
다 네가 열배 백배 더 많이 앞에 와야
됨이니,
24 앞에 오면 많은 것을 깨달음이요, 많
은 것을 깨달은 자는 그 고통을 다 감
내해야 한다는 것이니,
25 잘 인내하고 참고 오는 너의 그 모습
에 나 여호와가 기쁘기 한량없으며,
아무것도 모르는 철부지 너를 내세워
십계명을 암송하며 나의 음성을 받아
기록하라 하였을 때,
26 깜깜한 방에서 허덕이던 네가 이제는
하늘에 오르는 그 광명한 빛을 바라보
며, 오늘에 외우는 이 너의 십계명이
어떤 빛을 발하며 어떠한 역할을 하며
어떠한 뜻을 이루고 있으며,
27 그게 나 여호와에게 네가 약속하며 내
가 명한 단 열 가지 그 계명을 지키겠
다는 그 약속과 지킬 수 있는 너의 마
음의 결의를 하고 있음이니,
28 그때와 지금의 네가 변한 것이 얼마나
많이 변하여 왔던가?
29 너를 내려다보는 나 여호와의 마음이
그리 든든하며 기쁨을 너와 너의 제자
들이 같이 느끼며 즐거워할 수 있는
시간을 갖도록 그리하라.

1,824 번째 하나님 말씀

2002년 2월 11일01시 10분

1 사랑하는 선지자야!
2 "네, 여호와 하나님! 말씀하옵소서."
3 내가 너에게 도적질하는 것은 남의 물
건을 훔치는 것만이 도적질이 아니요,
남에게 제가 당당히 지불해야 될 것,
돌려줘야 될 것, 그리고 정리할 것을
하지 않고 남을 가슴 아프게 하는 그
것도 도적질하는 자의 마음과 같다 일
렀음이니,
4 또한, 살인하는 것은 무엇이라 일컬어
야 되겠는가?
5 사람의 생명을 요절을 내는 것만이 살
인이 아니니라, 선지자야!
6 나로부터 똑같은 은혜와 은총을 받아
세상에 나간 나의 피조물 만백성 그들
이 살아가는 모형이나 그들이 살아가
는 방법이 너희들과 다르다고 하여,
너희보다 부족하다 하여, 너희들과 뜻
이 같지 아니하다 하여 그들을 잘못
평하는 그 자체도 살인하는 것과 같은
뜻이 있음을 알아야 될 것이니라.
7 더군다나 나 여호와에게 경배하며 하
늘에 오르는 길을 가르치고 그 가르침
을 받는다는 나의 피조물 만백성이 너

희들과 같은 길을 가지 아니하며, 너
희들과 똑같은 방법으로써 너희들을
따라오지 아니한다 하여 그들은 잘못
가는 자요, 잘못된 자요, 나 여호와에
게 역행하는 자요, 사악한 무리라 말
하는 그 자체가 살인하는 자보다도 더
무서운 그와 같은 죄를 범함이며, 살
인과 똑같다 하는 것을 너희들이 깨우
쳐야 할 것이니라.
8 나로부터 똑같은 은혜와 권능을 가지
고 와 있는 그를 심판할 자격은 나 여
호와밖에 없음이니,
9 창조주 나밖에 할 수 없거늘, 너희들
이 나의 직권이요, 내가 가지고 있는
모든 나의 고유의 책임이요, 권한을
너희 마음대로 흔들며 너희 것인 양
그리 마음대로 부르짖으며, 그를 빙자
하여 상대방을 비방하고 상대방의 가
슴을 아프게 하는 행위를 함이니,
10 이것이 얼마나 무서운 죄인가를 알아
야 할 것이니라.
11 위로는 나의 뜻을 거역함이며, 나만이
할 수 있는 것을 저희들이 나를 대신
하여 행함이며, 내 앞에 서서 영화와
축복과 영광을 대신 받는 그와 같은
사악한 행위를 하는 자와 똑같음이니,
12 위로는 그 죄를 지음이요, 아래로는
바르고 곧게 가는 그들을 너희들이 비
방하고 평가하며 사탄이라 하여 그들
의 마음을 흔들어 놓음이니, 이것이
살인하는 것과 똑같음이니,
13 그와 같이 나의 피조물 만백성을 평하
는 것이 살인보다 더 무서운 살인이라
하는 깨우침을, 내가 내리는 그 뜻을
너희들이 알아야 할 것이니라.
14 너의 제자들에게 일러 일깨워 주라.
15 아무도 내가 만든 나의 피조물 백성들
을 심판하고 평가할 수 없음이니, 이
는 나의 뜻을 거역함이며, 나의 이름
을 팔며 나의 권능을 너희들이 행사하
고자 함이니,
16 나의 권한을 도적질하는 도둑과 똑같
은 그와 같은 죄를 범하고 있음이니,
그게 얼마나 무서운 행위인가를, 그
간단한 이치를 그들에게 깨우쳐 줘야
될 것이며,
17 나만이 평가하고 나만이 심판할 수 있
는 나의 피조물 만백성을 심판하는 그
행위는 저 자신의 옳고 그름도 모르
며, 제가 서 있는 위치가 어디인지도
모르며, 제가 지고 있는 그 죄의 무게
가 얼마인지도 모르며, 나에게 와 제
가 재판을 받을 때 어디로 갈 것이라
는 것을 알지도 못하는 주제에,
18 제가 끓는 기름 가마 속에 들어갈 것
인지, 아니면 미물로서 가야 할 것인
지, 땅속에서, 진흙 속에서 살아가는
지렁이로서 가야 할 것인지, 저 자신
이 가야 할 제 위치도 모르는 자가 그
보다 낫고 훌륭한 자를 평가하고 욕함
이니,
19 그 주제넘은 행위를 하는 그 죄가 살
인하는 것보다도 더 무서운 것이니,
20 그와 같은 이치를 너의 제자들에게 깨
우쳐, 너희들 입에서는 남을 평하는
말이 나와서는 아니 됨을 일깨워 주어
이를 깨달아 시행하는 나를 향하여 오
는 백성에서 낙오자가 되지 않도록 그
들을 다스리라, 선지자야!

1,825 번째 하나님 말씀

2002년 2월 11일 08시 15분

1 사랑하는 선지자야!
2 "네, 여호와 하나님! 말씀하옵소서."
3 나의 성령을 너에게 전하여 나의 법전
을 세상에 만들어 내는 이 역사가 너
희 인간사에 6천 년이라는 그 긴 세월
이 지난 지금 천 년의 역사를 두고 이
지상에 낙원을 만드는 것이 나의 계획
이며 나의 뜻이라 하였음이니,
4 얼마나 너희들이 가고 있는 이 길이
중요하며 또 중요한가를 알아야 할 것
이니라.
5 이후에는 더 다른 말이 없으며 다른
깨우침이 없으며 나의 피조물 만백성
을 일깨우고자 하는 다른 역사가 없다
하였음이니,
6 영원히 나의 법전으로써 나의 피조물
만백성을 이끄는 역사가 이루어짐이
니, 이게 얼마나 소중한 역사더냐?
7 그리하여 한 자도 틀리지 않도록 나의
뜻을 그대로 기록하라 함이니, 여기에
소중함이 있느니라.
8 잘못 가고 잘못 기록하였을 때 나의
뜻이 아닌 것이 기록되며 나의 뜻이
빠져나감이니,
9 이를 철저히 밝혀 나의 법전에 완벽한
나의 뜻을, 나의 성령을, 그려 내려보
내는 나의 심정을, 내가 원하고 바라
는 그 성령의 뜻을 바르고 옳게 기록
해야 함이니라.
10 이는 너희들이 한 치의 소홀함이 있어
서도 안 되며 한 치의 게으름이 있어
서도 아니 됨이니라.
11 여기에 얼마나 소중함이 있는가를 너
희들이 깨우쳐야 할 것이니라.
12 나의 법전을 너희들이 지금 다시 정립
함에 있어서 여기 와서 아무나 흘러가
는 한 마디씩 말할 수 없으며, 여기 와
서 손을 댈 수 없으며, 여기 와서 그에
관여할 수 없음이니라.
13 이를 명심하여 선지자야, 완벽한 나의
법전을 만들어 내야 될 것이니라.

1,826 번째 하나님 말씀

2002년 2월 11일 15시 10분

1 사랑하는 선지자야!
2 "네, 여호와 하나님! 말씀하옵소서."
3 수천 년의 역사가 흘러오면서 나의 피
조물 만백성 그들이 갈구하고 원하는
것이 무엇이더냐?
4 그들은 하늘에 오르고자 함이니라.
5 그리고 구원을 받고자 함이니라.
6 그리고 저희들이 고통과 시련이 없는
그 낙원에서 영원히 내 옆에 와 존재
하는 것을 갈구함이니라.
7 그리하여 그들은 어찌 살아가는가?
8 때로는 자기 인생의 전부를 다 바치는
자가 있으며, 때로는 많은 시간과 모
두를 다 바쳐 나에게 오르고자 그들이
노력하며 발버둥침이니라.
9 그러나 그들이 얼마나 우매하고 둔한
자들인가 너는 오늘 너의 제자들에게
일깨워 줘야 할 것이니라.
10 내가 지금 너를 통하여 나의 성령을
네 가슴에 내려보내 나의 법전을 기록
하기 전에 세상에 내가 직접 내려보낸
것이 있음이니,

11 그게 바로 바위라는 것에 내가 불로
직접 써 내린 십계명이니, 그것이 얼
마나 소중하고 얼마나 위대한 것인가
를, 나에게 오르고자 하는 나의 피조
물 만백성이 하늘에 오르는 것이 저희
들의 소원이며 저희들이 평생 갈구하
는 것이 그것이라 말하면서, 그 소중
함을 모르고 있음이니라.
12 너희들이 나의 음성이요, 나의 형체를
보기 위하여 그리 발버둥치나, 나의
음성을 듣는 것을 너희들은 거부하는
자들이니,
13 십계명을 집어던지는 자, 깨우치고자
하지 아니하는 자, 덮어 두는 자, 그게
무엇이더냐?
14 나의 음성을 듣지 아니하겠다는 자들
이니, 나의 음성을 들으라 그리 내가
저희들에게 외치고 있지만, 그들은 그
음성을 스스로 귀를 닫고 듣지 아니함
이니,
15 그러면서 그들은 나의 음성을 듣겠다
하여 평생을 하늘을 향하여 소리 지르
며 갖은 악을 다 쓰고 있는 그 형국이
되어 있음이니, 내가 그들의 기도 소
리를 듣지 아니하는 것이 당연한 것이
아니더냐?
16 지금 내가 너를 통하여 나의 성령을
내려보내는 그 음성을 너의 제자들이
듣듯이, 그와 똑같은 것이 바로 내가
직접 써 내린 십계명이니,
17 내가 너희들에게 직접 불로 써 내려보
낸 그 십계명을 너희 손에 쥐여 주지
아니하였다 하여 그것이 나의 뜻이요,
그 소중함을 모른다 하면, 어찌하여
너희들은 그것 하나도 깨우치지를 못
하는가?
18 내가 그리하여 십계명을 너의 제자들
에게 수없이 암송하라 하였으며, 그것
의 소중함을 알라 하였으며, 그것을
암송함으로 인하여 너희 가슴속에 성
령의 뿌리가 내려 너희들의 마음의 문
이 열린다 하였음이니,
19 그리하여 내가 너에게 십계명을 수없
이 외우라 하였으며, 그 외운 십계명
은 너희들이 나에게 서약함이라 하였
음이니,
20 바로 너희들이 나의 말을 듣고 그 말
에 대답하여 서약하는 것과 같으니라.
21 내가 너희들의 귀에 직접 십계명을 암
송하여 들려주는 것이 나의 음성이더
냐?
22 내가 성령으로써 바위에 글을 써 너희
들에게 전함이니, 항상 내가 너희들에
게 명하는 것이 그것이거늘,
23 지금도 내가 너희들에게 십계명을 들
으라 외치니, 그 십계명을 암송하는
자, 나의 뜻이요, 나의 음성을 듣고 응
답하는 것이니, 이 십계명의 소중함이
여기에 있는 것이니라.
24 너희들이 나의 형체를 볼 수 없으며
나를 만질 수 없으나, 가장 중요한 너
희들이 구원을 받는 그 성령이요, 나
의 심성이요, 나의 성령을 내가 지금
말로 너희들에게 들으라 전하였거늘,
그것을 너희들은 듣지 아니하는 자들
과 같으니라.
25 그리고 하늘에서 천둥 번개가 치면서
세상을 뒤덮는 것과 같은 나의 음성을
듣고자 하는 것이 너희들이니, 이미
나의 음성은 세상에 내려가 있음이니

라.
26 나의 십계명이 너희 가슴속에, 너희
집안에, 너희 생활 속에 닿아 파고들
고 있음이니,
27 그러면서 나의 음성을 너희들이 듣고
자 하는 그와 같은 형국이며, 지금은
너희들이 나의 음성을 거부함이니라.
28 감히 내가 불로 써 내린 그 십계명을
어찌 너희들이 거부할 수 있으며 그것
을 책장에 덮어 둘 수 있는가?
29 그를 지킬 수 없다 함은 나의 음성을
너희들이 들어 내가 명하는 것을 시행
하지 아니하는 것과 같다 말함이니,
30 그러한 자의 기도 소리를 내가 들을
이유도 없으며, 나와는 아무런 관계도
없으며, 백날 천날 나의 십계명을 시
행하지 아니하며 울부짖는 자는 내 음
성이요, 내가 명하는 것을 거부하는
자이니, 그는 오를 수 없다 하였음이
니라.
31 너의 제자들에게 이르라.
32 불로 써 내린 그 십계명이 말이 없고
대답이 없으나, 그는 내가 항상 너희
들에게 나의 음성을 들려주는 것과 같
음이니,
33 그 십계명을 스스로 암송하고 암기하
는 자, 내 음성을 그가 듣고자 하며 나
의 명령에 따라 살고자 하는 가장 중
요함이 여기 있으니,
34 너의 제자들과 나에게 오르겠다고 각
종 종파에서 고개 숙여 아우성치는 자
들과의 선별됨과 구분됨이 여기에 있
음이니라.
35 너희들은 그 십계명의 소중함과, 그
십계명이 어디서 나왔으며 무엇인가
를 바로 깨우쳐야 될 것이니라.
36 그 십계명을 접하는 자, 내가 그에게
접하여 있으며, 내가 임하여 있으며,
내가 그를 기억하고 있으며, 나와 같
이하고 있음을 깨달아야 할 것이니,
37 손가락의 열 개밖에 안 되는 그 계명
을 그저 써서 내렸다 그리 생각하지
말라.
38 너희들은 십계명을 볼 때마다, 나의
음성이 너희들 책상에 써 있는 그 십
계명에서 나의 눈으로써 내가 너희들
을 바라보며 나의 성령의 뜻이 너희
가슴에 전해지는 그와 같은 불꽃보다
도 더 뜨거움을 느끼며 십계명을 암송
하고 그 글씨를 바라봐야 한다는 것을
너의 제자들에게 일깨워 줘야 할 것이
니라.
39 이 깨달음이 또한 너희들과 그들과의
차별화됨이니 그리 알라.
40 십계명이 곧 나의 음성이니라.
41 그리하여 나의 음성인 십계명으로써
내가 항상 이 세상을 덮고 전하고자
함이며, 다음에 나의 성령이요, 음성
을 전하는 것이 내가 너를 통하여 내
리는 것이니,
42 십계명과 너와는 책에 써 있는 글의
연결처럼, '앞에 아버지가 걸어가고,
뒤에 따라간다.' 하는 이와 같이 연결
된 입장에서 지금 이루어지고 있음이
니,
43 그를 너의 제자들에게 일깨워 주며,
너를 통하여 내리는 나의 음성이 십계
명과 똑같으니라.
44 나의 음성이 십계명과 같으며, 그 십
계명이 지금 내가 너를 통하여 내리는

음성과 똑같음이니,
45 이와 같은 이치를 너의 제자들에게 깨
우쳐 주며, 한 치도 저희들이 의혹이
나 마음의 불안함을 갖지 말라 그리
이르라.
46 이제는 십계명의 소중함을 알겠는가,
그 내려보낸 뜻을 알겠는가?
47 그게 지금 나의 성령으로써 메아리쳐
너희들의 귀를 때리나 그를 듣지 못하
고 바라보지 못함이니,
48 너희들의 그 귀와 눈을 열어 주는 것
이 나의 선지자요, 나의 종이요, 나의
아들이 너희들에게 행하고 있음이니,
너희들은 똑바로 듣고 똑바로 들어야
할 것이니라.
49 그리고 똑바로 봐야 할 것이니라.
50 나의 음성을 듣는 너희들이 되라.

1,827 번째 하나님 말씀

2002년 2월 11일 20시 05분

1 사랑하는 선지자야!
2 "네, 여호와 하나님! 말씀하옵소서."
3 너희들 말에 '단단한 돌다리도 나약한
너희들이 넘어가면서 두드려 보고 넘
어가라.'는 말이 있음이니,
4 그는 변화가 천태만상의 형상에서 이
루어지는 그와 같은 형국이 있기 때문
에 그와 같은 말이 있음이니라.
5 나의 법전을 네가 세상에 내보내는 그
대업을 이루며 나의 성령을 받아 네가
만백성을 구하고자 나의 법전을 세상
에 내보내는 그 일은 돌다리를 건너는
사람이 그를 두드려 보고 건너는 것보
다도 더 두드려 보고 더 살펴보고,
6 내가 너에게 내렸던 모든 그 성령의
뜻을 하나하나 네가 다시 기억하고 생
각하면서 이를 만들어 완성해 가야 할
것이니라.
7 지금 나의 피조물 만백성이 수천 년
역사 속에서 그들이 살아오면서 구원
을 받고자 그 나름대로 제가 살아오는
모두를 다 바치며 살아온 자 있다 하
였음이니라.
8 그러나 지금 그들의 깨우침이나 믿음
이 어찌 되었는지 아느냐?
9 너희 말에 작은 상처가 나는 것은 아
나 너희들의 생명을 앗아 가는 중병이
몸에서 자라고 있음은 너희가 모른다
말함이니, 지금 그들이 그와 같으니라.
10 작은 상처만도 못한 그와 같은 깨달음
속에서 저희들이 구원을 받으며 하늘
에 오르는 길이 있으며, 저희만이 구
원을 받았으며 하늘에 오르는 길이라
하고 있음이니,
11 그와 같이 지금 저희들이 온 지구를
다 들었다 놓을 듯이 요란하며, 온 천
지에 나의 아들을 고통스럽게 감아 치
고 휘몰아쳤던 그 십자가를 밝혀 불을
붙이는 그와 같은 형국의 너희들의 형
태가 믿음으로써 나에게 오르는 그 길
이라 하니,
12 너희들의 살가죽에도 상처를 입히지
못한 것이며, 살가죽에 있는 작은 피
가 비칠 수 있도록 깎아 내리지도 못
한 것이 그들이 지금 가고 있는 믿음
의 세계라 하면 너는 그를 어찌해야
되겠는가?
13 그와 같은 형국에서 그들을 구원하며
그들을 바로잡아야 할 것이며, 나 여

호와가 3세대에 임하여 지상의 낙원
을 이루고자 하는 그 대업을 이루는
너희들은 나의 법전을 가슴에 안고 내
가 너에게 내리는 그 성령 한마디를
들음으로 인하여,
14 내가 너를 통하여 내리는 나의 그 음
성을 한 번 듣는 것으로 하여 반석 위
에 우뚝 설 수 있는 그 길을 보고 있으
며 그 길을 달려오는 자들이 되어 있
음이니라.
15 너희들은 그와 같이 영광됨을 알아야
할 것이니라.
16 이는 내가 창조주이며, 내가 주관하며
내가 원하며 내가 이루고자 하는 나의
품안에 들어온 자이기 때문에,
17 평생을 믿음이라는 곳에 가서 저희 모
두를 다 바친 자도 단 한 시간을 와서
내가 너를 통하여 내리는 나의 성령의
뜻을 그가 들으며 나의 법전의 책장을
넘길 때, 그는 그들과 비교할 수 없는
멀고도 먼 거리를 지나 나에게 와 있
는 그와 같은 형국임이니,
18 너의 제자들의 자리매김이 얼마나 소
중하고 귀한 것인가를 저희 자신이 깨
닫도록 해야 할 것이니라.
19 이제는 너희들이 당당히 전하며 말할
때가 되어 있느니라.
20 너희들이 쓰는 그 언어와 그 글로써
이 지상의 모든 민족이라 하는 나의
피조물 백성이요, 너희들의 그 집단들
이 이를 공통어로써 생활에 적응하지
아니하면 설 자리가 없는 시대가 온다
하면, 그걸 누가 믿을 수 있겠는가?
21 나 여호와가 주관하지 아니하면, 나
아니면 누구도 이룰 수 없음이니라.
22 그와 같은 역사를 이룰 자 있거든 네
앞에 와 말하라 하라.
23 그들이 지금 하고 있는 길이 무엇이
며, 그들이 믿음을 위해서 가고 있는
길이 무엇인가를 물어보라.
24 지금 너희들은 나의 피조물 만백성이
하나가 되기 위하여 한 언어요, 한 뜻
을 깨닫도록 하는 그를 시작함이니,
25 몇십 년의 역사를 지나 저희들이 손으
로 이룬 그 성전에서 만백성을 구하며
하늘에 오르는 길이라 부르짖는 그들
의 그 믿음이 너희들의 살가죽에 상처
를 냄만도 못하다 하였음이니, 그들이
하는 형국이 그와 같으니라.
26 그리하여 나의 피조물 만백성이 하나
라는 걸 알게 될 것이며, 나 여호와로
부터 선택된 모든 나의 피조물들은 다
하나라 하는 것을 그들이 알게 될 것
이니라.
27 너희들은 여기서 깨달아야 될 것이니
라.
28 나의 음성이요, 내가 내린, 너희들만
이 읽고 볼 수 있는 그 말로써, 그 뜻
으로써 세상을 통일함은, 그 음성과
언어를 통일하는 것이 아니니라.
29 그들이 살아온 역사며, 그들이 살아온
생활 방식이며, 그들의 모두가 다 너
희들을 따라오는 그와 같은 변천의 역
사가 이루어짐이니, 한두 가지가 변하
는 것이 아니니,
30 그와 같이 위대한 역사를 이룰 수 있
는 자 있거든, 그리고 그 계획을 받은
자 있거든, 나 여호와로부터 그것이
나의 뜻이라 들은 자가 있거든, 그리
고 나만이 행할 수 있고 나만이 역사

할 수 있는 그 길을 너를 통하여 명하
였음이니,
31 그와 같은 나의 뜻을 듣기라도 했으며
생각이라도 해 본 자 있거든 네 앞에
와서 말하라 하라.
32 이것이 다름이니라.
33 그리하여 나의 법전을 만들어 만백성
을 구하는 너희들이 손톱 밑에 피 난
것만도 못한 그 깨달음을 가지고 울부
짖는 그들을 깨우치고 인도하는 것은
나의 성령을 한 자도 틀림이 없이 두
드리고 또 두드리고 살피고 또 살펴서
그를 완벽하게 완성함이니,
34 이를 너희들이 잠시도 잊어서는 아니
됨을 알아야 할 것이니라.

1,828 번째 하나님 말씀

2002년 2월 12일 01시 55분

1 내 사랑하는 선지자야!
2 "네, 여호와 하나님! 말씀하옵소서."
3 내가 너의 제자들에게 일렀느니라.
4 하루를 살다 가는 그 벌레를 보고 너
희들이 웃지 말라 하였음이니, 너희들
이 그 길고도 긴 삶의 생활이라는 그
시간이 내가 바라보기에 하루 살다 가
는 그 벌레만큼도 못 된다 내가 말하
였음이니,
5 너희들은 어찌하여 그 나의 말뜻을 뼛
속 깊이 새겨 너희 것으로써 만들지
아니하는가?
6 지금 나의 사랑하는 선지자가 나의 성
령을 받아 나의 피조물 만백성을 구하
기 위하여 오늘 이 시간에 살아가고
있음이니,
7 첫째는 나의 성령을 받는 나의 선지자
요, 나의 모두를 대변하는 그가,
8 나의 사랑하는 아들 예수가 한 시대에
나와 너희들을 깨우치고자 하여 나에
게 부름을 받아 올라왔던 그 역사 다
음에 나의 성령을 직접 받아 나의 이
뜻을 기록하여 만백성을 구하는 나의
선지자가 너희들이 말하는 4천 년의
구약과 2천 년의 신약 시대요, 그 6천
년이라는 너희들의 세월 속에 지금 너
희들 앞에 와 앉아 있음이니,
9 나의 선지자가 나의 성령을 받아 만백
성을 구하기 위하여 지금 존재하고 있
는 그 시간과 공간 속에, 그와 같이 호
흡을 하며 같이 얼굴을 보며 같이 대
화를 하며 생활할 수 있는 그 속에 너
희들의 생명이 부지되고 유지된다는
그 하나가 얼마나 위대하고 위대한 너
희들의 축복이며 은혜인 것인가를 너
희들은 생각해 보았는가?
10 정녕 이가 나의 종이요, 나의 선지자
요, 나의 아들이요, 그가 기록하는 나
의 법전이 나의 성령의 모두를 태워서
마지막 내려보내는 나의 뜻에 따라 역
사를 이루고 있다 하면,
11 너희들은 그와 한 시대를 살아가는 그
것만으로써 6천 년의 그 역사 속에 수
없이 살아간 피조물 나의 백성들 중에
가장 축복받은 자들일 것이니,
12 이 이치 하나를 너희들이 깨닫지도 못
하는 어리석은 우를 범하고 있음이니
라.
13 6천 년의 역사 속에 얼마나 많은 나의
피조물 백성들이 이 지상에 살다 갔으
며, 얼마나 많은 인간들이 거쳐 갔으

며, 얼마나 그게 길고도 긴 너희들 생
활의 그 세월이었던가?
14 그 세월 속에서 나의 선지자가 나의
성령을 받아 천 년의 역사 속에 나의
피조물 만백성을 구하는 대업을 이루
는 이 시대에 태어나 너희들이 같이
숨을 쉬며 같이 호흡을 하며 그와 더
불어 높은 하늘을 바라볼 수 있는 그
것 하나만으로도 너희들이 얼마나 크
나큰 은혜와 영광인가를 모르고 있음
이니,
15 하루 살다 가는 그 벌레가 무엇인가를
얻고자 하여 온갖 고통과 시련 속에서
살아가는 그와 같은 벌레의 삶을 살지
말라 하였음이니,
16 내가 내려다보는 너희들의 생명이 그
보다도 더 짧은 순간에, 그 순간에 너
희들이 나의 사랑하는 선지자요, 나의
아들과 같이 세상에서 호흡을 하며 숨
을 쉬고 있다는 그것이 얼마만큼 위대
한 선택인가?
17 그 선택을 받은 너희들이 그를 저버리
고 흘려보내는 자들이 되어 있음이니,
이 얼마나 가슴 아프고 통탄할 일이며,
18 너희들이 몰라서 그 시점을 놓치고 있
는 그 삶이 얼마나 분하고 억울한가를
너희들이 깨달을 날이 머지않았음이
니, 이를 어찌하여야 할 것인가, 선지
자야!
19 하루를 사는 벌레만도 못한 너희 인생
이라 하였으며, 한 번 숨을 들이쉬었
다 내뿜는 그보다도 짧은 세월이라 했
으니,
20 그 많은 세월 속에 그 많은 나의 피조
물들이 이 지상에 와 그들의 이름 석
자를 가지고 살다 거두어진 그 숫자가
얼마나 많이 있는가 너희들은 생각해
보았는가?
21 그들 속에서 너희들이 나의 선지자와
같이 있다 하는 그 자체가 그 이상의
영광이 없거늘,
22 이단이요, 사탄이요, 그리 부르짖으며
너희들이 잘못 가는 종교 지도자들의
그 현혹에 의하여 그를 보지 못하고
죽어져 나에게 와 심판대에 섰을 때,
너희들은 무엇을 놓쳤으며 어떠한 기
회를 놓쳤으며 무엇을 잃었는가 하는
것을 그때 가서 알게 될 것이니,
23 이는 누구도 누릴 수 없는 영광임을
너희들이 알아야 할 것이니라.
24 하늘에 오르는 길이요, 나 여호와의
뜻이요, 하나님의 말씀이라 하여 그
나의 뜻을 수없이 전하고 전하건만,
25 그 구원의 길의 안내자가 너희 옷깃을
스치고 가며 너희들의 방에서 숨을 쉬
고 있으며 너희들의 잠자리에서 숨을
쉬고 있으며 너희들의 생활 주변에 그
구원의 빛이 있건만,
26 그걸 보지 못하고 그를 만지지 못하고
그를 챙기지 못하며 그 뚜껑을 열지
못하는 너희들이 얼마만큼 억울하고
분한 인생을 사는 것인가를 알아야 할
것이니라.
27 나의 선지자요, 나의 아들이 지금 살
기를 33년의 삶을 내가 놓아두었음이
니,
28 그 33년의 세월을 접어 두고는 영원
히 이 땅에 너희들을 구원할 자가 없
으며, 구원하러 내려올 자가 없으며,
나의 성령을 태워 나를 대신하여 그가

나의 대업을 이루고 있음이니,
29 또 대신 보낼 사람이 없으며, 그와 같
이 인간으로서 변하며 나의 뜻에 순종
하며 지키는 자 두 번 다시 너희들 세
계에서는 있을 수 없으며 보낼 수도
없는 것이거늘,
30 이를 그저 흘러가는 세월 속에 묻어
버리는 너희들이 죽어 내 앞에 왔을
때 얼마나 위대한 것을, 얼마나 소중
한 것을, 얼마나 값진 것을 바라보지
못하였는가를 알고 너희들은 통탄할
것이니,
31 무섭고 슬픈 그 사연에 너희들이 그
가슴을 안고 나의 벌을 받고 그 벌에
따라 살아가는 그 시점에 너희들은 느
끼고 깨닫고 체험할 때 알게 될 것이
니라.
32 너의 제자들에게 이르라, 너희들이 얼
마나 위대하게 선택된 자들인가를, 나
의 성령을 들으며 나의 선지자를 보며
나의 선지자와 형제처럼 같이 나누며
사는 그 길을 보고 올 수 있는 너희들
이 얼마나 축복되며 영광 속에 있는가
를.
33 이것 하나로써 너희들이 어찌 가야 할
것인가를 알 것이거늘, 그러한 영광과
축복 속에 사는 너희들이 나의 계명을
지킨다 못 지킨다 갑론을박하며 너희
자신을 속여 선지자 옆에 와 무엇인가
를 얻고자, 깨우치고자 앉아 있는 너
희들이 단 1초, 1분도 잠잘 시간이 없
으며, 눈 붙일 시간이 없으며, 너희들
이 다른 생각을 할 수 없는 그와 같은
은혜와 영광 속에 있건만,
34 너희들은 지금 어찌 살아가며, 어찌
나의 법전을 읽으며, 나의 법전을 깨
우치며, 어찌 공부를 하며, 나의 선지
자를 바라보는 너희들의 마음이 무엇
이던가?
35 한갓 살다 스쳐 가는 한 인생을 사는,
너희들과 똑같은 사람이라 생각하지
말라.
36 그가 누구의 성령을 받아 그 대업을
수행하는가?
37 그가 잠을 자고 숨을 쉬고 죽어 가고
살아가는 그 모두를 다 내가 주관함이
니, 수많은 수억의 인구들이 이를 보
지 못하고 가는 속에서 이를 보고 접
하고 살아가는 너희들이 어떤 사람인
가를 돌이켜 너희 자신을 바라봐야 될
것이니라.
38 너희들은 나의 계명을 지킬 수 없다
지킬 수 있다 갑론을박을 할 시간도
없으며 해서도 아니 되며, 너희들이
작은 실수를 행했다는 그 말이 너희
입에서는 나올 수가 없음이니라.
39 내가 오늘 밤 선지자의 잠을 재우지
아니하고 그에게 내리는 나의 이 뜻을
너희들이 깊이 새겨 알아야 할 것이
며, 너희 자신이 누구인가를 돌이켜
생각해 보라.
40 너희들이 나에게 기도할 때, 나에게
감사 기도를 드릴 때, 물 한 모금을 마
실 때, 감사 기도를 드리는 너희들의
자세와 마음이 어디에 있어야 되며 어
찌해야 되는 것인가를 다시 한 번 너
희 스스로 깨우쳐 내가 너희 가슴속에
내린 그 보석보다도 더 아름답고 소중
한 그 성령의 씨앗을 잘 길러 내도록,
잘 보호하여 잘 길러 내도록 그리하라

이르라.

1,829 번째 하나님 말씀

2002년 2월 12일 02시 05분

1 사랑하는 선지자야,
2 너희들이 촛불을 들고 말을 타고 달려
간다 할 때, 그 불이 꺼지면 너희들의
생명이 끊어진다 생각하면, 너희들은
달리는 그 마상에서 그 불을 어찌 관
리하고 보호하려 하겠는가?
3 나의 법전을 다루며 나의 법전을 읽으
며 나의 법전을 접하는 너희들이 그보
다도 더 진한 마음으로써 그 뚜껑을
열어야 될 것이니라.
4 이는 나 여호와, 창조주인 내가 너희
들을 사랑하는 그 마지막 선물이며,
영원히 보존되어야 될 것이며, 나의
피조물 만백성을 대대손손 구할 수 있
는 정녕 나의 뜻임을 알아야 할 것이
니라.
5 너희들은 구원받기 위하여 모두를 다
바치면서, 너희들을 구원하고자 나 여
호와가 내 가슴을 태워 내려보낸 나의
애절한 심정의 이 뜻은 소홀히 함이
니, 이를 너희들이 나를 대하듯 하는
마음으로써 접하라.
6 그 속에서 나를 볼 수 있고 나를 접할
수 있으며, 나를 향하여 오르는 길을
볼 수 있음이 거기에 있는 것이거늘,
나의 환상을 보고 나의 음성을 들으며
나를 만지려 하지 말라.
7 나의 법전이 곧 나이니라.
8 '하늘에 오르는 길'이요, '하나님! 말
씀하옵소서.'라는 내가 정해 준 그 간
판이 바로 십계명에 쓴 것과 같음이
니, 내가 거기에 임하여 있음이니라.
9 마상에서 촛불을 들고 달려 그 촛불이
꺼지면 너희들의 생명이 끊어진다고
생각하면, 그 육신의 생명 때문에 너
희들은 얼마나 소중한 방법으로 그를
지키려 하겠는가?
10 너의 제자들에게 이르라.
11 그리고 깨우쳐 주라, 나의 법전이 곧
나임을.
12 나의 법전이 곧 나이기에 그 수많은
나의 성령이, 수많은 나의 법전이 세
상을 덮게 됨이니, 누구도 이와 같은
역사를 이룰 수 없음을 알아야 할 것
이니라.
13 이는 곧, 나이기에 그 역사를 이룰 수
있음이니라.
14 모든 언어를 통일하며, 모든 삶을 통
일하며, 모든 깨달음을 통일하며, 나
에게 기도하는 방법을 통일하며, 나에
게 오르는 길을 똑같이 바라볼 수 있
도록 그 역사를 이루는 것은 나 여호
와가 아니면 할 수 없음이니,
15 나의 법전에 기록된 내용들이 사탄이
요, 사악한 자가 되라 기록되었더냐?
16 사탄이요, 사악한 자요, 너희들이 말
하는 이단이라 하면 내 법전에 들어
있는 그 내용이 그와 같이 사악한 내
용이 들어 있어야 할 것이니라.
17 그와 같이 너희들의 마음을 뒤틀어 놓
는 시기하고 질투하는 내용이 기록되
었다면 이는 사탄이요, 마귀가 이루었
다 하나,
18 거기에는 너희들이 지키고 하늘에 오
르는 길을 기록하였으며, 나에게 오르

는 길을 기록하였으며, 나의 뜻에 따
라 너희들에게 살라 하는 나의 가르침
이 거기에 있으니,
19 이게 바로 내가 아니고 무엇이더냐?
20 법전이 나이니라.
21 그러기에 모든 세상을 다 지배하며,
다 덮을 것이며, 하나가 될 것이며, 너
희들이 승자라 내가 너희들에게 일깨
워 주었으며, 너희들이 10년이라는
그 세월 속에서, 그 짧은 너희들의 생
활 속에서 모두를 다 알게 될 것이니
라.
22 그리고 변화되는 것을 볼 수 있다 하
였음이니, 너희들이 살아온 인생의 몇
분의 일을 살아가다 보면 이 모두를
너희들이 볼 수 있다 하였음이니,
23 그러고도 너희들의 자세를 바르게 하
지 못한다면, 그때 가서 너희들이 버
림을 당하지 말라.
24 천 년의 역사를 위하여 나의 피조물
만백성을 대대손손 다스리나, 너희들
에게 임한 세월은 365일이라 내가 말
하였느니라.
25 365일 동안 너희들이 열과 성의를 다
하여 너희들의 자세를 바로잡으라 하
였음이니,
26 내가 이 세상을 나의 법전으로 덮는
10년 세월에, 그 10년에 바로 너희들
은 심판을 받으니,
27 너희들이 구원을 받을 자요, 못 받을
자요 하는 것이 너희들은 거기서 결정
나는 것을 잊지 말라.
28 이 무서운 나의 하늘의 뜻을, 나의 계
획이요, 내가 행하고자 하는 것을 나
의 선지자를 통하여 너희들에게 전함
은 내가 나의 선지자요, 나의 아들을
사랑하기 때문임이니, 너희들에게 내
리는 상인 것이니라.
29 이를 잊지 말라.

1,830 번째 하나님 말씀

2002년 2월 12일 09시 25분

1 사랑하는 선지자야!
2 "네, 여호와 하나님! 말씀하옵소서."
3 수천 년의 역사 속에서 지금 나의 성
령을 내려보내 너희들을 구원하고자
하는 이 제3의 시대에 나의 사랑하는
선지자와 너희들이 같이 호흡을 하며
같이 바라보며 나로 하여금 내리는 그
음성과 그 뜻을 그를 통하여 너희들이
들을 수 있는 것이 그보다 더 크고 큰
은혜와 영광이 없는 줄 알라 하였음이
니,
4 내가 나의 법전을 세상에 내려보내 너
희들에게 이를 나를 접하듯이 대하라
하였으며, 그 책장을 여는 자, 하늘에
오르는 빛을 볼 수 있는 영광을 얻음
이라 하였으니,
5 그리하여 내가 너희들에게 일깨워 주
었느니라.
6 '나의 법전을 가슴에 안고 정독하는
자, 반석 위에 서서 하늘에 오르는 찬
란한 빛을 보게 되는 영광을 얻게 된
다.' 하는 그 대목을 너희들이 어찌 생
각하고 소홀히 읽는가?
7 지금 평생을 구원의 길을 가겠다 하여
발버둥치는 자들이 저희들의 육신이
썩어 가는 것은 모르면서 겉에 살갗이
다쳐 아픈 것은 안다 하였으며, 그와

같은 형국에서 지금 발버둥치고 있다
하였음이니라.
8 그들이 감히 어찌 하늘에 오르는 빛을
볼 수 있는 그 반석 위에 설 수 있다
할 수 있겠는가?
9 나의 법전을 가슴에 안고 정독하는 그
순간에 그들은 모든 세월을 초월하여
반석 위에 서서 나에게 오르는 그 찬
란한 빛을 보는 영광을 얻게 됨이라
하였으니,
10 그 크고도 큰 은혜와 영광을 너희들이
그저 흘러가는 소리로 들으며 그 뜻을
모르고 살아감이니, 너의 제자들에게
일러야 할 것이니라.
11 나의 법전을 가슴에 안고 정독하는 자
가 반석 위에 섬이니, 너희들은 구원
의 빛을 바라보는 그 빛을 보고 있으
며 그 길을 향하여 전진하고 있음이니,
12 이는 나에게 오르는 계단을 너희들이
수없이 한 계단씩 밟아 올라오고 있음
이니, 그보다 더 큰 은혜와 영광이 어
디에 있다 생각하는가?
13 너희들이 질 수 없는 험악한 그 죄의
대가를 치러야 되는, 그 무섭고도 험
하며 너희들이 상상할 수 없는 그 죄
의 무게를 하나씩 덜어 버리고 있다
하면, 너희들은 얼마나 축복된 자며
영광된 자들인가?
14 그보다 더 큰 은혜가 없음을 너희들이
알아야 할 것이니라.
15 내가 말하였느니라, 선지자야!
16 사업을 하며 자기가 이루어 가고자 일
하는 자는 자기가 일할 때만이 은혜를
받고 그 수고로움의 대가를 받으나,
17 남으로부터 봉급을 받는 자이며 그 기
준이 정해진 자는 잠을 자나 숨을 쉬
나 그 직분이 나누어져 저에게 쌓이
며, 세월이 감으로 인하여 그는 한 달
이 되면 그 급료를 받으며 제가 일한
만큼 대가를 받으니,
18 그는 잠자든 쉬든 일을 하든 봉급을
받는다 하였음이니, 바로 너희들이 그
러하니라.
19 나의 법전을 읽고 깨우치지 아니한 자
는 저희가 기도하며 내가 있음을 뉘우
치고 진심으로 경배하며 사랑을 베풀
고 그리 살 때만 나에게 가까이 올 수
있으나,
20 나의 법전을 가슴에 안고 수없이 정독
하며 그를 품에 안고 있는 너희들은
쉴 새 없이 나에게 계속 올라오고 있
음이니, 그 영광을 어찌 다할 것인가?
21 급료를 정해 놓은 자는 시도 때도 없
이 가는 세월에 따라서 그 급료를 받
음이니 그는 시간을 사고 있지 않은가?
22 이것이 나의 법전을 가슴에 안고 보는
너희들과 이를 보지 못하는 자와의 차
이점인 것이니,
23 너의 제자들이 얼마나 복되며 영광된
자리에 있는가를 깨우치도록 하여 그
들의 마음 자세를 바로잡도록 하라.

1,831 번째 하나님 말씀

2002년 2월 12일 14시 25분

1 사랑하는 선지자야!
2 "네, 여호와 하나님! 말씀하옵소서."
3 내 너를 사랑하노라. 그리고 네 제자
들을 내가 사랑하노라.
4 너는 암송하지 아니하느냐?

5 '위로 하늘에 있는 것이나 아래로 땅
에 있는 것이나 땅 아래 물 속에 있는
것의 어떠한 것도 섬기지 말며 그것들
에게 절하지 말라.' 하였음이니,
6 그와 같이 나의 피조물 만백성은 그
깨우침을 가져야 되나, 너희들은 그리
깨우침이 아니니라.
7 지금 잘못 가는 종교 지도자들이요,
잘못 가고 있는 나의 피조물 만백성
그들은 하늘에나 땅 위에나 땅 아래
바다에 있는 어떠한 우상이든지 만들
지 말며 절하지 말아야 하는 기초적인
깨달음이 있어야 되나,
8 너희들은 그와 같이 깨달음이 아니니
라.
9 너희들은 하늘에 있는 것이나 땅 위에
있는 것이나 땅 아래 있는 그 어떤 우
상이든 그들이 다 존재할 수 없도록
해야 할 앞에 나가 있는 자들이요, 그
렇기 때문에 너희들을 전사라 내가 명
하였음이니라.
10 너희들은 그를 따르지 않고 그를 존경
하지 않으며 그 앞에 절하지 아니하며
그를 만들지 아니하며 하는 것이 아니
니라.
11 그 앞에 가 절하며 그들을 만들고 숭
배하는, 하늘에 있는 것이나 땅 위에
있는 모든 우상이나 심지어는 바닷속
에 저희들이 믿는 그 우상, 그 모두까
지도 다 용광로에 넣어서 녹여야 되는
것이 너희들의 임무이며, 그들을 깨우
쳐야 되는 것이 너희들의 대업이며,
지금 나의 선지자로부터 들리는 그 기
도 소리를 듣고 너희들이 행해야 할
것이 그것이니라.
12 그리하여 너희들은 선택된 자들이며,
그를 다 이 지구상에 존재하지 못하도
록 하는 것이 너희들이 해야 할 대명
이니,
13 오로지 이는 나 여호와만이 할 수 있
으며 나의 성령만이 그들을 깨우칠 수
있음이니, 나의 성령을 누가 받았으며
그것을 누가 전하는가?
14 바로 너희들은 그러한 자들이니라.
15 이제는 너희들이 그들을 섬기며 절하
는 것을 막는 것이 아니며, 너희들 마
음속에 우상을 생각하지 않는 것이 아
니며, 바닷속, 땅 위에, 하늘에 그들이
믿고 숭배하는 신들이라는 것, 그리고
그들이 우상으로 만들고 숭배하는 것,
그 모두를 다 너희들이 거둬들이는 그
와 같은 임무가 있음이니,
16 너희들은 그와 같이 올라와 있는 자들
이며, 그를 거두어 모으는 것이 너희
들이 전사로서 해야 할 일이며 선지자
의 제자로서 해야 할 일이니라.
17 잘못 가르치는 종교 지도자들 앞에 가
저희만이 구원을 받으며 저희만이 진
정한 믿음이며 다른 모두는 사탄이요,
이단이라 배척하고 버리는 그들과,
18 나 여호와 외에는 섬기지 말라 하며
하늘에 있는, 지상에 있는, 바닷속에
있는 그 모두를 원수요, 적이라 생각
하는 잘못된 그들을 깨우치며 그것을
다 거둬들여 불사르며, 그것이 마음속
에 있는 그들의 마음을 다 녹여 나의
성령으로써 한 길을 가도록 깨우치고
자 노력하는 너희들 중에 누가 진정한
나로부터 선택된 백성이며 종이더냐?
19 여기서 너희는 하나 깨우쳐야 될 것이

니, 너희들이 자세를 바로 해야 될 것
이며, 어떠한 길이 진정한 길인지 깨
우치고, 선지자를 통하여 너희에게 전
해 주는 이 모든 나의 성령이 정녕 나
여호와가 내리는 성령이라는 것을 너
희들이 깊이 깨우쳐야 될 것이니라.
20 너희들은 한 계단, 두 계단 앞에 와 있
음이니, 너희들이 앞에 와 있으니 나
의 십계명에 있는 그 뜻을 너희들은
마음속에 두고 안 두는 것이 아니라,
그를 거둬들이는 대명에 한 계단 올라
와 있음이니,
21 이게 또한 나의 십계명에 있는 하나의
비밀임을 너희들이 알아야 할 것이니
라.
22 나에게 선택된 자와 선택되지 아니한
자의 차이가 거기에 있음이니라.
23 나에게 선택되지 아니한 자들은 그를
두지 않는다 하여 그를 앵무새처럼 암
송하고 또 암송하나, 너희들은 그를
거두는 자로서 있음이니,
24 누가 나의 심부름꾼이며 나의 뜻을 위
해서 만백성을 구하기 위하여 가는 자
들인가?
25 이 하늘의 비밀의 이치를 너희 가슴속
에 새겨야 될 것이며, 이를 너희들만
의 가슴에 두라.
26 아직 세상에 전할 때가 아님을 알라.
27 사랑하는 선지자야!
28 "네, 여호와 하나님! 말씀하여 주옵소
서."
29 너희들의 모든 인생의 살아감은 훈련
이니라. 그리고 연습이니라.
30 전쟁을 치르는 군인도, 자기의 조국을
지키기 위하여 그 조직 속에서 전쟁터
에 나가 그 목숨을 초개같이 버리는
자들도 그를 위하여, 한 번 쓰기 위하
여 수많은 훈련의 기간을 거쳐서 그들
이 연마되지 아니하더냐?
31 만백성이 바라보는 그 속에 월계관을
쓰는, 너희들이 이야기하는 초인적인
능력의 선수들도, 그리고 그들이 기억
에 남는 것들도, 세상에 제일인자가
되는 그들도 그 목적과 그 뜻을 위하
여 얼마나 많은 훈련과 연습의 과정을
거쳐서 오더냐?
32 너희들도 인생을 어찌 훈련하고 어찌
다듬었느냐에 따라서 무엇을 이루었
느냐 못 이루었느냐 하는 결과가 남이
니라, 선지자야!
33 여기서 너는 너의 제자들에게 깨우쳐
야 할 것이니라.
34 지금 제3의 시대요, 나의 법전이 내려
가는 것이 마지막이요, 나의 성령으로
써 너를 통하여 내려보낸다는 그 이치
를 깨달아야 할 것이니라.
35 구약의 시대는 누가 무엇을 이루었으
며, 어떤 백성을 어찌 이끌어 왔으며,
그들을 존속시키기 위해 어찌해 왔는
가 그들이 행하고 실천한 것을 나열하
여 너희들에게 깨우침을 주었으며,
36 또한 신약 시대는 나의 아들 예수가
세상에 나와 무엇을 이루었으며, 그들
이 무엇을 어찌하였으며, 어찌 가고
있었으며 어찌 만들었다는 그러한 내
용이 기록되어 있음이니, 이것이 무엇
이냐?
37 바로 제3의 시대를 위하여 준비되고
연습된 세월이라 한들 나 여호와의 뜻
이 틀리더냐?

38 그리하여 그 모든 구약과 신약의 성서
와 또 모든 살아온 역사는 다 그들이
깨우쳐야 될 것이며 남들이 이루고 예
수가 이루며 기적을 이룬 모든 그와
같은 내용이 기록되어 있음이니라.
39 더러는 전쟁을 하기 위하여 실전과 같
은 훈련을 하는 자가 있으며 경기에
우승을 하기 위하여 실전과 같은 연습
을 하는 자들이 있으니,
40 구약과 신약 속에서 지금 제3의 시대
같은 역사가 더러는 이루어져 있으나
그 모두는 다 지금 제3의 시대에 나의
성령이 마지막 세상에 나가는 이것을
대비함이니라.
41 그리하여 이것이 마지막이고 너희들
이 구약과 신약의 몇천 년 역사가 훈
련의 시간이라 하는 것은, 나의 성령
은 제3의 시대에 가장 무섭고 어려운
뜻이 여기에 있으며, 너희들이 두려워
하는 것은 무엇이더냐?
42 전쟁을 하기 위하여 훈련을 받은 그
병사가 전쟁에 투입되는 것이며, 면류
관을 쓰기 위해서 고된 훈련과 연습을
한 그가 이제는 정녕 시합장에 나가는
그때가 되었으며 시합장에 나가고 있
음이니라.
43 이것이 바로 무엇이더냐?
44 그리하여 나의 성령인 법전은 너희들
에게 지키라, 시행하라 하며, 그리고
그리 따라야 될 것이며 너희들이 몸소
체험하고 실시하고 닦고 노력하고 실
천을 해야 되는 그 대목을 조목조목
내림이니, 너희들은 그를 따라서 이루
고 행하는 길이 남아 있음이니,
45 전쟁터에 나가 싸우는 전사의 그 무서
움과 최종의 그 면류관을 쓰기 위하여
수십 년 동안 연마한 실력을 그곳에
던지는 운동 선수와 같은 어렵고 고달
프고 힘든 길을 가는 그 역사에 이루
어지는 것이 지금 나의 법전이 세상에
나가 너희들에게 직접 시행하며,
46 달리는 운동선수가 달리듯이 너희는
달려야 할 것이며, 전쟁터에 총을 들
고 나가는 전사가 그 총알을 피하여
제 목숨을 보호해 나가는 그 어려운
역경을 겪는 것과 마찬가지인, 그보다
도 더 열배 백배 더 어렵고 힘든 그 과
정을 지금 결론을 짓고 가고 있음이니,
47 그리하여 나의 법전은 모두를 지키라,
그리고 지켜야 할 것이며 이리 가야
한다 저리 가야 한다는 못을 박아서
내가 너희들에게 내림이니,
48 이를 지키고 오는 것이 얼마나 힘들고
어려운 길인가를, 너희들은 훈련 기간
을 지나 몸소 체험의 단계에 들어가
있기 때문에 그러한 것을 깨우쳐야 할
것이니라.
49 이와 같은 나의 성령의 뜻이, 나의 법
전의 뜻이 여기에 있음이니, 이것이
정녕 내가 나의 성령의 모두를 태워
나의 선지자를 통하여 내려보내 너희
들을 구원하고자 하는 실천의 단계에
들어가 있으며,
50 전투에 돌입하였으며, 면류관을 쓰기
위하여 달리는 그 운동 선수가 달리는
과정에 들어가 있으며, 자기의 목적을
위하여 연습했던 그 모두를 그 현장에
투입하여 실시하고 있는 그러한 단계
이니라.
51 지금 바로 나의 제3의 시대가 그러한

역사를 이루는 시대이니,
52 너희들이 가슴에 받아 실천하기가 얼마나 힘이 들고 어렵고 고달픈가를, 그 뜻을 너희들이 깨우쳐 나의 법전이 세상에 만백성을 구하며 나 여호와가 직접 그 속에 존재함을 깨달으라 함이 여기에 있음이니라.

1,832 번째 하나님 말씀

2002년 2월 13일 09시 55분

1 사랑하는 선지자야!
2 "네, 여호와 하나님! 말씀하옵소서."
3 이 세상 나의 피조물 만백성이 하나로 다스려지며 하나로 이루어지는 그 역사가 얼마나 어렵고 힘든 길이더냐?
4 나의 뜻에 따라 이 지구상의 모든 나의 피조물들이, 내 사랑하는 백성들이 하나의 뜻으로 이루어지는 것이,
5 하나의 공통어를 사용하며 하나의 생활 습관과 생활 관습을 같이한다는 것이 얼마나 어렵고 힘든 일이면 너희들의 지구상에서 천 년의 역사 동안에 그 모두를 이루려 나 여호와가 생각하겠는가?
6 그리하여 내가 너희들에게 일렀으니, 너희 자신이 둘이 하나가 되고 열이 하나가 되며, 나의 법전을 읽고 깨우치는 자, 나의 성전에 와 나의 선지자로부터 나의 음성이요, 나의 성령을 직접 듣는 너희들이 하나가 되라 함이니라.
7 너희들 자신이 하나가 되지 아니한다 하면 어찌 형태가 다른 수천 년 역사 동안에 저희 나름대로 살아온 관습이나 습성이요, 언어요, 행동 모두를 하나로 만들 수 있겠느냐?
8 내가 말하였느니라.
9 한 지역에 나의 성령이요, 나의 법전을 집중적으로 네가 가져다 전하여 그 백성부터 나를 보는 민족으로 만들겠다 하였음이니, 이를 네가 좀 더 넓게 생각해 보라.
10 지금 동방의 너희 나라에 내가 선택하여 나의 음성을 전하는 선지자 너를 냈으며 이곳에서 나의 법전을 전하게 함은 곧, 한 덩어리를 하나로 만들어 나의 뜻을 행하는 자, 축복 속에 살아가는 민족이라는 것을 보여 주기 위한 곳으로 이곳이 가장 적합하며,
11 이 민족이 그리하여 선택되어 준비되어 있음을 오늘 너의 제자들에게 일깨워 주어 그들의 마음이 하나가 되도록 하는 데 마음의 다스림을 갖도록 그리해야 할 것이니라.

1,833 번째 하나님 말씀

2002년 2월 13일 14시 30분

1 사랑하는 선지자야!
2 "네, 여호와 하나님! 말씀하옵소서."
3 나의 성전에 와 나의 법전을 듣고 깨우침을 얻는 너의 제자들은 한 끼의 식사를 하든, 하나의 옷을 걸치든, 한 자루의 연필을 집든, 하나의 공구를 손에 들든 그것을 그저 그 옷이요, 공구요, 밥이요, 음식으로 생각해서는 안 되는 것이 너희들이니라.
4 그것이 어찌하여 너희들의 손에까지 왔나 하는 그 과정을 돌이켜 볼 수 있

는 마음의 자세를 가지고 너희들은 세
상을 봐야 할 것이니라.
5 네가 한 자루의 연필을 잡으며 한 자
루의 기계를 네 손에 집는 그것은 짧
은 순간이며, 간단하며, 너에게 쓰이
는 것은 때에 따라서 몇 초도 안 되나,
6 그러나 그것이 거기에 올 때까지 그
길고도 긴 여정과 과정이 더 얼마나
위대하고 위대한 것인가를, 이러한 내
면을 바라보는 눈을 가져야 될 것이
며, 너희들이 그러한 마음으로 눈을
떠야 할 것이니라.
7 그래야만 너희들은 나의 십계명의 뜻
을 알게 될 것이며, 내가 원하는 것을
너희 머릿속에 또 너희 것으로 만들
수 있음이니라.
8 '나의 법전을 가슴에 안고 정독하는
자, 반석 위에 일어서서 하늘에 오르
는 찬란한 빛을 본다.'는 그 한 구절의
의미가 얼마나 너희들에게 소중하며
귀한 뜻인가를 모르고 감이니,
9 그저 그 한 구절을 읽어 나 여호와가
나의 선지자를 통하여 너희들에게 하
나를 깨우쳐 주기 위하여 내린 대목이
라 그리 생각한다 하면 그것은 그것으
로써 끝나는 것이니라.
10 그러나 너희들이 그 염원하는 하늘에
오르는 길을, 나의 법전을 가슴에 안
고 정독하고 또 정독하는 자만이 반석
위에 일어설 수 있는 그 영광을 얻어
하늘에 오르는 길을 보며 그 빛을 볼
수 있다 하면,
11 이게 얼마나 위대하며 내가 너희들에
게 크나큰 사랑을 내리는 것인가를 그
를 알게 됨이니, 그 이면에 자리 잡고
있으며 그 이면에 내가 표현하고자 하
는 그 뜻이 그 속에 있음이니,
12 그를 깨닫는 너희들이 되어야만 될 것
이니라.
13 그와 같이 모든 것을 너희들이 깨달음
속에서 생활하며 살아갈 때 나 여호와
의 뜻을 바라보게 됨이니라.
14 그리고 하늘이 있음을 알며, 나 여호
와가 너희들을 통제하며, 내가 너희들
을 이 세상에 창조한 창조주라는 것을
너희들이 보게 될 수 있음이니,
15 너희들의 마음과 눈과 귀가 열리는 기
본이니라.
16 그 뜻을 가르쳐 줘야 될 것이니라.
17 모두가 너희 손에서 결과를 보며 결과
론을 가지고 보면 그것으로써 그저 끝
남이니, 가장 소중하고 아름다움을 잃
음이니라.
18 그 모두 어떠한 과정을 거쳐서 그와
같은 결과가 이루어졌으며 너희들이
그를 사용하며 그리 쓰는가를,
19 그 이면에 다스려지고 이루어졌던 그
과정을 조용히 내려다보며 생각하는
마음을 이제는 갖고 세상의 모든 사물
을 봄으로 인하여 너희들의 눈이 뜨이
고 귀가 열리게 됨이니 이를 일깨워
주라.

부 록

【하나님께서 가르쳐 주신 운동】

천재지변이 일어날 때, 동물이나 미물들은 미리 알고 대피하지만, 인간은 알지 못하고 큰 화를 당합니다. 하나님께서 인간에게 가장 높은 지혜를 주시고 완벽하게 창조해 주셨기에 동물들보다 더 잘 알 수 있지만, 욕심으로 마음이 혼탁해져서 한 치 앞을 보지 못하는 것입니다.

마찬가지로, 인간은 누구나 스스로 필요한 운동을 해서 건강을 지킬 수 있도록 하나님께서 만들어 주셨습니다. 우리의 머리에서 우리 몸에 필요한 동작을 해 달라고 끊임없이 신호를 보내지만, 인간이 혼탁하게 살아서 그 신호를 알아채지 못합니다. 그러니 자연스럽게 자기 몸이 원하는 그 신호를 따라서 운동하는 것이 하나님께서 가르쳐 주신 운동 방법입니다. 바로, 우리의 영이 육을 이끄는 운동입니다.

▶ 하나님 운동법

1. 눈을 감고, 발을 어깨너비로 벌리고 바르게 선다.
2. 몸에 힘을 풀고, 허리를 숙이면서 손과 머리를 아래로 내린다.
3. 허리를 펴고 싶을 때, 천천히 펴면서 하고 싶은 동작을 하면 운동이 시작된다. (사람마다 다르다.)
4. 멈추지 말고, 어떤 동작이든지 자기 몸의 느낌대로 계속 이어서 한다.

▶ 참고 사항

① 눈을 감은 상태로 아무 생각 하지 않고, 자기 몸의 느낌대로 움직입니다.

② 마음을 비우고, 욕심을 버리고, 지난날의 잘못을 반성하면서 몇 차례 시도하다 보면, 자기도 모르게 하고 싶은 동작이 끊임없이 생깁니다.

③ 운동 장소는 방 안이든 운동장이든 관계없으며, 걷거나 달리고 싶을 때는 눈을 떠도 됩니다.

④ 매일 40분 이상, 주 4회 이상, 3개월 이상 하면 음식 조절에 들어갑니다.
- 음식으로 생긴 병은 음식으로 치료하게 되며, 어떤 음식을 먹어야 하는지 스스로 알게 됩니다.
(자기 몸에 필요한 음식만 먹고 싶어집니다.)

⑤ 사랑하는 사람과 함께 운동하면 서로 치료해 주기도 합니다.

⑥ 운동을 하다가 몸의 어느 한 부분을 계속 손으로 자극한다면 그쪽에 이상이 있는 것이니, 의사에게 상담을 받고 적절한 치료를 받으면 됩니다.

⑦ 다이어트 및 기타 건강관리에 효과적입니다.

⑧ 꾸준히 운동하여 영이 맑아지면, 자신의 과거와 미래를 스스로 보게 됩니다.

누구나 스스로 하실 수 있습니다.

간행사

《새로운 성경》은:

· 새로운 성경은, 하나님께서 선량하고 선한 자를 선택하여 십계명을 암송하도록 하시고, 십계명을 암송한 다음에 음성으로써 들려주시는 말씀을 듣고 그대로 카세트테이프에 녹음해서 받아쓴 책입니다.

· 90분짜리 녹음테이프 700여 개에 달하는 말씀으로, 1999년 8월부터 2004년 7월까지 총 160권(권당 288쪽)을 완성하였으며, 그 이후에도 현재까지 계속 말씀을 내려 주고 계십니다.

· 새로운 성경은 "하늘을 두루마리 삼고 바닷물을 먹물 삼아 쓰고 써도 다 못 쓴다"는, 끝없이 방대한 하나님의 말씀이 두루마리로 직접 내려오는 것입니다. 이러한 새로운 성경은 구약과 신약을 폐하려는 것이 아니라 "인봉된 성서의 비유의 뜻"을 상세히 설명하여 완성하고자 하나님께서 직접 내려 주신 말씀입니다.

《새로운 성경》의 구성:

· 제 목: 2013년, 160권 모음집을 발간하면서, 본 도서의 제목을 "하나님! 말씀하옵소서"에서 《새로운 성경》 으로 명해 주셨습니다.

· 단행본: 각 권당 288쪽(신국판) 책이 160권까지 시리즈로 출판됩니다.
(모음집은 단행본을 16권씩 묶어서, 총 10부로 구성됩니다.)

《새로운 성경》의 성경적 근거:

· 신약 성경 [요한복음] 16장 13절에 "진리의 성령이 오시면 그가 너희를 모든 진리 가운데로 인도하시리니 그가 자의로 말하지 않고, 오직 듣는 것만을 말하며" 하신 말씀처럼 하나님의 음성을 들은 것만 기록하였으며,

· "장래 일을 너희에게 알리시리라" 하신 말씀과 같이 개인, 나라, 인류의 "장래"일을 하나님께서 알려 주시는 것만 기록하여 책으로 만들었습니다.

《새로운 성경》의 기록 방법:

· 1999년 8월부터 하나님께서 저에게 들려주시는 음성을 기록하였습니다. 처음에는 제가 들은 말씀을 불러 주면 저의 아내가 기록하여, 2000년 1월 29일에 1권 초판이 세상에 나왔습니다. 2000년 4월부터는 주시는 말씀을 받아 녹음기에 기록하기 시작하였습니다.

· 녹음을 시작하면서 하나님의 말씀을 받는 데 가속도가 붙었고, 2001년 5월 3일에 1부(1~16권까지)를 인쇄하여 출판하였으며, 2004년 7월까지 총 160권 분량의 말씀을 받아 기록하였습니다.

하나님께서 저에게 주신 것은:

· 첫째, 만백성을 상대로 내려 주시는 "기도", 둘째, 수시로 내려 주시는 "묵상", 셋째, 개인의 과거, 현재, 미래를 알려 주시는 "개인 기도", 넷째, 개인의 건강을 위해서 내려 주시는 "음식 처방", 다섯째, 하나님께서 가르쳐 주신 "운동"등이 있습니다. 이 중에 첫 번째, "기도"를 책으로 편찬하였습니다. 사람의 생사, 개인의 미래에 관한 천기는 수록하지 말라 하셨습니다.

강론 안내:

· 하나님께서는 지금도 매일 저에게 새로운 하늘의 비밀의 말씀을 내려 주고 계십니다. 수시로 내려 주시는 말씀을 정리해서 제자를 육성하라는 말씀에 따라 매주 강론을 하고 있습니다. 누구나 무료로 들으실 수 있습니다. (book160.com)

《새로운 성경》을 읽는 분들에게 드리는 선물:

· 개인 기도: 개인의 과거, 현재, 미래에 관하여 말씀을 내려 주십니다.

· 음식 처방: 사람은 음식을 먹고살다가 건강을 잃으니, 음식과 운동으로 건강을 되찾는 방법을 알려 드립니다. 단, 하나님이 계심을 믿고, 십계명을 지키겠다고 진실로 서약하는 분들께 알려드립니다.

《새로운 성경》의 은혜와 기적:

· 새로운 성경 전160권은 16권씩 묶어서 총 10부의 모음집으로 구성됩니다. 모음집 한 부를 읽고 깨우치는 자에게 하나님께서 다음과 같은 기적이 있다고 하셨습니다.

· "첫째, 그가 죽어 하늘에 갔을 때 그의 죄를 묻지 아니하며, 구원을 받는 위대한 은혜가 있으며, 둘째, 그의 소원과 소망이 이루어지고, 셋째, 죽은 자(부모, 형제, 자식, 사랑하고 은혜 입은 분)의 이름으로 구입한 책을 읽고 누군가 한 사람이 깨우칠 때, 그 죽은 자가 지옥에서 천국으로 구원을 받게 되며, 넷째, 유산, 중절 수술 등으로 태어나지 못한 아이를 위하여 구입한 책을 보고 한 명이 깨우쳤을 때, 그 아이가 사람으로 다시 한 번 태어나는 은혜를 받는다."

· "새로운 성경"을 3회 이상 정성을 다해 정독하는 자, 성서의 비밀을 알게 되고, 세상의 이치를 알게 되며, 세상을 지배하고 통제할 수 있는 지혜를 다 얻게 된다고 하셨습니다. 이 책은 만백성이 정독하고 이웃에게 전하여, 평생 가슴에 묻은 슬픔과 고통의 짐을 벗고 미래를 위한 힘찬 삶을 살아가도록 하는 책입니다.

끝으로

· 하나님께서는 흰 눈이 세상을 덮듯이 새로운 성경을 온 세상에 전하라고 하셨습니다. 《새로운 성경》을 각국어로 번역해서 온 인류에게 구원의 길을 깨우쳐 주고, 그 수익으로 가난하고 어려운 백성을 구제하여, 만백성의 영과 육을 함께 구원하는 선지자의 임무를 수행하라고 저에게 명하셨습니다.

· 하늘에서 내려 주신 말씀의 보화를 만백성에게 나누어 주는 것이 선지자의 임무라고 하셨습니다. 새로운 성경을 통해서 얻는 재물을 사용할 곳도 하나님께서 일일이 명해 주십니다. 모든 재물은 저의 자의로 쓸 수 없고, 하나님께서 명하시는 대로만 쓰여집니다.

· 어떤 명분으로든 십일조나 각종 헌금을 거두어들이지 말라 하셨으며, 국내뿐 아니라 각국에 성전과 단독 서점을 운영하며, 한국의 많은 젊은이들을 전 세계에 지도자로 내보내라고 하셨습니다.

· 우리는 세계적으로 새로운 성경을 보급하며 어려운 이들을 돕는 역사를 해 나갈 것입니다. 지금까지 비록 몇 명 안 되는 제자들과 함께 이러한 일을 역사했지만, 앞으로도 계속 하나님께서 기뻐하시는 일들을 해 나갈 것입니다. 부족한 저희에게 여러분들의 지혜와 성원을 보내 주시기를 바랍니다. 많은 분들의 참여와 도움을 간절히 기다립니다. 감사합니다.

한국어로 내려온 《새로운 성경》 단행본을 출간하며
2016년 4월 10일

발행인 김 용 철

한국어로 내려온

새로운 **성 경** · 2부 · 제21권

지은이 하나님 말씀
대역자 김용철

초판인쇄 1쇄 2004년 4월 18일
삼판인쇄 1쇄 2017년 4월 3일

펴낸 곳 도서출판 하얀마음
등록번호 제 10-2107호 (2001년 2월 14일)
주소 서울시 노원구 덕릉로86길 5, 2층
전화번호 02) 313-1114
팩스 02) 393-5554
전자우편 book160@hanmail.net
편집위원 조나영 김미향 이석교
제작지원 민평기 양영아 민대웅 민영주 김도윤 민지영 이현종

도서상담 1600-7527
ISBN 978-89-5875-121-2 (04230)
978-89-5875-100-7 (세 트)

값 10,000원
잘못된 책은 구입하신 곳에서 바꾸어 드립니다.

※이 책은 10부로 제작되며, 각 부 16권씩 총160권으로 구성됩니다.※

1부	**2부**	3부	4부	5부	6부	7부	8부	9부	10부
1권	17권	33권	49권	65권	81권	97권	113권	129권	145권
2권	18권	34권	50권	66권	82권	98권	114권	130권	146권
3권	19권	35권	51권	67권	83권	99권	115권	131권	147권
4권	20권	36권	52권	68권	84권	100권	116권	132권	148권
5권	21권	37권	53권	69권	85권	101권	117권	133권	149권
6권	22권	38권	54권	70권	86권	102권	118권	134권	150권
7권	23권	39권	55권	71권	87권	103권	119권	135권	151권
8권	24권	40권	56권	72권	88권	104권	120권	136권	152권
9권	25권	41권	57권	73권	89권	105권	121권	137권	153권
10권	26권	42권	58권	74권	90권	106권	122권	138권	154권
11권	27권	43권	59권	75권	91권	107권	123권	139권	155권
12권	28권	44권	60권	76권	92권	108권	124권	140권	156권
13권	29권	45권	61권	77권	93권	109권	125권	141권	157권
14권	30권	46권	62권	78권	94권	110권	126권	142권	158권
15권	31권	47권	63권	79권	95권	111권	127권	143권	159권
16권	32권	48권	64권	80권	96권	112권	128권	144권	160권